法/学/新/知/文/库

国家社科基金项目"宪法解释程序机制比较与借鉴研究"
（17BFX035）

宪法解释程序机制的比较与借鉴

刘 国——著

四川大学出版社
SICHUAN UNIVERSITY PRESS

图书在版编目（CIP）数据

宪法解释程序机制的比较与借鉴 / 刘国著. -- 成都：四川大学出版社，2024.12. --（法学新知文库）.
ISBN 978-7-5690-7398-0

Ⅰ．D921.04

中国国家版本馆 CIP 数据核字第 2024DT5324 号

书　　名：宪法解释程序机制的比较与借鉴
　　　　　Xianfa Jieshi Chengxu Jizhi de Bijiao yu Jiejian
著　　者：刘　国
丛 书 名：法学新知文库

丛书策划：王　冰
选题策划：王　军　宋彦博
责任编辑：吴连英
责任校对：方蕊娟
装帧设计：墨创文化
责任印制：李金兰

出版发行：四川大学出版社有限责任公司
　　　　　地址：成都市一环路南一段 24 号（610065）
　　　　　电话：（028）85408311（发行部）、85400276（总编室）
　　　　　电子邮箱：scupress@vip.163.com
　　　　　网址：https://press.scu.edu.cn
印前制作：四川胜翔数码印务设计有限公司
印刷装订：四川五洲彩印有限责任公司

成品尺寸：170 mm×240 mm
印　　张：15
字　　数：283 千字

版　　次：2025 年 5 月　第 1 版
印　　次：2025 年 5 月　第 1 次印刷
定　　价：68.00 元

本社图书如有印装质量问题，请联系发行部调换

版权所有 ◆ 侵权必究

扫码获取数字资源

四川大学出版社
微信公众号

序

自党的十八届四中全会提出"健全宪法解释程序机制"后,党的十九大进一步提出"推进合宪性审查工作"。由于宪法解释是合宪性审查必经的重要环节,因此宪法解释程序机制对于合宪性审查工作具有极端重要性。在党中央重要部署和国家的大力推动下,宪法解释程序机制受到越来越多实务部门和学者的高度重视和广泛关注。

2017年3月,党中央转发了《中共全国人大常委会党组关于健全宪法解释工作程序的意见》,提出了明确要求,规定了工作规范,要求有关方面认真贯彻落实。[①] 党的十九届四中全会再次强调"加强宪法实施和监督,落实宪法解释程序机制,推进合宪性审查工作"。与此前"健全"宪法解释程序机制的提法不同,这次提出的是要"落实"宪法解释程序机制。为贯彻落实党中央关于宪法解释程序机制的重大部署,十三届全国人大四次会议于2021年3月通过了《中华人民共和国国民经济和社会发展第十四个五年规划和2035年远景目标纲要》,明确提出"健全保障宪法全面实施的体制机制,加强宪法实施和监督,落实宪法解释程序机制,推进合宪性审查"。这不仅将构建我国宪法解释程序机制提上了议事日程,而且列出了时间表,即在2035年之前,宪法解释程序机制将建立起来并落到实处。此后,党的二十大报告提出,"加强宪法实施和监督,健全保证宪法全面实施的制度体系";党的二十届三中全会提出,要"完善以宪法为核心的中国特色社会主义法律体系,健全保证宪法全面实施制度体系"。宪法解释程序机制是中国特色社会主义法律体系不可或缺的组成部分,是宪法实施制度体系中的重要内容。构建我国宪法解释程序机制,对于完善中国特色社会主义法律体系,健全保障宪法全面实施的制度体系具有十分重大的理论价值和现实意义。

健全宪法解释程序机制是我国依法治国、建设社会主义法治国家的历史逻辑、理论逻辑和实践逻辑的必然结果和客观要求。首先,健全宪法解释程序机

---

① 参见习近平:《论坚持全面依法治国》,中央文献出版社,2020年,第206页。

制是依法治国、建设社会主义法治国家历史逻辑的必然结果。1978年党的十一届三中全会提出"必须加强社会主义法制",1980年邓小平同志在中央工作会议的讲话中强调"要继续发展社会主义民主,健全社会主义法制"。1982年党的十二大报告重申"继续健全社会主义民主和法制",1992年党的十四大报告又重申了这一提法。1997年党的十五大报告把依法治国的目标由"建设社会主义法制国家"改为"建设社会主义法治国家",依法治国作为党领导人民治国理政的基本方略正式确立下来。1999年九届全国人大二次会议上,"依法治国,建设社会主义法治国家"这一治国方略正式写入宪法修正案。我国依法治国从"法制"到"法治"的转变历程,不仅是国家治理方略的重大改变,更是我国社会主义法治建设实践的巨大飞跃,体现了我国法治进程中从制定完备的法律规范,转变为在国家政治和社会生活中必须切实贯彻实施宪法法律的认识上的深刻变化和重大进步。于是,在社会主义法治建设实践中,原来主要通过修宪以使宪法规定符合社会发展实际,如今,宪法解释程序机制已经成为宪法实施过程中无法回避的一个逻辑结果。其次,健全宪法解释程序机制是依法治国理论逻辑的必然要求。宪法的根本法地位决定了其在依法治国中的重要地位和作用,"依法治国首先是依宪治国",在依法治国进程中必须首先贯彻实施宪法。而宪法实施必然涉及对宪法的理解与适用,这就必须对有关宪法规定、宪法原则和宪法精神进行解释和澄清。"解释是任何规则适用的一个不可缺少的步骤"[1],宪法解释已成为各国宪法实施和宪法发展的首要途径,被认为是当代宪法理论和宪法审查理论的核心。[2] 这样一来,构建宪法解释程序机制就成为依法治国不能回避的重要内容,是充分发挥宪法解释功用的先决条件,对于宪法实施具有重大的理论意义和实践功用。宪法解释程序机制不仅是直接推动宪法实施的关键因素,而且是宪法发展的必要条件。最后,健全宪法解释程序机制是我国依法治国、建设社会主义法治国家实践逻辑的客观要求。在依法治国实践中,当作为根本大法的宪法既已颁布并经修改完善之后,最紧迫的任务无疑是将书本中的宪法变成生活中的活宪法。宪法解释程序机制便是将文本的静态宪法转化为现实的动态宪法的必不可少的强大引擎,能够使宪法规范中蕴含的价值和精神充分体现出来。"宪法的生命在于实施",宪法实施是将宪法规定的内容贯彻落实到政治和社会生活之中,也就是在政治活动和社会实践中

---

[1] [英]M. J. C. 维尔:《宪政与分权》,苏力译,生活·读书·新知三联书店,1997年,第313页。

[2] Keith E. Whittington, *Constitutional Interpretation* (University Press of Kansas, 1999), p. 2.

适用宪法。宪法的适用与宪法的解释密不可分，适用宪法的过程就是解释宪法的过程。[①] 可见，解释宪法与适用宪法存在着紧密的联系，解释宪法是适用宪法的前提和基础，宪法解释程序机制便由此成为适用宪法的驱动器，没有它，适用宪法也就无从谈起。在实践中，宪法解释程序机制能够增强宪法的实效性，提高宪法实施的效率，因而成为宪法变迁的不竭源泉和实现宪法价值的有力保障。

本书以健全我国宪法解释程序机制为核心，通过对域外相关制度和实践的深入调查与较为详尽的比较研究，探讨其对于我国的启示，以便为我国健全宪法解释程序机制提供参考和借鉴，并为释宪机关从事宪法解释工作提供可参考的理论根据和可操作性的对策措施，也为推动宪法实施提供坚实基础和技术支撑，进而达到促进我国宪法解释程序规范化、制度化、法治化的最终目的。本书共五章，每章的主要内容如下：

第一章为"宪法解释主体制度比较与借鉴"。本章主要从实证法角度深入调查域外立法机关宪法解释主体制度、专门机关宪法解释主体制度和普通法院宪法解释主体制度，从政治制度、法律传统和文化观念等方面详尽分析各种宪法解释主体制度的设立原因，并深刻剖析各种宪法解释主体制度的优劣。在此基础上，结合我国的具体国情，提出在借鉴域外宪法解释主体制度时，不仅要善于挖掘其对于我国的启示，更要注意扬长避短，克服域外宪法解释主体制度的缺陷和弊端，构建既符合我国国情又具有实践价值的宪法解释主体制度。

第二章为"宪法解释范围与事由制度比较与借鉴"。本章首先从规范层面对德国、法国、俄罗斯、奥地利以及我国当前的抽象宪法解释范围制度和具体宪法解释范围制度进行梳理和比较，再对其进行剖析和评价。然后对上述国家的抽象宪法解释事由制度和具体宪法解释事由制度进行规范分析，并在总结各自的特点之后予以客观评价。继而通过分析域外抽象宪法解释范围制度和具体宪法解释范围制度的启示及其存在的局限与不足，探讨如何构建我国的抽象宪法解释范围制度和具体宪法解释范围制度；通过总结域外抽象宪法解释事由制度和具体宪法解释事由制度的启示，提出构建我国抽象宪法解释事由制度和具体宪法解释事由制度的构想和思路。

第三章为"宪法解释提请制度比较与借鉴"。本章从规范层面探讨我国现行宪法解释提请制度，并梳理和分析域外立法机关释宪制、专门机关释宪制和普通法院释宪制下具有代表性的国家，如英国、德国、俄罗斯、法国、美国等

[①] 蔡定剑：《宪法实施的概念与宪法施行之道》，《中国法学》2004年第1期。

的宪法解释提请主体制度，并对这些国家宪法解释提请方式的实证法规定进行比较分析。通过对我国与域外一些国家的宪法解释提请主体制度和提请方式制度的梳理，深入探讨域外相关制度对构建符合中国宪法制度特点的宪法解释提请制度的可资借鉴之处和应予注意的方面。

第四章为"宪法解释申请和受理制度比较与借鉴"。本章先从实证法角度对德国、法国、俄罗斯、奥地利等国宪法解释的申请期限、申请形式、申请条件、申请的撤回等内容进行详细介绍和深入分析，对上述国家宪法解释受理制度进行系统性比较研究，然后探讨域外国家相关制度对我国各类宪法解释的申请期限、申请形式和申请条件等所具有的借鉴价值，继而提出我国宪法解释申请制度的立法建议。然后在总结域外国家宪法解释受理制度特点的基础上，剖析其对于我国的参考意义，进一步对我国建立宪法解释受理制度提出相应的参考建议和对策措施。

第五章为"宪法解释审议和表决制度比较与借鉴"。本章对域外一些国家的宪法解释审议基本原则进行归纳和总结，详尽介绍和深入分析德国、法国、俄罗斯、奥地利等国关于宪法解释审议程序的规定，并对上述国家宪法解释的表决与通过程序进行详细介绍与深刻剖析，进而总结出域外国家的宪法解释审议原则、预审制度、报告人制度、当事人陈述制度等对我国的启示。在阐述域外国家宪法解释的表决依据、表决方式、表决次序以及表决通过比例等对于我国构建宪法解释表决和通过制度的借鉴意义的基础上，提出构建我国宪法解释审议与表决制度的立法建议和对策措施。

本书是本人主持的国家社科基金项目"宪法解释程序机制比较与借鉴研究"（项目编号：17BFX035）的最终成果，结项鉴定等级为"良好"。需要说明的是，由于各方面原因，书中所涉猎的材料并不周全，只对部分宪法解释程序机制较为完善的国家的相关规定和制度进行了介绍和分析。书中观点系本人长期关注该论题得出的阶段性结论，不当之处，还望同行诸君指正，共襄施宪良方，为党和国家提出的"落实宪法解释程序机制"提供理论和智识上的支持。

2024 年 10 月

目 录

第一章 宪法解释主体制度比较与借鉴……………………………（1）
　第一节　宪法解释主体制度的类型………………………………（1）
　第二节　各种宪法解释主体制度的设立原因及其优劣…………（9）
　第三节　域外宪法解释主体制度对我国的借鉴意义……………（26）

第二章 宪法解释范围与事由制度比较与借鉴……………………（36）
　第一节　宪法解释范围制度比较…………………………………（36）
　第二节　宪法解释事由制度比较…………………………………（52）
　第三节　域外宪法解释范围和事由制度对我国的借鉴意义……（63）

第三章 宪法解释提请制度比较与借鉴……………………………（87）
　第一节　宪法解释提请主体制度比较……………………………（87）
　第二节　宪法解释提请方式制度比较……………………………（104）
　第三节　域外宪法解释提请制度对我国的借鉴意义……………（114）

第四章 宪法解释申请和受理制度比较与借鉴……………………（119）
　第一节　宪法解释申请制度比较…………………………………（119）
　第二节　宪法解释受理制度比较…………………………………（137）
　第三节　域外宪法解释申请和受理制度对我国的借鉴意义……（143）

第五章 宪法解释审议和表决制度比较与借鉴……………………（158）
　第一节　宪法解释审议的基本原则………………………………（158）
　第二节　宪法解释的审议程序比较………………………………（170）
　第三节　宪法解释的表决与通过程序比较………………………（199）
　第四节　域外宪法解释审议和表决制度对我国的借鉴意义……（205）

参考资料……………………………………………………………（221）

后　记………………………………………………………………（229）

第一章 宪法解释主体制度比较与借鉴

广义的宪法解释主体泛指对宪法进行解释的机关、组织或个人，包括国家机关、社会团体、企事业组织和公民个人。狭义的宪法解释主体仅指宪法或宪法性法律规定的享有宪法解释职权的特定国家机关。在广义的宪法解释主体中，享有宪法解释职权（简称"释宪职权"）的特定国家机关之外的其他主体在从事宪法解释时不受法定宪法解释程序的规制，也不产生相应的法律效力，故属于无权解释主体。本书研究的是狭义的宪法解释主体，即宪法或宪法性法律规定的享有宪法解释职权的特定国家机关，亦属于有权解释主体。

世界各国因政治、法律、历史和文化等方面的差异而导致其宪制有所不同，各国宪法关于宪法解释主体（简称"释宪主体"）的规定亦不相同。各国的释宪主体在解释本国宪法时，必然采取与本国相适应的释宪程序。研究宪法解释程序机制，应先研究宪法解释的主体类型，这样才能够深刻剖析宪法解释程序机制的内在原理。我国要实现"健全宪法解释程序机制"的目标，必须以构建符合我国宪制特点的宪法解释主体为前提条件。

本章主要阐述多个国家的宪法解释主体类型，剖析它们的设立原因及其存在的优劣之处，进而为探讨符合中国实际的宪法解释主体制度提供启示和参考。

第一节 宪法解释主体制度的类型

我国宪法学界普遍认为，各国根据不同的历史传统、政治体制和法律文化特点，所确立的宪法解释主体大体有三种类型：立法机关、普通法院、专门机关。[1] 以下分别对这几种宪法解释主体进行介绍。

---

[1] 参见周伟：《我国宪法解释机关研究——来自比较法的考察》，《公法研究》2005年第1期。

一、立法机关作为宪法解释主体

立法机关作为宪法解释主体，即国家立法机关是享有宪法解释职权的机关，其他机关和组织无权解释宪法。立法机关作为宪法解释主体起源于英国。英国是世界上实行不成文宪法的典型国家，议会主权原则是其重要的宪法基本原则。议会主权原则，意味着议会在英国的所有国家机关中享有至高无上的权力和地位，具体体现在三个方面：①立法机关可以自由地变更任何法律；②宪法的效力和制定程序和其他法律没有区别；③任何司法机关或其他机关都无权宣布议会法律无效或视其为无效和违宪。可以说，英国议会主权原则为英国立法机关宪法解释主体制度奠定了基础。

17、18世纪，西方资产阶级在反封建斗争过程中，高举洛克、卢梭等资产阶级启蒙思想家提出的"国民主权"，作为反对封建时期"君权神授"的理论武器。资产阶级在革命取得胜利并建立起资本主义国家后，把"国民主权"规定在资本主义国家宪法中，使之成为资本主义国家的一项重要宪法原则。国民主权理论表明，国民是国家的主人，拥有绝对的、至高无上的权力。在这项原则之下，体现国民意志的宪法的解释权，自然应当由体现国民意志和利益的立法机关来行使。因此，一些资本主义国家在建国之后纷纷确立将立法机关作为宪法解释主体的地位。如1799年和1852年法国宪法规定，由护法元老院行使宪法解释的职权；1831年比利时宪法第28条规定，解释宪法的权力属于立法机关；1848年意大利宪法规定，只有立法机关有权对全体国民解释宪法。

不仅资本主义国家在建国初期确立了立法机关的宪法解释主体地位，1918年苏俄宪法也根据社会主义的人民主权原则将立法机关确立为宪法解释主体。1918年苏俄宪法第31条规定，全俄苏维埃中央执行委员会为俄罗斯社会主义联邦共和国最高立法、号令及监督机关；第32条规定，全俄苏维埃中央执行委员会统一协调立法工作和管理工作，并负责监督苏维埃宪法、全俄苏维埃代表大会及苏维埃政权中央机关各项决定的实施情况。1936年苏联宪法继续确立立法机关为宪法解释的主体，其第14条规定：苏维埃社会主义共和国联盟最高国家权力机关负责监督苏联宪法的遵守，并保证各加盟共和国宪法符合于苏联宪法。1977年苏联宪法第121条规定：苏联最高苏维埃主席团监督宪法的执行，并保证各加盟共和国宪法和法律同苏联宪法和法律相适应。

其他社会主义国家也纷纷效仿苏联的做法，如越南1992年宪法第91条规定，由国家最高权力机关国会的常设机构国会常务委员会解释宪法；① 朝鲜现行宪法第 116 条规定，最高人民会议常任委员会是宪法解释的主体；② 古巴宪法第 75 条规定，全国人民政权代表大会的职权之一是决定法律、法令、指令和其他具有普遍性的决定是否合乎宪法。③ 东欧原社会主义国家都确立了立法机关为宪法解释的主体，如罗马尼亚 1975 年宪法规定，宪法和法律委员会除行使常设委员会的职权外，还对法律是否符合宪法向大国民会议提出报告或意见，对于具有法律效力的命令以及部长会议的决定，按照大国民会议的工作规程，审议其是否符合宪法。④ 苏联解体后，大多数宣布独立的国家设立宪法法院作为宪法解释主体，但塔吉克斯坦仍然将立法机关作为宪法解释的主体，其宪法第 48 条规定，最高议会是塔吉克斯坦共和国最高代表机关和立法机关，其职权包括解释宪法和法律。⑤

随着社会的发展及宪法解释的深入实践，苏联逐渐认识到立法机关作为宪法解释主体存在一定的弊端，遂进行了一定程度的改革。1988 年苏联设立宪法监督委员会，为最高国家权力机关领导下的独立机关，只服从宪法，承担苏联最高苏维埃主席团负责的宪法监督职权，负责检查各种规范性文件是否符合苏联宪法和法律，并提出是否合宪和合法的结论性意见，但苏联人民代表大会通过的文件除外。

我国宪法根据人民代表大会制度确立了最高国家权力机关为解释宪法的主体。宪法第 67 条规定：全国人民代表大会常务委员会解释宪法，监督宪法实施。2018 年第五次修宪，把"法律委员会"改为"宪法和法律委员会"，同年 6 月 22 日，全国人大常委会通过了《关于全国人民代表大会宪法和法律委员会职责问题的决定》（以下简称《决定》），规定：宪法和法律委员会在继续承担统一审议法律草案等工作的基础上，增加推动宪法实施、开展宪法解释、推进合宪性审查、加强宪法监督、配合宪法宣传等工作职责。尽管该《决定》规

---

① 参见孙谦、韩大元主编：《世界各国宪法·亚洲卷》，中国检察出版社，2012 年，第 917 页。
② 参见孙谦、韩大元主编：《世界各国宪法·亚洲卷》，中国检察出版社，2012 年，第 168 页。
③ 参见孙谦、韩大元主编：《世界各国宪法·美洲大洋洲卷》，中国检察出版社，2012 年，第 489 页。
④ 不过，根据罗马尼亚 1991 年新颁布的宪法第 146 条规定，宪法法院是审查法律合宪性的主体。参见孙谦、韩大元主编：《世界各国宪法·欧洲卷》，中国检察出版社，2012 年，第 402 页。
⑤ 参见姜士林等主编：《世界宪法全书》，青岛出版社，1997 年，第 452 页。此外，哈萨克斯坦既未实行以宪法法院为主体的宪法解释制度，也未实行以立法机关为主体的宪法解释制度，而实行了以宪法委员会为主体的宪法解释制度，其宪法第 72 条规定了宪法委员会的职权范围。参见姜士林等主编：《世界宪法全书》，青岛出版社，1997 年，第 247 页。

定了宪法和法律委员会行使解释宪法的职责，但我国宪法解释的主体仍然是全国人大常委会，而不是宪法和法律委员会。

需要注意的是，作为资本主义国家宪法解释主体的立法机关与作为社会主义国家宪法解释主体的权力机关是有区别的。尽管资本主义国家确立了国民主权原则，立法机关作为反映国民意志和愿望的机关，享有制定和颁布法律的职权，并确立了立法机关为宪法解释的主体，但立法机关的这种地位只体现为其在制定法律和解释宪法上拥有不同于其他国家机关的职权，不能由此误认为立法机关的地位高于其他国家机关的地位。资本主义国家大多实行的是三权分立原则，在整个国家机构体系中，立法机关是与行政机关、司法机关并列的国家机关，这三种国家机关分别行使不同的国家权力，尽管可能存在某一机关的职权比其他机关大的情况，但它们在整个国家机构体系中的地位并没有高下之分。资本主义国家的立法机关与行政机关、司法机关的地位总体上是相互平衡的，所以立法机关并不具有高于行政机关和司法机关的地位。

在社会主义国家，作为宪法解释主体的权力机关的地位高于其他国家机关。社会主义国家实行的根本政治制度是人民代表大会制度，人民代表大会制度是按照马克思主义的"议行合一"原则建立起来的。按照"议行合一"原则，国家权力机关作为人民代表机关，不仅行使立法权，还负责监督宪法和法律的执行和实施，行政机关和司法机关都由权力机关产生并对权力机关负责，这显然不同于资本主义国家的三权分立制度。社会主义国家的权力机关是真正代表人民意志的国家机关，一切国家权力都由人民代表机关即权力机关行使。在社会主义国家，权力机关由人民选举产生，在所有国家机关中居于最高地位，权力机关不仅具有超越其他国家机关的地位，而且具有全权性，有权行使其认为应当由其行使的一切国家权力，包括解释宪法的权力。由此可知，在社会主义国家，作为宪法解释主体的权力机关，具有高于行政机关和司法机关的地位。[①]

二、普通法院作为宪法解释主体

普通法院作为宪法解释的主体，即对普通案件具有管辖权的司法机关是行使宪法解释职权的主体。这种类型的宪法解释主体，既有权审理普通民事案件、刑事案件和行政案件，也有权审理宪法性质的案件，并在审理案件过程中

---

① 参见刘国：《释宪机制的影响因子及其中国构造》，《中国法学》2016年第1期。

依据职权对相关宪法条款进行解释。

普通法院行使宪法解释职权起源于美国。虽然美国1787年联邦宪法没有规定宪法解释主体是哪一机关，但联邦最高法院在1803年"马伯里诉麦迪逊案"中开创了联邦司法机关审查联邦法律是否符合宪法的先河。首席大法官马歇尔在该案判决中指出：判断法律是什么是司法部门的职责范围和义务，将法律适用到具体案件中的法官，必须详细阐明和解释这一规则。如果一部法律与宪法相抵触，而法律和宪法都适用于一个具体案件，那么法院就必须决定相冲突的规则中，哪一条规则要适用于案件，这是司法义务最本质的特征。关于"马伯里诉麦迪逊案"是否开创了普通法院解释宪法的先河，中美学者之间还存在一些争议。大多数学者认为，该案是最早确立美国司法合宪性审查的案件。也有学者认为该案并非美国最早的司法合宪性审查案件，在1803年以前的司法实践中已经存在司法合宪性审查的案例。[①] 可以肯定的是，"马伯里诉麦迪逊案"确立了联邦最高法院审查联邦法律是否违宪的权力，从而开创了联邦最高法院作为宪法解释主体的先河。而在1803年之前，确实已经存在州法院审查州法律是否违反州宪法的案例和联邦巡回法院审查州法律是否违反联邦宪法的案例。

由于美国司法制度实行"遵循先例"原则，在1803年之后的一些案件中，如1816年"马丁诉亨特租户案"[②] 和1821年"科恩诉弗吉尼亚州案"[③] 中，联邦最高法院一再重申其解释联邦宪法和法律的绝对权威。通过这些重要案例，联邦最高法院确立了由其行使宪法解释的职权，使自己成为联邦宪法最终解释者与保障者。[④] 尽管存在一些争议，但联邦最高法院是宪法解释主体已经作为一种制度被确立下来并沿袭至今。

20世纪尤其是第二次世界大战以后，普通法院作为宪法解释主体这一做法被越来越多的国家借鉴和效仿，如加拿大、阿根廷、巴西、秘鲁、哥伦比亚、洪都拉斯、墨西哥、危地马拉、委内瑞拉、智利、巴布亚新几内亚、斐

---

① 在美国，司法合宪性审查有联邦和州两个体系，联邦司法合宪性审查是联邦法院审查联邦法律和州法律是否违反联邦宪法，州司法合宪性审查是州法院审查州法律是否违反州宪法。据记载，从1789年到1803年，有10个州法院裁决州法律违反宪法，1787年到1803年间被裁决违反州宪法的州法律有20件以上；在联邦合宪性审查方面，1790年到1803年间，联邦巡回法院裁决违反联邦宪法的州法律有5件。参见陈云生：《宪法监督司法化》，北京大学出版社，2004年，第84—86页。

② Maitin v. Hunter's Lessee, 14 U.S. (1 Wheat) 304 (1816).

③ Cohen v. Virginia, 19 U.S. (6 Wheat) 264 (1821).

④ Erwin Chemerinsky, *Constitutional Law*, 2nd Edition (New York: Aspen Law & Business Aspen Publishers, Inc., 2001), p.46.

济、基里巴斯、韩国、日本、菲律宾、印度、瑞士以及北欧诸国和东欧的爱沙尼亚等。[①]

有一些国家企图移植美国普通法院作为宪法解释主体的做法，最终因不符合本国政治、法律传统而以失败告终，甚至一些国家的宪法明确禁止普通法院行使宪法解释的职权。如荷兰宪法第120条规定："法院无权裁决议会法令和条约是否合宪。"又如，瑞士宪法第113条规定："法院审理案件须执行联邦议会所通过的法律和具有普遍约束力的法令以及由联邦议会批准的国际条约"，由此可知，瑞士法院无权审查议会法律的合宪性，亦即法院不享有宪法解释的职权。

这里有必要澄清一个问题，有学者认为，普通法院作为宪法解释主体，只存在于美国和后来效仿美国的一些成文宪法国家里，然而事实并非如此。在实行不成文宪法的英国，传统上一般认为，根据议会主权原则，只有立法机关是宪法解释的主体，法院不能质疑议会立法。但在英国普通法发展过程中，高级法院包括上议院上诉委员会在某些案件中通过法律解释技巧实现了对议会立法的变相审查，尽管这种审查并非体系化的制度，也不能对议会立法的效力直接作出裁决，但其效果可能导致相关立法不再适用。随着1998年《人权法案》的实施，英国法院亦获得了宪法解释主体的资格。《人权法案》第3条第（1）款规定："如有可能，基本立法和次级立法必须以一种与公约权利相一致的方式被解释和赋予效力。"第4条第（2）款规定："如果法院认定条款与公约权利不相容，可以发布不相容宣告。"从这两个条款的规定可以看出，该法实际上赋予了法院传统上所没有的审查议会法律的法定权力。

根据《人权法案》第4条第（5）款规定，有权审查议会立法并宣告其与公约权利不相容的法院包括：上议院，枢密院司法委员会，军事法院的上诉法院，苏格兰高等刑事法院，英格兰、威尔士和北爱尔兰的高等法院或上诉法院。根据该法第4条第（6）款规定，法院对法律作出不相容宣告，不影响该法律的效力、继续适用或执行，不拘束作出声明的诉讼所涉及的当事人。可见，在法律被法院宣告为与公约权利不相容后，该法律仍然是有效的，可以继续实施。不过，这并不意味着法院的不相容宣告毫无意义。法院作出不相容宣告之后，虽然法院不能撤销该法律，但被宣告的法律将由议会作出修改或由部

[①] 20世纪80年代末90年代初东欧剧变后，大多数国家由新设立的宪法法院行使宪法解释的职权，只有爱沙尼亚设立了普通法院行使宪法解释职权（与一般普通法院宪法解释体制实行分散型解释不同，爱沙尼亚实行混合型宪法解释机制，宪法解释主体包括行使具体解释权的普通法院和行使抽象解释权的最高法院）；而哈萨克斯坦则设立宪法委员会行使宪法解释的职权。

长通过命令修改，以消除这种不相容。实践中，法院对议会立法的审查是富有成效的。①

由此可知，英国的宪法解释主体实际上包括立法机关和法院。不过，英国法院审查议会法律是否与公约权利相容的方式，与美国普通法院审查立法是否符合宪法的方式既有相同之处，也有不一样的地方。其相同之处是，二者都只能在立法生效之后进行事后审查，而且只能在案件诉讼过程中进行具体审查。其不同之处在于，英国法院在审理普通案件过程中，通过解释涉案法律，尽可能把法律解释为与公约权利相一致，换言之，法院必须通过司法解释尽可能消除议会立法与公约权利的不相容性，这是《人权法案》第3条对法院明确作出的义务性规定。美国法院则无此义务。

三、专门机关作为宪法解释主体

除了以立法机关和普通法院作为宪法解释主体，还有一种当今世界最多国家采用的模式，即专门设立一个监督宪法实施的机关，并由其作为行使宪法解释职权的主体。

（一）宪法法院作为解释主体

由专门机关充当宪法解释主体有两种模式：宪法法院和宪法委员会。宪法法院模式起源于奥地利。奥地利法学家凯尔森认为，保障宪法实施的重点在于防止违反宪法的法律，该职责应当由宪法法院来承担。②在凯尔森理论影响下，奥地利于1920年设立了世界上第一个宪法法院作为保障宪法实施的专门机构，其后，于1929年修订的宪法第六章第四节"宪法法院"第137条至148条详细规定了宪法法院的职权范围和组成等内容，由此确定了宪法法院作为宪法解释主体在保障宪法实施中的权威性地位。③1975年《奥地利联邦宪法性法律增补案》对宪法第139条、140条、142条和144条进行了修改，对宪法法院的宪法解释制度作了进一步完善。④

---

① 参见童建华：《英国违宪审查》，中国政法大学出版社，2011年，第314—319页。
② 参见〔奥〕凯尔森：《法与国家的一般理论》，沈宗灵译，中国大百科全书出版社，1996年，第177页。
③ 参见孙谦、韩大元主编：《世界各国宪法·美洲大洋洲卷》，中国检察出版社，2012年，第85—88页。
④ 参见姜士林等主编：《世界宪法全书》，青岛出版社，1997年，第733—734页。

自奥地利设立宪法法院作为宪法解释主体之后，这种宪法解释模式被越来越多的国家借鉴或效仿。如1947年意大利设立了宪法法院，1949年联邦德国设立了宪法法院，其他欧洲国家如保加利亚、克罗地亚、波兰、立陶宛、罗马尼亚、捷克、马其顿、匈牙利、挪威、葡萄牙、西班牙、斯洛伐克、斯洛文尼亚、乌克兰等也都先后设立了宪法法院。亚洲设立宪法法院作为宪法解释主体的国家有韩国[①]、泰国[②]、叙利亚、吉尔吉斯斯坦、塞浦路斯、亚美尼亚等。苏联解体后的独联体国家如俄罗斯、白俄罗斯、乌克兰、乌兹别克斯坦等也都设立了宪法法院作为宪法解释主体。[③] 不过，苏联解体后的独联体国家并非全都实行宪法法院释宪制度，其中塔吉克斯坦仍然由立法机关作为宪法解释的主体，其于1994年通过并于1999年和2003年修正的宪法第49条规定，由上议院行使解释宪法的职权，并以宪法性法律的形式予以通过。[④]

（二）宪法委员会作为宪法解释主体

专门机关作为宪法解释主体除了宪法法院模式外，还有宪法委员会模式。最早开始设立宪法委员会行使宪法解释职权的国家是法国。法国1946年宪法就设立了宪法委员会，第91条规定了宪法委员会的职权。1958年法国宪法第七章"宪法委员会"第56条至63条规定了宪法委员会的组成和职权等内容。这部宪法自颁布至今共经历了24次修改，最近的一次是2008年修宪，增加了一项规定（宪法第61-1条），即"在普通诉讼程序中，若认为法律的规定对宪法所保障的权利与自由构成侵害，可经最高行政法院和最高普通法院向宪法委员会层转宪法审查申请，由宪法委员会在确定的期限内予以裁决"。这次修宪进一步强化了法国宪法委员会在保障宪法实施和宪法解释中的权威性地位。

实行宪法委员会释宪制度的国家除了欧洲的法国外，在非洲有阿尔及利亚、科特迪瓦、毛里塔尼亚、塞内加尔、吉布提、喀麦隆等，此外还有北美的海地。哈萨克斯坦1990年宣布独立之后，于1993年通过独立后作为主权国家的第一部宪法。1995年8月30日哈萨克斯坦全民公决通过了新宪法，新宪法第71条至74条规定了宪法委员会的组成人员及其任期、职权等内容，但

[①] 韩国的宪法法院也称为宪法裁判所，韩国宪法第111条至113条规定了宪法裁判所的职权、组成、审判官的任期与资格等内容。参见孙谦、韩大元主编：《世界各国宪法·亚洲卷》，中国检察出版社，2012年，第244页。

[②] 泰国宪法第204条至217条规定了宪法法院的组成、职权范围等相关内容。参见孙谦、韩大元主编：《世界各国宪法·亚洲卷》，中国检察出版社，2012年，第583—585页。

[③] 哈萨克斯坦2022年6月全民公投通过了新的宪法修正案，将宪法委员会修改为宪法法院。

[④] 参见孙谦、韩大元主编：《世界各国宪法·亚洲卷》，中国检察出版社，2012年，第560页。

2022年6月哈萨克斯坦又以全民公决再次通过新的宪法修正案,将宪法委员会修改为宪法法院。

阿尔及利亚于1996年通过的宪法第123条和第165条规定,宪法委员会对组织法和国会两院内部规程进行强制性事前审查。根据第126条和第165、166条规定,宪法委员会根据总统、国民大会议长或民族议会议长提请,对条约、法律和条例进行事前或者事后审查。①

海地于2011年修正的宪法增加了"宪法委员会"一章。根据修正后的宪法第190条规定,宪法委员会就下列事项接受申请,并进行监督和裁决:(1)关于法律的合宪性,在其颁布以前;(2)关于参议院和众议院之内部规程的合宪性,在其实施以前;(3)关于政令的合宪性。一般意义上的法律在颁布之前,由总统、参议院议长、众议院议长、15名众议员或10名参议员申请宪法委员会予以审查。该宪法同时规定,司法机关在审理案件过程中得提出违宪抗辩,由宪法委员会接受最高法院的层转。若相关规定被宣告违宪,宪法委员会则将该规定反馈于议会,由议会视情形最终决定是否应予颁布新的规定。②

以上三种类型是当今世界最普遍的和主要的宪法解释主体制度类型。各国由哪一机关承担宪法解释主体的职责,主要根据本国具体的宪制情况而定。即使是采取同一类型宪法解释主体制度的国家,释宪者的职权范围也不是完全相同的,释宪程序也可能大相径庭。每一种宪法解释主体制度都有优点,同时也不可避免地存在某种局限性。因此,没有一个放诸四海而皆准的模式,适合某一个国家的宪法解释主体制度,不一定适合其他国家。

第二节 各种宪法解释主体制度的设立原因及其优劣

每个国家都有其特定的历史传统,一个国家内各种制度的设立无不以这种特定的历史环境为基础。释宪权是一项重要的国家权力,由哪一机关作为宪法解释主体,必然受到国家政治制度直接或间接的影响。同时,宪法解释机关作为一种制度装置,必须在国家法律制度的框架内进行安排,根植于该国法律传统之中,并受到该国文化观念的深刻影响。前述三种宪法解释主体制度是各国

---

① 参见孙谦、韩大元主编:《世界各国宪法·非洲卷》,中国检察出版社,2012年,第8—10页。
② 参见孙谦、韩大元主编:《世界各国宪法·美洲大洋洲卷》,中国检察出版社,2012年,第558页。

根据自己的政治、法律和社会文化传统等方面的实际情况而建立起来，每一种制度对其本国而言都具有相对的合理性。以下将在阐释各国设立其相应宪法解释主体的原因基础上，剖析各种宪法解释主体制度的优缺点。

一、立法机关宪法解释主体制度的设立原因及其优劣

宪法解释制度的建立是人类政治文明的体现，历史上最早建立起来的宪法解释制度即由立法机关作为宪法解释的主体，这既是近代国家制度建设发展进步的反映，也是各种特定原因导致的结果。

（一）立法机关宪法解释主体制度的设立原因

1. 政治理念方面的原因

立法机关作为宪法解释主体，首先是因为立法机关是民意代表机关。立法机关的产生和组成决定了它能够反映和体现选民的整体愿望和要求，能够保证体现民意的宪法得到贯彻实施。立法机关是反封建专制斗争胜利后建立起来的国家权力机关，它既是反封建革命斗争胜利的标志，也是维护广大革命群众根本利益的有力保障。

英国是最早将立法机关作为宪法解释主体的国家。英国之所以能够建立立法机关宪法解释主体制度，就是由于英国数百年来形成的议会主权原则。英国自1215年颁布《自由大宪章》以后，在大贵族与国王长期的权力斗争中，逐渐确立起来的议会主权原则成为英国政治法律制度中的一项基本原则，包括国王在内的任何其他国家机关都不能超越议会权力。由于英国实行不成文宪法制度，作为一个没有成文宪法典的国家，其宪法解释的对象或依据与成文宪法国家有所不同。英国宪法由一系列宪法性法律文件、宪法惯例和宪法判例构成，其宪法解释的对象或依据就是英国历史上所形成的宪法原则、宪法惯例、宪法判例和宪法性法律。其中议会主权原则是英国历史最悠久的宪法原则之一，该原则自1215年产生后日益得到广泛接受，并于1688年光荣革命后逐渐被公认为英国宪法的基本原则。英国议会主权的内涵包括：议会是国家最高的立法机关，其立法权不受任何限制，任何人或机构都无权裁决议会制定的法律的效力。

基于议会主权原则，没有一个比议会地位更高的机构能够取代议会，如果由一个地位比议会低的机构来解释宪法，必然会背离议会主权原则。因此，对

具有最高效力的宪法的解释权,只能由具有最高地位的议会来享有和行使,而不容其他任何机关觊觎,英国由此确立了议会作为宪法解释的主体。①

2. 法律和文化传统方面的原因

英国实行的是议会与普通法院共同解释宪法的复合型宪法解释体制,即议会行使最高宪法解释权,普通法院的宪法解释受制于议会。之所以如此,有其法律和文化传统方面的原因。在普通法观念影响下,英国没有成文宪法,宪法是由一系列宪法性文件构成的。普通法并非由立法机关创造出来,没有经过起草、辩论和批准或否决的过程,而是缓慢生长,最终形成一种未经清楚表达的合意。埃德蒙·伯克认为,英国不需要一部成文宪法,因为它的历史以一种在政治思想和伦理价值上普遍合意的形式,提供了对自由的唯一真实的保障。在他看来,决定人的权利的是一个国家的历史,而不是那些神圣的理念和精美的宣言,没有传统的支持,一部成文宪法不过是一纸空文;而有了那些传统,一部成文宪法就没有必要。②

正是在这种法律文化影响之下,英国没有建立成文宪法制度。英国流传下来的议会制度逐步形成了议会中心主义,并在"光荣革命"后,于1689年颁布的《权利法案》中正式确立了"议会至上"原则,使议会在整个国家生活中处于权力中心地位,国家政治和法律问题都主要由议会控制和决定,宪法解释权也自然由议会行使。与此同时,英国历史发展过程中形成的司法制度使普通法院也享有法律权。"正如法制史清楚地表明,将法律解释与司法适用分离开来是不切实际的。试图将找到法律、解释法律、适用法律的职能分离开来也是徒劳无益的。"③ 正是由于英国不成文宪法使宪法与议会法律并无严格界分,英国普通法院在享有法律解释权的同时亦享有宪法解释权,由此形成了英国议会和普通法院共同行使宪法解释权的复合型宪法解释体制。

就中国而言,全国人大常委会作为宪法解释的主体,这是由中国制定宪法

---

① 随着英国1998年《人权法案》的实施,法院也成为宪法解释的主体,议会不再是唯一的宪法解释主体。传统议会主权原则只容许议会成为宪法解释的主体,但由于《人权法案》的宪法性法律地位,其与传统的议会主权原则、法治原则和权力分立原则一起,成为英国合宪性审查的依据,英国法院亦由此获得了审查议会立法并对与《欧洲人权公约》不相容的议会立法作出不相容宣告的合法权力。参见童建华:《英国违宪审查》,中国政法大学出版社,2011年,第65页。

② 参见[美]肯尼思·W. 汤普森编:《宪法的政治理论》,张志铭译,生活·读书·新知三联书店,1997年,第87页。

③ [美]罗斯科·庞德:《普通法的精神》,唐前宏、廖湘文、高雪原译,法律出版社,2001年,第105页。

时的国情所决定的,也就是在中国的政治制度、法律传统和思想文化等因素影响下建立起来的。人民代表大会制度是中国的根本政治制度,这一制度排斥普通法院作为宪法解释的主体。因为人民选举产生的代表机关在所有国家机关中居于最高地位,最高代表机关即为最高国家权力机关。权力机关的地位高于行政机关和司法机关,司法机关在其地位低于权力机关的情况下,不具备拥有宪法解释权的前提和基础。同时,人民代表大会制度也决定了不可能设立专门机关作为宪法解释的主体。按照人民代表大会制度原理,人民代表机关作为国家权力机关,有权对其他一切国家机关进行监督。最高人民代表机关作为最高国家权力机关,享有最高宪法地位,这就决定了中国不可能另行设立一个地位比其更高或与其平行的机关来解释宪法,否则,就颠覆了全国人民代表大会最高国家权力机关的地位,也不符合全国人大及其常委会监督宪法实施的制度要求。

此外,中国的法律传统追求的是社会稳定之下的秩序井然,尤为强调法的社会治理和国家治理功能。这种传统法律文化影响下,对作为根本法和具有最高效力的宪法的解释权,不可能交由其他机关行使,只有代表最高国家权力的机关才有资格行使这种权力,以确保其颁布的法律和政策得到贯彻落实以及社会治理和国家治理功能得到最终实现。

受中国传统法律文化的影响,全国人大常委会作为宪法解释主体的原因有:其一,杜绝其他机关自行解释宪法以防止宪法被篡改或曲解,有利于保证来自人民的意志能够得到严格贯彻实施;其二,实现以宪法为核心的全国法制统一,一方面维护宪法最高法律地位的权威性,另一方面维护中央权威;其三,保障国家政令在全国范围内得到一体遵循,实现中央对国家治理所期冀的稳定有序;其四,既有助于实现宪法的国家治理功能,又确保和维护中央权力的合法性。

总之,由立法机关作为宪法解释主体既有政治理念和政治制度方面的原因,也有法律和文化传统方面的原因,是国家在经过各方面权衡之后的理性选择。

(二) 立法机关宪法解释主体制度的优劣

立法机关宪法解释主体制度是历史最悠久的宪法解释主体制度。自近代宪法产生以来,最先设立的宪法解释主体就是立法机关。尽管后来一些采取立法机关宪法解释主体制度的国家,在国家体制改弦易辙后,其宪法解释主体制度也随之发生相应变化,① 但时至今日,立法机关作为宪法解释主体仍然为一些国家认可和推行。

1. 立法机关宪法解释主体制度的优势

立法机关宪法解释主体制度之所以能够在一些国家被认可和采纳,是由于这种制度有着不容忽视的优势。

其一,符合人民主权的宪法基本原则。自18世纪法国思想家卢梭系统地阐述人民主权理论以后,人民主权思想得到越来越多人的支持和认可,并最终成为近现代宪法的基本原则之一。人民主权原则又被称为国民主权原则,其核心内容就是国家主权属于人民,人民所享有的主权是神圣的、不可侵犯和不可剥夺的。洛克指出:"只有人民才能通过组成立法机关和指定由谁来行使立法权","享有这种权力的人就不能把它让给他人"。② 因此,只有作为立法者的人民才有资格对法律进行解释。

人民主权原则现在已被写进各国宪法文本中,成为当今世界各国宪法首要的基本原则。宪法是人民意志的集中体现和具有最高效力的法律,由代表人民意志的立法机关行使宪法解释的权力,符合人民主权这一基本宪法原则的要求。人民是宪法的制定者,由立法机关解释宪法,有利于防止其他机关解释宪法时对人民意志的侵害。立法机关是由人民组成的,作为民意代表机关,其代表的是全体人民的意志,因此由立法机关作为宪法解释主体符合人民主权的宪法基本原则。

其二,能够确保宪法解释的权威性。洛克认为:"立法权不仅是国家的最高权力,而且当共同体一旦把它交给某些人时,它便是神圣的和不可变更的。"③ 立法机关是国家最高权力机关,在整个国家机关体系中拥有超越其他机关的权威性地位,由立法机关作为宪法解释主体,能够确保宪法解释的权威性。

近代分权理论进一步说明了立法机关法律解释的权威性。分权理论要求把法律解释的问题都提交给立法机关解决,由立法机关提供权威性的解释,用以指导审判实践,这种方法能够纠正法律的缺陷、杜绝法院立法并防止司法专横对国家安全的影响。对大陆法系的推崇者来说,唯有立法者所做的权威性解释

---

① 如20世纪80年代末90年代初,东欧诸国经历社会转型,国家政治、经济和法律制度发生显著变化;新制下,原来由立法机关行使宪法解释的职权,大多改为由宪法法院作为宪法解释主体。
② [英]洛克:《政府论(下篇)》,叶启芳、瞿菊农译,商务印书馆,1964年,第88页。
③ [英]洛克:《政府论(下篇)》,叶启芳、瞿菊农译,商务印书馆,1964年,第82页。

才是可以允许的解释。① 立法机关相对于其他国家机关的权威地位为其解释宪法提供了前提条件，同时也决定了其他任何机关都不可取代立法机关在宪法解释中的影响力。因此，立法机关作为宪法解释主体能够使其解释结论获得其他国家机关的充分尊重和服从，从而确保了宪法解释的权威性。

其三，有利于体现宪法的原意和保障宪法实施。根据人民主权原则，人民是宪法的创制者，只有人民才能真正理解制宪者的真实意图和宪法的真正意涵。宪法是体现人民意志的根本法，由代表人民意志的立法机关行使宪法解释权，有利于宪法所体现的人民意志得到完整、准确的理解，避免体现在宪法中的人民意志被篡改或误解。由于立法机关解释宪法能使宪法内容得到完整、准确的阐释，也就能够保证宪法所承载的人民意志和利益得以实现，从这个角度而言，立法机关作为宪法解释主体对于提高宪法的实效性大有裨益，能够保障宪法的规定得到不折不扣的贯彻和实施。

2. 立法机关宪法解释主体制度的局限性

正如一枚硬币有两面，立法机关宪法解释主体制度也存在着难以避免的局限性，突出表现在以下三个方面：

首先，纠错功能弱化。虽然立法机关宪法解释主体制度符合人民主权这一宪法基本原则，但这种体制弱化了宪法解释的纠错功能。立法机关是民意代表机关，从理论上说，它最能理解制宪者的原初意图和宪法规定的精神内涵。但在现实中，立法机关是由人民选出的代表所组成的国家机构，并非全体人民本身，其所做的宪法解释存在偏离人民的意志的可能。又因为在实行立法机关宪法解释主体制度的国家，立法机关在国家机构体系中具有最高地位，没有任何其他机关比其更有权威。这就决定了如果立法机关在宪法解释的实际过程中没有能够准掌握制宪者的原初意图，对宪法条款作出了不正确甚至是错误的解释，也没有谁能够对其不正确或错误的解释结果进行纠正。

其次，缺乏监督制约机制。现代宪法的基本原则之一是权力制约原则。麦迪逊曾说："如果人是天使，就不需要任何政府了；如果是天使统治人，就不需要对政府有任何外来的或内在的控制了。"为了防止国家机关滥用权力，现代国家机关相互之间采取权力分工的方式，以对各国家机关的权力进行监督和制约。

---

① 参见［美］约翰·亨利·梅利曼：《大陆法系》，顾培东、禄正平译，知识出版社，1984年，第43页。

在立法机关解释宪法的制度下，由于立法机关属于民意代表机关，具有超越其他一切国家机关的权威性地位，这就使得其他任何机关都无权对立法机关进行监督和制约。在立法机关处于权力监督制约真空地带的情况下，无疑给其留下了滥用宪法解释权的机会和余地。因此，为了防止"人民的统治"异化为"立法者的统治"，必须对立法者实施制度性的监督与制约，如果立法机关作为宪法解释主体是一个不受任何监督制约的主体，把立法机关的宪法解释等同于民意就可能是一个绚丽的陷阱。既要实现民主的价值，又要防范民主滥用无度而危害公民的基本权利和自由，就要求对立法机关加以约束和限制，以避免从人民的统治走向立法者的统治之路上去。[①]

立法机关宪法解释主体制度所存在的前述两个方面的局限性，必然带来的另一个问题是人民权利保障的隐忧。因此，在宪法解释过程中，如何在坚持人民主权原则前提下，使释宪者在宪法解释的具体实践中化解上述困境和克服由此带来的隐忧，成为宪法解释主体制度设计亟待解决的重要课题。

最后，立法机关的性质和地位使其难以有效地行使宪法解释的职权。无论是最高立法机关还是其常设机关行使宪法解释职权，释宪权都是立法机关众多职权中的一部分。最高立法机关的主要职能是从事全国性立法工作，此外还包括对其他国家机关颁布的法律、法令等规范性文件进行审查，监督其他国家机关的工作，决定重要国家机关领导人的任免，以及决定国家其他重大事项等。如此大量的职能，使得立法机关工作量极大，在其各项事务缠身的情况下，很难抽出时间和精力去充分行使宪法解释职权。立法机关一般只有在履行其他职能过程中需要解释宪法时，才会附带性地进行宪法解释，这种附带性的抽象宪法解释显然无法使需要进行具体宪法解释的要求得到满足，从而限制了立法机关宪法解释职能的充分发挥。

二、普通法院宪法解释主体制度的设立原因及其优劣

从时间上看，普通法院宪法解释主体制度的出现比立法机关宪法解释主体制度晚，是随着近代国家政治制度新发展而产生的，有其特殊的政治、法律文化因素和特定时代背景。

[①] 范进学：《宪法解释主体论》，《中国法学》2004年第6期。

（一）普通法院宪法解释主体制度的设立原因

1. 政治方面的原因

将普通法院作为宪法解释主体的国家，其政治上多采用三权分立的政治体制，以期实现以司法权制约立法权和行政权的目的。如美国宪法确立了三权分立的政治制度，但与立法部门和行政部门相比，司法部门是最弱的一个。[1] 马歇尔大法官于1803年通过对"马伯里诉麦迪逊案"的判决，使司法部门获得了与立法部门和行政部门相抗衡的司法审查的权力，在实践中真正形成了司法权与立法权、行政权相互制约的政治体制。三权分立的政治体制是普通法院宪法解释主体制度的前提和基础，因为正是在这种政治体制下，司法机关可以通过行使宪法解释的职权，对立法机关和行政机关颁布的法律法规是否符合宪法进行审查。

1787年美国联邦宪法在被各州通过之前，以亚历山大·汉密尔顿为首的联邦党人就曾撰文反复论述三权分立的理论。汉密尔顿明确地谈到司法合宪性审查权问题，他说："法院必须有权宣布违反宪法明文规定的立法为无效。如无此项规定，则一切保留特定权利与特权的条款将形同虚设。"[2] 他认为，虽然宪法规定了对立法权的限制，但如没有一个机构去执行这种限制，那宪法就如同一纸空文。汉密尔顿的洞见当初并未获得制宪者多数接受，所以美国1787年宪法对于联邦法院的职权并没有规定其解释宪法和审查联邦法律合宪性的权力。在美国联邦立法机关、行政机关和司法机关建立起来之后，它们之间的权限和地位与制宪者们当初关于三权分立与制衡的设想存在较大差距。为了弥补这种差距，在三个部门之间实现相互平衡与制约的方式，就是按照汉密尔顿的观点，使法院通过行使宪法解释的职权享有审查国会立法是否合宪的权力。

2. 法律传统方面的原因

在美国，普通法院之所以能通过审查立法是否违宪的方式行使宪法解释

---

[1] 亚历山大·汉密尔顿曾指出：司法部门既没有力量，也没有意志，它所具有的仅仅是判断，而且为了使其判断发生效力，最终亦须借助于行政部门的力量。参见[美]亚历山大·汉密尔顿、约翰·杰伊、詹姆斯·麦迪逊：《联邦党人文集》，张晓庆译，中国社会科学出版社，2009年，第360页。

[2] [美]汉密尔顿、杰伊、麦迪逊：《联邦党人文集》，程逢如等译，商务印书馆，1980年，第392页。

权,是由于根据普通法传统,美国法官拥有其他国家法官所不具有的权力。美国宪法为限权宪法,即对立法权明确加以限制的宪法。此类限制须通过法院的作用实现,因为法院的职权包括宣布违反宪法的法律无效。[①] 美国法官有权拒绝援引违宪的法律,这是美国法官所特有的权力,[②] 这项权力源于美国的普通法传统。

根据普通法传统,制定法律和解释法律的权力是分离的。以前由国王通过议会制定法律,由法院在审理具体案件中解释法律,这一传统延续至今。在作为根本法的宪法诞生之后,在审理案件中需要运用宪法时,法院自然享有宪法解释权。在美国,宪法不仅在观念而且在实践中被作为具有最高法律效力的法律,在地位上高于国会制定的法律。为了维护宪法在法律体系中的最高效力和地位,就必须通过解释宪法和法律来判断法律是否违反宪法。"解释法律是法院特有的职责,这种安排是恰当的。宪法是国家的根本法,事实上,法官必须如此认为。因此,对宪法和立法机关制定的一切法律的解释权均属于法院。"[③] 马歇尔大法官在"马伯里诉麦迪逊案"的判词中强调,阐明法律的意义是法院的职权与责任,那些把规则应用到特殊案件中去的人,必然要阐述与解释那项规则。[④] 在这样的法律传统影响下,法院获得解释宪法的权力不会遇到多大的非议,由法院解释宪法乃顺理成章之事,普通法院宪法解释主体制度由此得以形成并保持下来。

3. 文化观念方面的原因

从表面上看,美国实行普通法院宪法解释主体制度是由于美国没有参照英国确立议会至上原则。然而从思想文化层面看,主要有以下两方面的原因:

一方面,在美国的成文宪法中,高级法最终获得一种形式,这种形式可以给它提供一种全新的有效性,即源于人民主权的制定法规的有效性。一旦高级法的约束力转移到这种全新的基础上,那么普通立法机关至上的观念就自动消失了,因为一个服从于另一个立法机关的机构不可能是一个主权的立法机构。

另一方面,如果没有司法审查作后盾,即使制定法的形式也无法保证高级

---

① [美]亚历山大·汉密尔顿、约翰·杰伊、詹姆斯·麦迪逊:《联邦党人文集》,张晓庆译,中国社会科学出版社,2009年,第360页。
② 参见[法]托克维尔:《论美国的民主(上卷)》,董果良译,商务印书馆,2013年,第109—115页。
③ [美]亚历山大·汉密尔顿、约翰·杰伊、詹姆斯·麦迪逊:《联邦党人文集》,张晓庆译,中国社会科学出版社,2009年,第361页。
④ Marbury v. Madison, 5U. S. (1Cranch) 137 (1803).

法作为个人求助的源泉，既具备制定法的形式，又以司法审查制度作为补充，高级法又恢复了它的青春活力。① 易言之，英国的议会至上原则所追求和期冀的宪法有效性，在美国人看来，以人民主权为基础的宪法已使其获得了更大的有效性，无需再借助于另外设立的立法机关；而且美国人认为，其普通法院司法审查制度对制定法进行的审查，能够使宪法成为公民权利保障的坚强后盾，因而美国没有实行英国以立法机关为主的复合型宪法解释主体制度，而是确立了在美国人看来更有效的普通法院宪法解释主体制度。

（二）普通法院宪法解释主体制度的优劣

1. 普通法院宪法解释主体制度的优势

尽管普通法院宪法解释主体制度的建立比立法机关宪法解释主体制度更晚，但自这种制度最开始在美国建立之后，被越来越多的国家所借鉴，之所以如此，是因为这种制度存在着如下优势。

第一，有助于加强对公权力的监督和制约。现代宪法的基本原则之一是权力监督制约原则，普通法院宪法解释主体制度便是实现这一原则的有效保障。权力监督制约的核心要义在于防止国家机关滥用公权力，以达到保障公民宪法基本权利的目的。为此，现代国家在树立权力划分理念的基础上，实行立法权、行政权和司法权分别由不同国家机关行使的权力分配制度，除了限定各个国家机关的权限范围，还对行使公权力的行为进行监督制约。在采行普通法院宪法解释主体制度的国家，普通法院在审理具体案件过程中，对于立法机关颁布的适用于具体案件的法律是否合宪进行审查，如果发现该法律违反宪法的规定，就不将其作为裁判案件的依据。在这种方式下，立法机关颁布的违宪的法律不能被司法机关适用，无法发挥法律效力，从而起到防止立法机关滥用立法权颁布违宪法律的作用，即加强了司法权对立法权的监督和制约。

第二，有利于推动宪法与时俱进。宪法作为国家的根本大法，必须保持稳定。同时，宪法又是为了满足人类生活的需要而制定的，要保持宪法旺盛的生命力，就必须使它与时代同步。因此，普通法院的宪法解释就成为将宪法条款与实际生活中的社会现实结合起来的重要桥梁和必要手段。法官在具体案件中根据宪法的精神和原则，通过权衡个案中涉及的相关利益，在历史与现实、个

---

① 参见［美］爱德华·S. 考文：《美国宪法的"高级法"背景》，强世功译，生活·读书·新知三联书店，1996年，第93页。

案当事人与国家社会关系的往返流转中,对宪法条款的含义作出符合当下情势的说明,起着"活着的宪法宣示者"[①] 的作用。法官赋予死板的宪法条文以鲜活的实际意义,能够避免呆板地套用过去的成规来应对已经变化了的社会实践,从而逃脱过去"死亡之手"的控制,使宪法成为一部"活的宪法"(Living Constitution),[②] 使宪法在变迁过程中与社会情势的变化相一致,从而有利于促进宪法与时俱进。

第三,有利于增强宪法的适用性和推动宪法实施。在普通法院宪法解释主体制度下,法院的宪法解释活动与个案相结合,法院在对作为案件裁判根据的法律是否合宪进行审查时,对相关宪法条文的含义进行解释,并将解释结论用来判断法律是否符合宪法,不合宪的法律将不能作为裁判依据。这样实际上就把宪法规范作为裁判案件的最高规范,因而有利于增强宪法的适用性,推动宪法实施。

可见,与立法机关宪法解释主体制度不同,普通法院宪法解释主体制度实行的是一种具体宪法解释机制,法院在审理特定的案件时,遇到需要审查适用于案件的法律或法令是否合宪时,或需要直接引用宪法条款裁判案件时,对于案件相关的宪法条款进行解释,提高了宪法解释的针对性和适应性。这种与具体案件相结合的宪法解释制度,能够弥补抽象宪法解释的弊端和不足,不仅能够增强宪法的适用性,使宪法在特定案件中发挥实际作用,而且有助于把宪法的原则和精神贯彻到社会实际生活之中,这有助于提高宪法在民众中的影响力,增强宪法的权威性,从而对于推动宪法实施大有裨益。

2. 普通法院宪法解释主体制度的弊端

普通法院宪法解释主体制度虽然具有上述优势,但亦不可避免地存在着如下诸多弊端:

其一,司法的被动性可能导致违宪的法律不能得到及时纠正。这是因为,法院通过宪法解释的方式来审查法律的合宪性,必须以具体案件的发生为前提条件。倘若没有发生具体案件,法院便不能自行判断法律是否符合宪法;即使发生了案件事实,但如果没有当事人向法院提起诉讼,法院也不能主动通过释宪来判断法律是否符合宪法。因此,法院欲判断法律是否符合宪法,必须在案件事实发生,且当事人向法院提起诉讼后,即法院只有在审理案件的过程中才

[①] [美]本杰明·卡多佐:《司法过程的性质》,苏力译,商务印书馆,1997年,第7页。
[②] William H. Rehnquist,*The Notion of a Living Constitution*,54 Tex. L. Rev. 693 (1976).

能通过解释宪法的方式去审查法律的合宪性。换句话说，即使存在违宪的法律、法令等规范性文件，如若没有发生案件或者没有当事人向法院提起诉讼，法院也不能通过解释宪法去审查法律的合宪性，这就使那些有可能违反宪法的法律不能得到及时纠正。

其二，阻碍宪法适用的连续性和稳定性。普通司法机关作为释宪主体会使宪法解释缺乏统一性，从而导致宪法适用缺乏统一性。在普通法院作为释宪主体的国家，法院对宪法所作的解释属于具体宪法解释，一般而言，这种解释只针对具体个案有效，不具有普遍约束力。而各级法院在审理具体案件时都可以对相关宪法条款进行解释，这就可能产生同一宪法条文在不同法院有不同解释结果的情况。因为普通法院在具体案件中对宪法条款的解释结论，很大程度上取决于法官的个人意见，不同法院的法官既可能因自身对社会、政治、经济等情况判断的差异而使其对宪法解释得出的结论具有差异性，又可能因法官受到政治势力或其他利益团体的压力和影响而对宪法条款得出违背法官本意的解释结论。因此，在各种主客观因素影响下，法官们可能难以真正做到"客观与公正"。当这种情况发生时，如果当事人未上诉至最高法院，各地的法院在类似个案中对同一宪法条文所得出的解释结论可能是不同的，但对于个案而言又都是有效的，从而出现同案不同判的情况，这不仅对当事人来说是不公正的，而且对保持宪法解释的连续性和稳定性也是不利的。

其三，不利于维护宪法权威和保障宪法的统一实施。宪法作为国家根本大法，应在全国范围内的各个国家机关、企事业组织和社会团体中得到统一实施。然而，在普通法院作为宪法解释主体的国家，法院在审理具体案件时对相关宪法条文的合宪性进行审查时所得出的结论只适用于个案，不仅各下级法院的解释结论对其他法院没有约束力，而且最高法院的解释结论也只对法院系统内的下级法院有约束力，对其他国家机关并没有约束力。如果最高法院通过宪法解释审查立法机关颁布的法律后认为该法律违宪，该法律便不能在法院审理案件时作为裁判案件的依据，但其约束力只局限于法院系统内，对行政机关并没有约束力，也就是说，被法院判定违宪的法律仍然可以在行政管理活动中适用。由此可见，即使在法院系统被认为是违宪的法律，在行政系统仍然能够得到实施，这对于维护宪法的权威性和保障宪法在全国范围的统一实施都是极为不利的。

从上述可知，普通法院宪法解释主体制度虽然具有一定的优势，但其存在的诸多缺陷和不足之处也不容忽视。为维护宪法的权威性，保障宪法得到有效实施，尚需采取相应措施对普通法院宪法解释主体制度进行完善和改进。

三、专门机关宪法解释主体制度的设立原因及其优劣

特设的专门机关作为宪法解释主体是晚近出现的一种宪法解释制度，这既是宪法解释制度作为一种国家制度装置发展和演化的结果，同时也是各国根据本国国情对宪法解释制度进一步完善的结果。

（一）专门机关宪法解释主体制度的设立原因

同前面两种宪法解释主体制度一样，专门机关宪法解释主体制度的设立也有其特定的政治、法律和文化传统等方面的原因。

1. 政治方面的原因

美国的普通法院宪法解释主体制度曾被一些欧洲国家效仿，但最终都未能取得成功，其主要原因之一就在于这些国家的政治理论和政治制度与美国大不一样。欧洲大陆国家的政治理论认为，在实际政治中，只可能有两种情况：或是建立法的统治状态，或是无政府状态，如果由法官进行司法审查，就可能出现无政府状态。[1] 为了避免出现无政府状态和维护法的统一性，欧洲国家的政治理论在拒绝普通法院行使合宪性审查权时，就不可能承认普通法院有解释宪法的机会和权力。审查法律是否合宪这种美国式做法在欧洲付诸实施时走上了另外一条道路，无不与欧陆国家的政治理论和在这种政治理论影响下建立起来的政治制度有关。

正是受到相关政治理论和政治制度的影响，欧陆国家建立了不同于美国的宪法解释主体制度。除了法国实行宪法委员会宪法解释主体制度外，欧陆国家大多建立了以德国为代表的宪法法院制度。德国宪法法院宪法解释主体制度主要是建立在德国政治制度基础之上的，美国宪法的某些原则，比如联邦制中的隐含权力理论，对德国宪法发展产生了影响，但在基本权利和司法审查问题上，美国的宪法观念和原则对德国就没有什么直接的影响。[2] 德国基本法起草者们从一开始就决定设立联邦宪法法院作为一个有专门管辖权的法院，承担涉及基本法解释的特殊案件的审理工作。在宪法法院制度下，德国联邦宪法法院

---

[1] [日] 和田英夫：《大陆型违宪审查制》，有斐阁，1994年，第32页。
[2] [美] 路易斯·亨金等主编：《宪政与权利》，郑戈等译，生活·读书·新知三联书店，1996年，第267—268页。

兼具司法性和政治性双重性质。

2. 法律传统方面的原因

欧陆国家普通法院法官的职业化模式使其难以胜任宪法解释重任。欧陆国家法院与美国法院的法官遴选传统不同，美国的法官来自具有多年法律实践经验和渊博法学理论知识的法律精英，而欧陆国家的法官是职业法官，年纪轻轻就进入司法系统，他们的职业训练主要是发展适用成文法律的技术性而非政策性取向的技能。而宪法不仅限于确定法律为何，还包括了广泛的有待未来实行的纲领性规定，因此宪法解释需要比一般法律解释更复杂的权衡技能，[1] 欧陆国家普通法院的法官缺乏这样的技能，无力承担解释宪法的特殊任务。于是，欧陆国家设立了不同类型的法院分别审理不同性质的案件，宪法案件由专门设立的宪法法院（或宪法委员会）单独管辖，普通法院无权裁决宪法案件，只有专门的宪法法院（或宪法委员会）才享有解释宪法的权力。

此外，美国普通法院法官精湛的法律实践经验和高深的法学理论造诣，使其社会上享有崇高的地位和声誉，能够担当起宪法解释的重任。在美国，联邦法院在设置上是一个统一的司法系统，涉及宪法的问题可以在任何级别的法院提出，只不过最终须由联邦最高法院作出权威性裁决。而欧陆国家普通法院的法官则没有这样的地位和声誉，在这种法律传统下，普通法院不可能获得解释宪法的权力，经过多方权衡后，最终将这一权力赋予另行设立的特殊机构来享有和行使。

3. 文化观念方面的原因

专门机关作为宪法解释主体亦存在文化观念方面的原因。如在法国，普通法院没有宪法解释权的原因，更进一步来看，是权力分立观念在法国所扮演的角色与其在美国所扮演的角色不同。法国深受卢梭人民主权思想的影响，在卢梭看来，法律只能来自社会的一般意志，立法权是人民的最高意志的行使，这一权力是不能分立或代理的。卢梭反对赋予国家各组成部分独立权力以相互制衡的理论，他认为，一切形式的政府都受制于人民的至高无上、压倒一切的立法权，这是最重要的原则。立法权同司法权严格分立的原则不允许法官对立法机关制定的法规中有缺陷、相互冲突或者不明确的地方进行解释，这些问题总

---

[1] See Mauro Cappelletti, *Judicial Review in the Contemporary World* (The Bobbs—Merrill Co., 1971), p. 45.

是留给立法者作权威性的解释。[①] 在这种思想影响下，法国1791年宪法没有授予法院司法审查的权力，禁止法院干预立法权的行使或中止法律的执行。

法国基于分权思想的极端化实践，否定了普通法院的法律解释权，法律解释问题都由立法机关处理。为了回避如潮水一般的法律解释要求，又为了维护不允许法院自行解释法律的分权原则，唯一的办法就是另行设立一个不属于司法系统的特殊机构，这样既能满足分权原则的要求，也能捍卫立法机关的权威。法国分权思想对宪法解释制度的影响反映在宪法解释主体的设置上，表现为对普通法院宪法解释权的断然拒绝和彻底排斥，由特有的专门机关行使宪法解释职权，即另行设立一个专门承担合宪性审查和宪法解释职能的宪法委员会，由其作为宪法解释的主体。

由此可以看出，欧陆国家之所以实行专门机关宪法解释主体制度，既是其特定的政治和法律传统决定的，也是其深刻的文化背景使然。

（二）专门机关宪法解释主体制度的优劣

尽管专门机关宪法解释主体制度是各种宪法解释主体制度中建立时间最晚的，但这是当今世界采用国家最多的一种制度。相对于其他宪法解释主体制度，专门机关宪法解释主体制度有其独特的优势，也存在不可避免的劣势。

1. 专门机关宪法解释主体制度的优势

第一，更有利于保障宪法实施。专门机关宪法解释主体制度包括宪法法院制度和宪法委员会制度，这些机构都是专门成立的保障宪法实施的组织，它们通过释宪活动解决宪法问题上的难题和争议，其职权的专门性和成员结构的特殊性，更有利于保障宪法实施和维护宪法权威。宪法法院的法官一般由具有国家权威的政治机构提名和任命，如奥地利宪法法院的法官由国民议会、联邦议院和联邦政府提名，其中国民议会推荐3名法官和2名替补法官，联邦议院推荐3名法官和1名替补法官，联邦政府推荐6名法官和3名替补法官，并推荐院长和副院长，最后由联邦总统根据提名任命。在德国，宪法法院的法官由议会两院各选出8名，院长和副院长由下院的12人委员会和上院轮流选举产生。

[①] ［美］约翰·亨利·梅利曼：《大陆法系（第二版）》，顾培东、禄正平译，法律出版社，2004年，第36页。

由此可见，宪法法院具有崇高的政治性。① 同时，宪法法院还具有普通法院所具有的司法性，即按照司法程序解决宪法争议，控辩双方举证和辩论，法官居中公断。因此宪法法院不仅政治威信高，具有从事宪法解释工作所应具备的政治智慧，而且司法技术娴熟，具有从事法学工作所应具备的专业知识和职业技能。所以，专门机关宪法解释主体同时具备权力机关宪法解释主体和普通司法机关宪法解释主体的优点，可以把二者的优势结合起来，从而更有利于保障宪法实施。

第二，释宪机关的专业性和释宪权的专属性更有利于提高宪法适用的统一性。在专门机关宪法解释主体制度中，释宪机关具有更强的专业性。与立法机关宪法解释主体制度和司法机关宪法解释主体制度相比，专门机关的主要职能是通过宪法解释活动来保障宪法实施，而前两者的主要职能分别是立法和审理普通案件，宪法解释只是它们次要的或附带性的职能。相比较而言，专门机关的组成人员具有更高的宪法专业素养和职业技能，拥有更多的时间和精力处理有关宪法疑议和宪事纠纷。这种高度专业性的宪法解释主体制度，对于保障宪法适用的统一性大有裨益。

与普通法院宪法解释制度相比，在专门机关宪法解释制度下，宪法法院和宪法委员会是专门设立的保障宪法实施的特设机关，只有该特设机关享有宪法解释的权力，其他的机关和组织都没有这样的权力。其他机关和组织在行使职权过程中遇到需要解释宪法时，须提请宪法法院或宪法委员会进行解释，并根据解释结果作出相应的决定。可见，专门机关宪法解释主体制度中宪法解释权力具有专属性，这种专属性能够确保释宪权由特设的专门机构集中行使，避免普通法院宪法解释制度下，不同法院对同一宪法条款作出不同解释的情况发生，从而能够提高宪法适用的统一性。

第三，能够更充分地发挥宪法解释的作用和功能。在专门机关宪法解释主体制度下，无论是宪法委员会制度还是宪法法院制度，都将抽象宪法解释与具体宪法解释相结合，能够更加充分地发挥宪法解释的作用和功能。在专门机关作为宪法解释主体的国家，在规定抽象宪法解释制度的同时，还规定了具体宪法解释制度。如根据法国宪法第61条规定，各项组织法在公布前，议会两院的规章在施行前，都必须提交宪法委员会对其是否符合宪法进行审查。宪法委

---

① 专门机关宪法解释主体中的宪法委员会也具有很强的政治性。根据1958年法国宪法第56条规定，宪法委员会成员为9人，其中3人由总统任命，3人由国民议会议长任命，3人由参议院任命，历届前任总统为宪法委员会终身成员。

员会对组织法和议会规章合宪性进行审查时,对相关宪法条文的解释属于抽象解释。在抽象宪法解释制度中,释宪者根据有关机关的申请或依职权,通过抽象宪法解释,能够澄清宪法条文的意涵,便于人们遵守和实施宪法。法国的宪法委员会抽象宪法解释机制最大的优势在于,组织法和议会规章在生效之前,必须经过宪法委员会审查,如果被认定为不存在违宪就予以批准生效,反之则不能生效,这就把违宪的法律扼杀在摇篮中,避免和减少了违宪现象的发生,使宪法解释的作用和功能得以最大限度地发挥。

根据2008年法国修宪时的增修条款即法国宪法第61-1条规定,在普通诉讼中,若认为法律的规定对宪法所保障的权利与自由构成侵害,可经最高行政法院和最高普通法院向宪法委员会层转宪法审查申请,由宪法委员会予以裁决。根据该规定,宪法委员会对案件中适用的法律的合宪性进行审查,对相关宪法条文的解释属于具体解释。在具体宪法解释中,释宪者通过审查在具体案件中适用的法律法规的合宪性,或直接对具体案件中涉及的宪法条款进行解释,为裁判具体案件提供权威性依据。普通法院在审理案件中遇到所适用的法律、法规涉嫌违宪时,需要将拟适用的法律提交专门释宪机关裁决,普通法院再以专门释宪机关的裁决结论作为裁判案件的依据。这种具体宪法解释制度能够解决普通法院在审理具体案件中涉及的裁判规范的合宪性问题,弥补了抽象宪法解释的不足。可见,专门机关宪法解释主体制度的设置,可以在为其他国家机关适用宪法提供释疑解惑的同时,最大限度地发挥宪法解释的作用和功能。

2. 专门机关宪法解释主体制的局限性

与其他两种宪法解释主体制度相比较,作为晚近建立的一种宪法解释主体制度,专门机关宪法解释主体制度也存在着如下难以克服的局限性。

其一,因时间限制而难以实现宪法解释目的。根据法国现行宪法第61条第2款规定,法律在颁布之前,可以由共和国总统、总理、国民议会议长、参议院议长、60名国民议会议员和60名参议员向宪法委员会提请审查。其第3款规定,宪法委员会应在1个月内作出裁决。如果情况紧急,在政府的要求下,此期限缩短为8天。这里可能产生如下两个方面的问题:一是可能使宪法委员会无法有效行使宪法解释职权。按照这种规定,总统、总理等人员只能在法律颁布之前将其提请宪法委员会进行合宪性审查,法律颁布之后就无权提请审查了。因此,法律颁布之后如果发现其存在违宪疑义,由于总统、总理等人员此时已无权将其提请宪法委员会审查,将使存在违宪疑义的法律继续得以施行,宪法委员会宪法解释的职权无法行使。二是宪法委员会审查期限过短,难以保证审查结论的正确性。宪法委员会应总统、总理等人员的提请,审查法律合宪性的正常期限是一个月,遇紧急情况时应政府的要求,审查期限缩短为8天。根据法国宪法第10条规定,法律最后通过并送交政府后15日内由总统予以公布。可见,从法律制定到宣布法律是否合宪,留给宪法委员会的时间是十分仓促的。如果总统在15日的期限内通过尽早公布法律的办法来减少对法律提出合宪性审查的可能性,那么总理和议员就可能丧失将法律提请宪法委员会审查的机会。即使法律在公布之前被提请宪法委员会审查,但宪法委员会要在一个月甚至是8天这么短的时间之内判断法律是否合宪也容易出现判断失误的情况。由此可知,上述限制条件都有可能使通过宪法解释来保障宪法实施的目的无法得到真正实现。

其二,受案数量过多在一定程度上弱化了宪法解释对公民权利的保障功能。宪法法院受案范围极其广泛,既可受理对抽象法律等规范性文件提起的审查请求,也可受理公民个人因基本权利受到侵犯提起的诉讼请求,这就大大增加了宪法法院的受案数量。为应对庞大的讼案数量,宪法法院常采取一种简易程序,如在德国联邦宪法法院,三人委员会经过预审后,有权以不能接受或胜诉可能性低的理由,以一致的表决驳回申诉,每年因此被否决的申诉达95%以上。[①] 这样一来,许多人的申诉得不到宪法法院的救济,在一定程度上降低了宪法解释对公民权利的保障功能。

此外,专门机关宪法解释主体是国家唯一的释宪主体,但其宪法解释的唯一性并不等于正确性,当释宪者对宪法作出错误的解释时,唯一性有时可能变成一种劣势,此时没有一个更权威的机关能够对其进行挑战。而且,在专门机关宪法解释实行一审终审的情况下,没有上诉和申诉的渠道,就失去了纠错的机会,从而产生专门机关地位的权威性与其宪法解释结果的正确性之间的悖论。

第三节 域外宪法解释主体制度对我国的借鉴意义

如前所述,域外各种宪法解释主体制度是各国根据本国政治制度、法律传统和思想文化等因素建立起来的,尽管每一种制度都有其不足之处,但每一种

---

① [美]迈克尔·辛格、刘慈忠:《德意志联邦共和国宪法法院对个人申诉的管辖权》,《环球法律评论》1983年第5期。

制度对其本国而言都具有一定的比较优势，如果我们能在立足本国国情基础上，适当借鉴他国宪法解释主体制度的优势，便能扬长避短，充分发挥宪法解释机制在推动宪法实施中的作用。

众所周知，我国抽象宪法解释的主体是全国人大常委会。需要注意的是，尽管2018年6月22日全国人大常委会通过的《关于全国人民代表大会宪法和法律委员会职责问题的决定》规定，宪法和法律委员会的职责包括"开展宪法解释，推进合宪性审查"，但这并不意味着宪法解释主体不再是全国人大常委会而是宪法和法律委员会了。这是因为宪法和法律委员会只是全国人民代表大会领导下的一个专门委员会，[①] 在全国人大闭会期间，要接受全国人大常委会的领导，这意味着宪法和法律委员会只是一个工作机构，而不是一个独立的权力机关。宪法和法律委员会开展宪法解释工作，其释宪结论必须经全国人大常委会批准才能生效。邹平学教授认为：宪法和法律委员会有权审查全国人大及其常委会制定的法律，但其审查结论是否被采纳取决于其上一级全国人大及其常委会的决定。[②] 因此，在研究我国宪法解释主体制度时，仍然应当在将全国人大常委会作为宪法解释主体的框架下进行探讨。

一、域外立法机关宪法解释主体制度对我国的借鉴意义

通过前文分析可知，域外立法机关宪法解释主体制度具有诸多优势：符合人民主权的宪法基本原则，能够确保宪法解释的权威性，有利于体现宪法原意和保障宪法实施。但这种制度也不可避免地存在一些局限：纠错功能弱化，缺乏监督制约机制，立法机关的性质和地位使其难以有效行使释宪权。我们探讨域外立法机关宪法解释主体制度对我国的借鉴意义，就是要在弄清其优劣之后，总结有益经验，寻求一种相对合理的制度和机制，避过其缺陷与不足，从而使我国的宪法解释主体制度日臻完善。

根据宪法规定，我国目前由全国人大常委会行使宪法解释职权，属于立法机关宪法解释主体制度。要实现党中央提出的"健全宪法解释程序机制""加强宪法实施和监督"的目标和任务，当前亟须解决的问题是如何发挥这种制度的优势，尽量避免和克服其存在的劣势与不足。

[①] 我国宪法第70条规定：各专门委员会在全国人民代表大会和全国人民代表大会常务委员会领导下，研究、审议和拟订有关议案。

[②] 参见邹平学：《宪法和法律委员会的目标定位与机制创新》，《中国法律评论》2018年第4期。

立法机关宪法解释主体制度的局限性，主要是由其纠错功能弱化和缺乏监督制约机制所造成的。在坚持人民主权这一宪法基本原则前提下，在宪法解释实践操作中，怎样化解人民主权原则所要求的保障人民权利与立法机关宪法解释主体制度局限性所带来的对保障人民权利的隐忧之间的悖论，成为完善我国宪法解释主体制度必须认真面对和解决的重要课题。为此，探究域外实行立法机关宪法解释主体制度的国家所采取的相关补救措施或许对我们具有启发意义。

在立法机关宪法解释主体制度的发源地英国，根据议会主权原则，传统上只有立法机关是宪法解释的主体，但在英国普通法发展过程中，为保障人民权利不被立法所侵害，高等级法院在某些案件中实现了对议会立法的变相审查。1998年英国《人权法案》的实施，使法院具备了除立法机关之外的宪法解释主体资格，该法第4条第（2）款规定："如果法院认定条款与公约权利不相容，可以发布不相容宣告。"根据其第4条第（5）款规定，有权审查议会立法并宣告其与公约权利不相容的机关包括：上议院，枢密院司法委员会，军事法院的上诉法院，苏格兰高等刑事法院，英格兰、威尔士和北爱尔兰的高等法院或上诉法院。尽管根据该法第4条第（6）款规定，法院对议会法律作出不相容宣告，不影响该法律的效力、继续适用或执行，不拘束作出声明的诉讼所涉及的当事人，但这并不意味着法院的不相容宣告毫无意义。因为在法院作出不相容宣告之后，被宣告的法律将由议会作出修改或由部长通过修改命令调整，以消除这种不相容。

英国在根深蒂固的议会主权原则影响下，保留立法机关宪法解释主体制度，同时，通过颁布《人权法案》，赋予高等级法院作出议会立法与公约权利不相容宣告的权力，既维护了议会主权的宪法原则，又克服了立法机关宪法解释主体制度的弊端，从而有利于解决议会主权原则所要求的保障人民权利与立法机关宪法解释主体制度局限性所带来的对保障人民权利的隐忧之间的矛盾。尽管这种解决模式并非尽善尽美，[①] 但也能够在一定程度上推动保障人民权利之目的得以实现。

英国这种做法有助于克服立法机关宪法解释主体制度存在的纠错功能弱化和缺乏监督制约机制的弊端，对于我们的启示意义在于：建立适当的补救机制

---

① 这种模式并非完美无缺，仍然存在一定的缺陷，"它的缺点是，由于立法被法院宣告为违反基本人权并且仍然是有效的和可以实施的，这有让立法处于一种真空中的可能性。其危险在于，公民不得不遵守和法院不得不维护的合理性和合法性与被宣告根本上有瑕疵的法律相分离。" Dr Kate Malleson，The Legal System (Second Edition)，Oxford University Press，2005，p44.

第一章　宪法解释主体制度比较与借鉴

来克服原有制度的固有缺陷,既保存了原有制度的优势,又能够突破其存在的局限性。

有鉴于此,我们认为,我国在保留立法机关宪法解释主体制度的前提下,应当采取相应的措施来弥补这种制度自身存在的不足之处。如前文所述,我国实行的人民代表大会制度这一根本政治制度决定了,在我国采取立法机关宪法解释主体制度是与我国政治和法律制度以及思想文化传统相适应的,具有高度的合理性,应当予以保留。但为了确保这种制度的优势能够充分发挥,防止其内在的局限性暴露出来,必须建立相应的机制予以弥补。唯有如此,方能使人民主权的宪法基本原则得到进一步贯彻落实,使其内含的保障公民权利的精神得到进一步实现。

英国出台的《人权法案》,使高等级法院获得了前所未有的审查议会立法是否与公约权利相一致的法定权力,弥补了立法机关宪法解释主体制度纠错功能弱化和缺乏监督制约机制的弊端。如果议会立法与公约权利不相容,法院可以作出不相容宣告,由于英国判例法传统的强大影响,以及议会如果任由不相容立法存在将付出巨大的政治成本,议会往往不会对被宣告不相容的立法坐视不理。《人权法》的出台实际上对议会立法提出了更高要求:首先,议会为避免法院作出不相容宣告所带来的不利影响,在立法时不得不考虑法案是否与公约权利相一致,是否会侵犯公民权利;其次,《人权法案》第19条明确规定,负责法案的部长在议会对法案进行二读之前,必须作出法案与公约权利相一致的声明,或作出虽然其认为不能作出一致声明但政府希望议会继续该法案的声明,这条规定加强了议会对法案的立法前审查,保障了政府在法案的议会辩论之前就考虑《人权法案》的影响。一个负责的政府不会去冒法案与公约权利不相容而招致议员质疑和反对的风险。[①]

《人权法案》是议会颁布的,议会之所以要赋予高等级法院审查议会立法的权力,其直接目的是要通过自我束缚的方式,确保《欧洲人权公约》在被认可为国内法律体系之后,防止议会立法与公约权利相冲突,以保障人民权利不被议会立法所侵犯。英国在议会主权原则下,在采取这种自我束缚的方式来保障人民权利之初,遭遇了诸多阻力。在经过反复辩论之后,正反双方才达成了妥协,采取一种具有英国特色的合宪性审查机制,即法院必须首先尽可能以一种与公约权利相一致的方式解释议会立法并赋予其效力,如果不能做到这一点,法院也无权宣布该议会立法无效,而只能作出该议会立法与公约权利不相

---

① 参见童建华:《英国违宪审查》,中国政法大学出版社,2011年,第337—339页。

容的宣告，这种宣告并不影响该议会立法的法律效力，而是由议会去修改或由部长通过命令消除这种不相容。这一方案既赋予法院审查议会立法的权力，又把这种权力限制在一定范围之内，从而达到了既维护议会主权的宪法基本原则，同时又保障人民权利的双重目标。

这种方案最终得到了各方认可和支持，是英国宪制史上一次重大变革，具有历史进步意义。由此产生的结果是不仅起到了保障人民权利的作用，更为重要的是能够弥补立法机关宪法解释主体制度的固有缺陷，通过赋予高等级法院审查议会立法的权力，对过去单纯的立法机关解释体制形成一种监督制约机制，在一定程度上增强了立法机关宪法解释主体制度的纠错功能。

我国应当采取何种方案来弥补立法机关宪法解释主体制度的固有缺陷，是效法英国或其他国家，抑或是另辟蹊径？具体制度设计可能见仁见智。但为切实推动宪法实施，必须以健全的宪法解释程序机制为前提，而宪法解释主体制度是宪法解释程序机制中至关重要的要素。职是之故，在保持我国的全国人大常委会宪法解释主体制度优势的基础上，必须以加强宪法实施的有效性为核心，以保障人民权利为根本，以宪法解释机制的正常运行为条件，相应地采取适当措施，才能弥补现有制度的弊端与不足。借鉴域外经验，及时建立相应的机构，弥补现有制度存在的纠错功能弱化和缺乏监督制约机制等缺陷，是应然选择。

二、域外普通法院宪法解释主体制度对我国的借鉴意义

根据前文论述，域外普通法院宪法解释主体制度有利于加强对公权力的监督制约和推动宪法与时俱进，能够增强宪法的适用性和推动宪法实施。但其局限性在于：其一，司法的被动性可能导致违宪的法律不能得到及时纠正；其二，阻碍宪法适用的连续性和稳定性；其三，不利于维护宪法权威和保障宪法的统一实施。

普通法院宪法解释主体制度是早期建立的宪法解释主体制度之一，尽管这种制度后来被许多国家借鉴，但至今仍有许多人对这种做法持反对意见。反对者的主要理由是，普通法院通过行使宪法解释的职权判断议会法律是否合宪存在"反民主难题"。虽然从理论上说，普通法院可以对立法机关和司法机关进行监督，起到对公权力的平衡与制约作用，包含着对法治政府内在基本价值的保护，但由于其本身并非民选机构，由其去裁判体现民意的立法机关颁布的法律是否合宪，其正当性与合法性何在？正因为如此，宪法学家比克尔指出：普

通法院解释宪法是美国民主政体的一个异常机构。[①] 关于宪法裁判与民主之间的关系,学界尚未达成共识,相反却存有广泛争议。限权宪法的"堤坝"与多数民主的"洪水"之间的紧张较量至今仍在继续,有人担心没有宪法裁判,宪法的"堤坝"将被民主的"洪水"冲垮,而另一些人则认为宪法裁判会使宪法成为民主的枷锁,使民主因被束缚而瘫痪。

需要注意的是,在一些实行三权分立的国家,虽然普通法院获得了宪法解释主体的地位,但普通法院宪法解释的职权仍然受一定限制。例如,美国联邦最高法院在审理具体案件中通过宪法解释,如认为联邦法律违宪,其裁判只具有个案效力,而不具有普遍效力,即只能使违宪的法律不适用于具体案件,不能宣布该法律无效,更不能撤销违宪之法律。这种制度设计的原因仍然要从其三权分立的宪法原则来分析,根据该原则,联邦最高法院虽然有权通过宪法解释来审查国会法律是否符合宪法,但必须意识到,这只是司法权制约立法权的一种手段,而不是取代或僭越立法权,否则将会违背三权分立原则。因为,如果法院有权宣布违宪的法律无效,意味着法院有权否认或撤销违宪的法律,这无疑是司法权对立法权的侵犯,背离三权分立的基本原则。不过,有反对者认为,承认法院享有否认或撤销违宪法律的权力,只是授权法院制止立法机关的违宪行为而已,并非授权法院参与立法权,因而并未破坏三权分立原则。[②] 无论如何,法院行使宪法解释职权审查法律合宪性已经引起较大争议,面对反对者的质疑之声,法院不得不采取一种自我谦抑的做法,在审查法律合宪性的时候,并不宣布违宪的法律无效,只是在具体案件中不适用该法律。这样,既能起到制约立法权的作用,又能减少来自反对派的非议和责难。

也许正是为了避免由普通法院解释宪法所带来的民主难题和争议,瑞士宪法第113条规定,联邦法院审理案件须执行联邦议会通过的法律和法令,这就否认了普通法院对法律的合宪性审查权,从而事实上否定了普通法院的宪法解释主体资格。瑞士宪法这种规定,一方面是为了回避普通法院解释宪法所带来的民主难题,另一方面是为了对联邦议会法律和法令违宪保留相应的补救措施。根据瑞士宪法第89条第1款规定,若5万名有选举权的公民或8个州提出要求,联邦法律和法令应交付全民复决。第89条第2款规定,如有5万有选举权的公民或8个州提出要求,可在一年内对联邦议会决定紧急生效的联邦

[①] 转引自保罗·布莱斯特等:《宪法决策的过程:案例与材料》,张千帆、范亚峰、孙雯译,中国政法大学出版社,2002年,第94页。

[②] 参见王世杰、钱端升:《比较宪法》,中国政法大学出版社,2004年,第316页。

法令进行全民复决。如全民复决结果不予认可，则此等法令在联邦议会通过之日起一年后失效，并且不得重新颁布。根据该规定，紧急生效的联邦法令如与宪法相抵触，必须在联邦议会通过后一年内由人民及各州批准，否则，此等法令在一年期满时即失去效力，并不得再次颁布。从这些规定可以看出，瑞士宪制的特色是以人民团体为宪法最终的解释者和监护人，因此没有必要授予普通法院宪法解释的职权。如此一来，既可以保障宪法的实施，又能够避免法院解释宪法而招致非议。

此外，即使在实行普通法院宪法解释主体制度的国家里，各国法院的职权也并非完全一样。大多数国家都实行分散型合宪性审查体制，所有普通法院都有宪法解释的职权，在审理案件时可以对拟适用的法律是否合宪进行审查。在这些国家，一般都只有具体审查而无抽象审查，相应地，普通法院的宪法解释也只有具体解释而无抽象解释。在个别普通法院作为宪法解释主体的国家，如爱沙尼亚，实行的是混合型合宪性审查体制，虽然所有普通法院都是宪法解释主体，但宪法解释分为具体解释和抽象解释，分别由不同的法院行使，即由最高法院作为抽象宪法解释的主体，下级法院作为具体宪法解释的主体。爱沙尼亚宪法第152条规定：法院在审理案件时不得采用与宪法相违背的任何法律或其他法律文件。国家法院（最高法院）有权认定与宪法相违背的任何法律或其他法律文件都是无效的。可见，在爱沙尼亚，各级普通法院都是宪法解释主体，可以在审理案件时进行具体宪法解释，有权不适用于与宪法相违背的法律，但只有国家法院（最高法院）才有抽象宪法解释的职权，当其认为某部法律或其他法律文件与宪法相违背时，有权宣布该法律或法律文件无效，而其他各级法院则没有这样的权力。

从前述域外普通法院宪法解释主体制度的介绍可以看出，普通法院作为宪法解释主体有利亦有弊。这一制度最开始在美国实行，因其存在较多缺陷和弊端，在国内招致反对并引起广泛争议，但由于其存在不容否认的优势，不仅在美国保持至今，而且还得到了其他一些国家的认可和仿照。不过，后来有些实行普通法院宪法解释主体制度的国家，对这种制度进行了适当改造，如爱沙尼亚。

取其精华去其糟粕，不失为一种理性选择。普通法院宪法解释主体制度是以三权分立的宪法原则为前提和基础的，这就决定了在我国人民代表大会制度的根本政治制度下，我们不能实行普通法院宪法解释主体制度。但这并不妨碍我们把这种制度中的某些优势转化过来为我所用，如在具体案件中通过对相关宪法条文的解释，使违宪的法律不能成为判案依据，既起到防止立法权滥用的作用，又可以满足社会现实中对具体宪法解释的需要，从而增强宪法的适用性和推动宪法与时俱进，而这恰恰是当前我国宪法解释制度中有待完善之处。

三、域外专门机关宪法解释主体制度对我国的借鉴意义

虽然专门机关宪法解释主体制度是各种宪法解释主体制度中建立时间最晚的，但这种制度具有保障宪法实施、提高宪法适用的统一性和更充分地发挥宪法解释的作用和功能等优势。不过，其局限性在于：由于时间限制致使释宪目的难以全面实现；受案数量过多降低了宪法解释对公民权利的保障功能；没有纠错的机会，产生权威性与恰当性之间的悖论。

实行专门机关宪法解释主体制度的国家具有后发优势，它们是在了解立法机关和普通法院宪法解释主体制度的弊端之后，根据本国国情，吸取前车之鉴而另行建立起来的一种全新的制度。在专门机关宪法解释主体制度下，由特设的专门机关行使宪法解释职权，能够填补立法机关宪法解释主体制度下对立法监督的空白，而且宪法解释权的专属性能够避免在普通法院宪法解释主体制度下不同法院对同一宪法条款作出不同解释结果的情况发生，从而能够确保宪法规定的内容在全国得到统一实施。特别是1958年设立并于2008年修改的法国宪法委员会宪法解释主体制度，将事先审查的抽象宪法解释与事后审查的具体宪法解释相结合，不仅在较大程度上避免了立法机关和普通法院宪法解释主体制度的诸多局限，而且具有防止出现单一的抽象宪法解释或具体宪法解释带来的缺陷的作用，凸显出其后来居上的显著优势。

法国在2008年通过的宪法增修条款即第61-1条所规定的具体宪法解释，弥补了原来第61条只有抽象宪法解释的不足。[①] 按照第61-1条规定，在普通诉讼中，若法律的规定对宪法所保障的基本权利与自由构成侵害，可由最高行政法院和最高普通法院层转宪法委员会进行合宪性审查，由宪法委员会予以裁决。根据该规定，宪法委员会在对案件中适用的法律进行合宪性审查时，对相关宪法条文的解释属于具体解释，其解释结论是法院审理具体案件的权威性裁

[①] 第61-1条规定，法院在受理诉讼过程中，如认为一项立法构成对基本权利和自由的侵犯，得由最高行政法院或最高法院提请宪法委员会进行审查，宪法委员会应在一定期限内作出裁决。第61条规定，各组织法在公布前，宪法第11条规定的法律提案提交公民投票前，以及议会两院议事规程在实施前，均须提请宪法委员会审查并就合宪性作出宣告。基于同样目的，法律在公布前得由总统、总理、国民议会议长、参议院议长、60名国民议会议员或60名参议员向宪法委员会提请审查。参见孙谦、韩大元主编：《世界各国宪法·欧洲卷》，中国检察出版社，2012年，第275页。

判依据。这种具体宪法解释制度能够解决行政法院或普通法院在审理具体案件中涉及的法律规范的合宪性问题，有效地弥补了抽象宪法解释的不足。

不过，在借鉴专门机关宪法解释主体制度的优势时，必须注意的是，后来居上的专门机关宪法解释主体制度并非十全十美。以法国宪法委员会宪法解释主体制度为例，行政法院或普通法院在审理案件过程中，如果当事人认为案件涉及的法律条款侵犯了宪法所保障的权利和自由，可以提出合宪性审查请求，由该法院提请最高行政法院或最高普通法院审核决定是否层转宪法委员会审查，等宪法委员会得出审查结论后才能继续审理案件。这可能导致两个严重后果：一是宪法委员会的受案数量大大增加，不堪承受；二是降低了行政法院和普通法院的诉讼效率，甚至成为当事人恶意拖延诉讼的手段。[1] 可见，专门机关宪法解释主体制度也是利弊参半，并不一定能够真正实现其保障公民基本权利和自由的初衷。

汉斯·凯尔森曾指出，试图为所有可能的宪法设计一种统一的解决方案是不可能的，合宪性审查必须根据每一种宪法各自的特点来组织。[2] 虽然专门机关宪法解释主体制度在某些方面弥补了立法机关和普通法院宪法解释主体制度的局限性，具有另两种宪法解释主体制度所不具备的优势，但我们在对其进行借鉴时仍应保持审慎的态度，全面客观地分析其存在的问题，而不能盲目照搬。唯有如此，才能在完善我国宪法解释主体制度的时候，尽量规避可能产生的弊端和不足。

根据我国 2018 年修宪后的规定，全国人大法律委员会已更名为全国人大宪法和法律委员会，其职责包括推动宪法实施、开展宪法解释和推进合宪性审查等工作。由此可以看出，虽然按照宪法第 67 条，全国人大常委会是宪法解释主体，但具体行使宪法解释职权的机关是宪法和法律委员会。宪法和法律委员会实际上是把宪法委员会和法律委员会合二为一，其职权范围包括宪法委员会的职权和法律委员会的职权。实际上，我国的宪法解释主体制度既有立法机关宪法解释主体制度的特点，又有类似于专门机关宪法解释主体制度之处。因此，我国目前的宪法解释主体制度既有立法机关宪法解释主体制度的优势，又具有专门机关宪法解释主体制度的优势。在完善我国宪法解释制度时需要考虑的重点是，如何充分发挥这两种宪法解释主体制度的优势，尤其是运用专门机

---

[1] 参见吴天昊：《法国违宪审查制度》，中国政法大学出版社，2011 年，第 300—301 页。
[2] 转引自［美］路易斯·亨金、阿尔伯特·J. 罗森塔尔编：《宪政与权利》，郑戈等译，生活·读书·新知三联书店，1996 年，第 45 页。

关宪法解释主体制度的优势去克服立法机关宪法解释制度的弊端。例如，运用专门机关宪法解释主体制度中释宪权的专门性提高宪法解释的权威性，以保障宪法得到有效实施；运用专门机关工作人员的专业知识和职业技能，以确保宪法适用的统一性。此外还需要注意的是，我国应当如何借鉴法国2008年修宪时增加的具体宪法解释制度，以弥补当前仅有抽象宪法解释制度的弊端和不足，并在进行制度设计时尽量克服其可能产生的相关问题。[①]

[①] 王旭教授亦认为，在完善具体程序的时候，中国宪法解释必然是主动程序与被动程序、具体解释与抽象解释相结合。参见王旭：《论我国宪法解释程序机制：规范、实践与完善》，《中国高校社会科学》2015年第4期。

第二章　宪法解释范围与事由制度比较与借鉴

宪法解释程序机制是宪法解释的制度框架，在对其进行具体的制度建构之前，必须先厘清释宪者的活动空间和活动起因，前者指的是宪法解释范围，后者指的是宪法解释事由。本章拟在对宪法解释程序机制较完善的国家的宪法解释范围与事由制度进行述评的基础上，比较分析它们各自具有的特点及其优劣所在，以期为构建和完善我国宪法解释程序机制提供借鉴和参考。

第一节　宪法解释范围制度比较

厘清宪法解释范围是为了明确释宪者有权对哪些事项进行宪法解释，这关系着释宪者管辖权限的大小。

"各国宪法解释程序都建立在自身的历史基础之上，反映不同的法治传统，体现了从本国国情出发的制度建构逻辑。"[①] 宪法解释范围制度作为宪法解释程序的重要内容，与国家的宪制状况密切相关，而一国的宪制状况又受到该国政治法律制度和历史文化传统的深刻影响，因此，宪法解释范围制度无不受制于一国政治法律制度和历史文化传统。在完善我国宪法解释程序机制过程中，一方面要适当借鉴域外国家成熟的经验，另一方面必须与当前我国的宪制状况相一致。

宪法解释以是否与特定的具体案件相联系为标准，分为抽象宪法解释和具体宪法解释，这两种类型的宪法解释的范围是不同的。当今释宪机制较完善的国家大都既有抽象宪法解释制度也有具体宪法解释制度，并颁布了相关法律来明确释宪者的职权、职责，从而设定了宪法解释的范围。以下拟从抽象宪法解释和具体宪法解释两个角度来对各国宪法解释范围制度做一详细介绍和比较分析。

[①] 韩大元：《论当代宪法解释程序的价值》，《吉林大学社会科学学报》2017年第4期。

一、抽象宪法解释范围制度比较

所谓抽象宪法解释，是指释宪者在解释相关宪法条文时不与特定的具体案件相联系，其释宪活动并非针对个别案件，释宪者所得出的释宪结论是具有普遍适用性的宪法解释。宪法规范的原则性和概括性特征决定了宪法解释的必要性，而宪法效力的最高性特征则决定了宪法解释的抽象性。抽象宪法解释的存在首先源于宪法是"法上之法"，宪法处于一国法律体系金字塔的顶端，其他法律法规皆由宪法而产生，透过宪法解释来判断其他法律法规的合宪性和有效性，不需要与具体案件相关联。抽象宪法解释不仅能够为立法者的立法活动本身提供正当性依据，还因抽象宪法解释在效力上的普遍性而能够提高释宪活动的效率，达到"举一反三"的效果。因此，绝大多数国家在宪法解释程序机制中都规定了抽象宪法解释制度。

（一）德国抽象宪法解释范围

德国是宪法解释程序机制最为完善的国家之一，在作为宪法的《德意志联邦共和国基本法》（以下简称"德国基本法"）和专门法《德国联邦宪法法院法》（以下简称"德国宪法法院法"）中都对抽象宪法解释范围做出了明确和详尽的规定。

根据1949年颁布的德国基本法第93条[①]以及其他相关条款的规定，德国抽象宪法解释的范围包括：（1）联邦最高权力机关或由本基本法和某一联邦最高权力机关通过议事规则授予自有权利的其他关系人就其权利义务范围发生争议的事项；（2）就联邦法律或州法律与基本法在形式上和实体上是否一致产生分歧或疑问的事项；（3）就某项法律是否符合第72条第2款[②]的条件产生分歧的事项；（4）就联邦和各州的权利义务，尤其是各州执行联邦法律和联邦实施监督权发生意见分歧的事项；（5）联邦和各州之间、各州之间或一个州内部发生公法争议，且无其他诉讼手段的事项；（6）乡镇和乡镇联合区依据基本法

[①] 参见孙谦、韩大元主编：《世界各国宪法·欧洲卷》，中国检察出版社，2012年，第190页。
[②] 第72条第2款：在第74条第1款第4、7、11、13、15、19a、20、22、25、26项的范围内，如为在联邦境内建立同等的生活关系或在全国利益下维护法制和经济的统一而有必要由联邦法律规定，则联邦享有立法权。参见孙谦、韩大元主编：《世界各国宪法·欧洲卷》，中国检察出版社，2012年，第185页。

第28条[1]的自治权受到法律侵害而提起违宪申诉,当该法律是州法时,无法在州宪法法院提起违宪诉讼的事项;(7)对72条第4款[2]中联邦法律是否不再具备第72条第2款所指的必要性或第125条第2款第1句[3]中是否不得再颁布联邦法律的事项。同时,根据基本法其他条款,联邦宪法法院抽象宪法解释范围还包括:(8)州法律委托联邦宪法法院裁判的属于州内的宪法争议事项(第99条);(9)州宪法法院在解释基本法时欲偏离联邦宪法法院或其他州宪法法院裁判的事项(第100条第三款);(10)就法律作为联邦法律是否继续有效的问题产生分歧的事项(第126条)。此外,1951年颁布的德国宪法法院法[4]第13条除了根据基本法有关规定列举了联邦宪法法院的管辖权之外,还增加规定:(11)关于德国联邦众议院之决议成立调查委员会是否符合基本法规定的事项属于联邦宪法法院抽象宪法解释的范围。

从上述规定可以看出,德国抽象宪法解释范围具有如下两个方面的特征:第一,体现了德国联邦制的政权组织形式,既强调联邦宪法法院的最高宪法解释权,如州宪法法院在解释基本法时如欲偏离联邦宪法法院的裁判,该州宪法法院应征求联邦宪法法院的意见,同时也非常注重保护联邦制下地方各组成部分所享有的自治权,如州内的宪法争议事项须经州法律委托才能由联邦宪法法院管辖,就体现了对地方自治权的高度尊重。第二,体现了德国对公民基本权利的高度保护,如依基本法被赋予固有权利的当事人因其权利义务范围发生争议时,可提请宪法解释,这是德国基本法第一条"尊重和保护人的尊严是一切国家权力的义务"的规定在宪法解释程序中的具体运用和体现。

德国抽象宪法解释范围是十分广泛的,除了联邦法律和州法律是否符合基本法的事项,还包括各种有关公法的分歧和争议事项,如联邦与各州之间、各州相互之间、州内部之间的公法争议,以及各州执行联邦法律和联邦实施监督权时发生的分歧。我们从德国抽象宪法解释范围的相关规定可以发现,德国高度重视对地方自治权和公民权利的保护,凡是可能涉及侵害地方自治权和公民权利的情况,都被纳入宪法解释范围,可以提请联邦宪法法院做出裁决,如乡镇和乡镇联合区依据基本法享有的自治权受到州法侵害的事项、联邦最高权力机关通过议事规则授予自有权利的其他关系人就其权利义务范围发生争议的事

---

[1] 参见孙谦、韩大元主编:《世界各国宪法·欧洲卷》,中国检察出版社,2012年,第181页。
[2] 参见孙谦、韩大元主编:《世界各国宪法·欧洲卷》,中国检察出版社,2012年,第185页。
[3] 参见孙谦、韩大元主编:《世界各国宪法·欧洲卷》,中国检察出版社,2012年,第196—197页。
[4] 《德国联邦宪法法院法》对联邦宪法法院的组织和管辖权限、宪法法院的审理程序和各类案件的特别程序等做了详尽规定。

项，都属于宪法解释的范围。

德国关于联邦宪法法院抽象宪法解释范围的规定既采取列举制（第93条第1款和第2款），又采取兜底性规定（第93条第3款），能够为联邦宪法法院行使抽象宪法解释权提供权威性依据，但其兜底性条款规定"联邦宪法法院还审理联邦法律指定的其他案件"，采取授权立法赋予议会立法来规范本应由宪法规定的内容，无疑给宪法法院抽象宪法解释范围带来不确定性。在抽象宪法解释范围已经十分广泛的情况下，如果议会立法进一步扩大联邦宪法法院的释宪范围，必定会给其带来难以承受的负荷，使其释宪质量和工作效率大打折扣。①

（二）法国抽象宪法解释范围

法国现行宪法于1958年颁布，在2008年之前，法国宪法解释制度中只有抽象宪法解释，宪法委员会被认为是带有政治性质的机关。由于2008年之前宪法委员会的合宪性审查只有事前审查，没有事后审查，而且只有特定国家机关和公职人员才能提请审查，合宪性审查的直接动力主要是政治上的党派斗争，是政治家进行政治斗争的工具，致使一些因政治对立程度不足而没有被提请审查的法律可能长期存在，因此，2008年之前法国宪法委员会的地位是"跛足"的。②

根据法国现行宪法的规定，法国宪法委员会抽象宪法解释的范围包括：（1）法律文件的内容是否具有行政立法属性的事项（第37条第2款）；③（2）在立法过程中，对法律提案或修正案是否属于立法范围或是否与宪法第38条的授权内容相抵触，政府与相关议院议长因对此持有不同意见而提请宪法委员会裁决的事项（第41条）；④（3）签订的国际条约中的条款是否含有与宪法相抵触的事项（第54条）；⑤（4）各组织法在公布前、宪法第11条规定的法律

---

① 据统计，联邦宪法法院的负担已经到了其容量和工作能力的极限。在法院成立最初的几年中，每年受理的案件只有大约1000件，到20世纪80年代末期时，增加到大约4000件；而自1991年起，案件突然增加到5000到6000件。这在审理期限方面造成一定后果，一个从1992年开始的十年概况统计表明，审理期限在3年以上的案件增加了1倍，审理期限在5年以上的案件是以前的3倍，而审理期限在7年以上的案件则是以前的10倍。参见［德］克劳斯·施莱希、斯特凡·科里奥特：《德国联邦宪法法院：地位、程序与裁判》，刘飞译，法律出版社，2007年，第85页。
② 参见王建学：《法国式合宪性审查的历史变迁》，法律出版社，2018年，第130—131页。
③ 孙谦、韩大元主编：《世界各国宪法·欧洲卷》，中国检察出版社，2012年，第274页。
④ 孙谦、韩大元主编：《世界各国宪法·欧洲卷》，中国检察出版社，2012年，第273—272页。
⑤ 孙谦、韩大元主编：《世界各国宪法·欧洲卷》，中国检察出版社，2012年，第275页。

提案提交公民投票前、议会两院议事规程在实施前，审查其是否与宪法相符的事项（第 61 条第 1 款）；（5）公布前的法律是否符合宪法的事项（第 61 条第 2 款）；①（6）密克罗尼西亚各机构组织及其运作规章、密克罗尼西亚议事机构的法案在公布实施前是否符合宪法的事项（第 77 条）。②

  法国宪法委员会抽象宪法解释的范围与其他实行宪法委员会释宪机制的国家如哈萨克斯坦有些类似，都注重法律公布前的合宪性审查。例如 1995 年通过的哈萨克斯坦现行宪法第 72 条规定了宪法委员会抽象宪法解释的范围：（1）议会通过的法律被总统签署前是否与宪法相符的事项；（2）议会及其两院通过的决议是否与宪法相符的事项；（3）国际条约在被批准之前是否符合宪法的事项；（4）对宪法规范的正式解释。被宪法委员会认定不符合宪法的法律或国际条约，不得签署或者批准生效。

  从上述规定可以发现，法国抽象宪法解释范围具有如下特征：一是注重审查各种法律法规或条约是否符合宪法，不包括国家各组成部分之间的宪法争议和国家机关之间的职权纠纷。二是抽象宪法解释主要发生在法律法规或条约生效之前，生效之后就不能再提请抽象宪法解释，③被宪法委员会裁定违宪的法律法规不得颁布，与宪法相抵触的国际条约只有在对宪法进行修改之后才得批准或认可。这几乎是实行宪法委员会释宪机制的国家的抽象宪法解释制度所共有的特征。

  法国抽象宪法解释范围最主要的内容是对公布前的法律法规的合宪性审查，这有利于防止违宪的法律法规颁布出台，有利于维护宪法秩序的统一性。但这种事前审查制的弊端在于，已经公布的可能存在违宪情况的法律法规不属于宪法委员会抽象宪法解释的范围，这类法律法规只有在发生具体案件之后，在诉讼过程中经当事人提请才能纳入宪法委员会的审查范围。如果没有发生具体案件，即使已经公布的法律法规存在违宪的情况，宪法委员会也无权对其进行审查，这无疑大大降低了宪法的权威性，破坏了宪法秩序的统一性。

（三）俄罗斯抽象宪法解释范围

  俄罗斯现行《俄罗斯联邦宪法》（以下简称"俄罗斯宪法"）和《俄罗斯联

---

① 孙谦、韩大元主编：《世界各国宪法·欧洲卷》，中国检察出版社，2012 年，第 275 页。
② 孙谦、韩大元主编：《世界各国宪法·欧洲卷》，中国检察出版社，2012 年，第 279 页。
③ 法律法规生效之后，当事人可根据 2008 年修宪时增加的 61-1 条，经由最高行政法院或最高法院提请宪法委员会进行具体宪法解释。参见孙谦、韩大元主编：《世界各国宪法·欧洲卷》，中国检察出版社，2012 年，第 275 页。

邦宪法法院法》（以下简称"俄罗斯宪法法院法"）所规定的宪法解释制度，是在对1991年5月通过的《俄罗斯苏维埃联邦社会主义共和国宪法（第五修正案）》和同年5月通过的《俄罗斯苏维埃联邦社会主义共和国宪法法院法》进行修改的基础上形成的。[①]苏联解体前夕通过的宪法第五修正案和宪法法院法初步确立了俄罗斯宪法法院的宪法解释制度，规定了联邦宪法法院的职权范围，包括规范性文件合宪性审查权和法律适用实践的合宪性审查权，以及与弹劾公职人员相关的案件的审查权。1991年底苏联解体后，1993年颁布的俄罗斯宪法和1994年颁布的俄罗斯宪法法院法对宪法法院解释制度作了进一步完善。

根据俄罗斯宪法第125条[②]和俄罗斯宪法法院法第3条规定，俄罗斯抽象宪法解释的范围包括：（1）联邦法律以及俄罗斯联邦总统、联邦委员会、国家杜马、俄罗斯联邦政府颁布的规范性文件是否符合联邦宪法的事项；（2）联邦宪法、联邦各主体的宪章、联邦各主体就属于联邦国家权力机关管辖的问题以及联邦国家权力机关与联邦各主体国家权力机关共同管辖的问题所颁布的法律和其他规范性文件是否符合联邦宪法的事项；（3）联邦国家权力机关和联邦各主体国家权力机关之间的条约、联邦各主体国家权力机关之间的条约是否符合联邦宪法的事项；（4）尚未生效的俄罗斯联邦国际条约是否符合联邦宪法的事项；（5）联邦国家权力机关之间的职权争议事项；（6）联邦国家权力机关与联邦各主体国家权力机关之间的职权争议事项；（7）联邦各主体最高国家机关之间的职权争议事项；（8）经联邦总统、联邦委员会、国家杜马、联邦政府、联邦各主体立法机关的询问需要解释联邦宪法的事项。

从上述规定来看，俄罗斯抽象宪法解释范围的特点是，除包括法律等规范性文件是否符合宪法的事项和国家机关之间的职权纠纷事项之外，与其他国家不同的是，还包括了特定国家机关和公职人员询问的有关宪法问题的事项。这是由于，根据1994年颁布的新宪法，联邦宪法法院享有解释宪法的职权，不过这是一种被动解释权，联邦宪法法院无权主动解释宪法。

苏联解体后，俄罗斯把苏联的立法机关宪法解释体制改造成为宪法法院解释体制，大大强化了宪法解释活动的司法性质。但根据现行俄罗斯宪法第125条第5款规定，特定国家机关和公职人员询问的有关宪法问题的事项属于联邦

[①] 参见刘向文、韩冰、王圭宇：《俄罗斯联邦宪法司法制度研究》，法律出版社，2012年，第45—53页。

[②] 参见孙谦、韩大元主编：《世界各国宪法·欧洲卷》，中国检察出版社，2012年，第226页。

宪法抽象宪法解释的范围,联邦宪法法院在这种情况下所从事的宪法解释活动可能带有一定的政治性质,有可能使其滑入政治漩涡之中,要么扮演政治纷争的调停人角色,要么为政治势力所左右。联邦宪法法院一旦失去司法性质的中立者地位,就将偏离改造和设计宪法法院的最初目的。

(四)奥地利抽象宪法解释范围

奥地利是世界上最早将宪法法院作为宪法解释主体的国家,其于1920年设立了世界上第一个宪法法院以维护宪法权威和保障宪法实施。

根据现行《奥地利联邦宪法》(以下简称"奥地利宪法")第126条、第138条、第140条和第148条规定,奥地利抽象宪法解释范围包括:(1)法院与行政机关之间的权限争议(第138条第1款第1项);(2)普通法院与庇护法院或行政法院,庇护法院与行政法院,以及宪法法院自身与其他法院之间的权限争议(第138条第1款第2项);(3)联邦与州,以及各州相互之间的权限争议(第138条第1款第3项);(4)就某项立法行为或行政行为属于联邦权限还是州权限而产生的争议(第138条第2款);(5)对联邦同各州就双方管辖权限签订的协议是否成立以及是否履行协议确定的义务作出裁决的事项(第138条之一第1款);[1](6)对各州就其独立管辖范围内的事项达成的协议是否成立以及是否履行协议确定的义务作出裁决的事项(第138条之一第2款);[2](7)应特定国家机关或1/3议员的请求,就联邦法律或州法律是否违宪作出裁决的事项(第140条第1款);(8)应声称其权利受到某项违宪法律直接侵害的任何个人的请求,就该法律是否违宪作出裁决的事项(第140条第1款);[3](9)就关于审计机构权限的法律条文的解释发生分歧作出裁决的事项(第126条之一);[4](10)对联邦最高机关和州最高机关的公务违法行为提出的追究其宪法责任的指控作出裁决的事项(第142条);[5](11)就关于督察委员会权限的法律条文的解释发生分歧作出裁决的事项(第148条之六)。[6]

根据第140条第4款规定,即使法律在宪法法院作出裁决时已经失效,无论该法律的合宪性审查是宪法法院依职权提起,还是依法院、独立评议院、联

---

[1] 参见孙谦、韩大元主编:《世界各国宪法·欧洲卷》,中国检察出版社,2012年,第85页。
[2] 参见孙谦、韩大元主编:《世界各国宪法·欧洲卷》,中国检察出版社,2012年,第85页。
[3] 参见孙谦、韩大元主编:《世界各国宪法·欧洲卷》,中国检察出版社,2012年,第86页。
[4] 参见孙谦、韩大元主编:《世界各国宪法·欧洲卷》,中国检察出版社,2012年,第81—82页。
[5] 参见孙谦、韩大元主编:《世界各国宪法·欧洲卷》,中国检察出版社,2012年,第87页。
[6] 参见孙谦、韩大元主编:《世界各国宪法·欧洲卷》,中国检察出版社,2012年,第89页。

邦招标办公室的请求，或是依声称其权利受到该违宪法律直接侵害的个人的请求所启动，宪法法院均应就该项法律是否违宪作出裁决。

奥地利抽象宪法解释范围不仅包括德国和法国抽象宪法解释中的国家机关之间的权限争议及法律的合宪性审查，其最大的特点在于包括个人直接就法律的合宪性提请宪法解释，即如果个人认为违宪法律直接侵害到其宪法权利，在未与他人发生争讼的情况下，可以就该法律是否违宪请求宪法法院裁决。奥地利在宪法解释制度中这一与众不同的重大安排，为保障公民宪法权利提供了强有力的制度支撑。但这种做法的弊端在于，与在德国和法国公民提请宪法解释须以发生具体案件为前提不同，在奥地利，任何个人均可在未发生具体案件的情况下，在声称其权利受到违宪法律直接侵害时请求宪法法院裁决该法律是否违宪，从而使宪法法院受理此类案件的数量大大增加。虽然排除了司法裁判或专门裁定使该项法律对特定人生效的情况，并以个人权利遭受违宪法律的直接侵害为条件，仍会使宪法法院在个人权利直接遭受违宪法律侵害而向其提出裁决请求时花费大量的时间和人力资源，无疑增加了宪法法院的负担。

此外，奥地利抽象宪法解释范围的另一个特点表现在，宪法法院自身与其他法院之间的权限争议由宪法法院裁决。这意味着宪法法院与其他法院如果就同一案件都主张有裁判权而发生争议时，由作为争议一方的宪法法院自己加以裁决。这种做法有违"任何人不得做自己案件的法官"的基本原则，其裁决结果难免有失公正性和客观性。

（五）我国抽象宪法解释范围

我国现行宪法中有关宪法解释的规定主要是第 67 条，规定全国人大常委会行使"解释宪法，监督宪法的实施"职权。此外，宪法中没有关于宪法解释范围的明确规定，也没有关于宪法解释范围等其他问题的法律规定，但不能由此得出我国不存在抽象宪法解释范围的结论。

首先，宪法序言最后一个自然段明确规定"本宪法……是国家的根本法，具有最高的法律效力"，肯定了宪法在国家法律体系中的最高效力地位，表明除宪法之外的其他所有法律法规等规范性文件的效力都低于宪法。宪法第 5 条中更是明确规定"一切法律、行政法规和地方性法规都不得同宪法相抵触"，要判断除宪法之外的法律法规是否同宪法相抵触，就必然涉及抽象宪法解释。

其次，宪法其他相关条款中也有涉及抽象宪法解释的规定。如在宪法第 67 条关于全国人大常委会职权的规定中，全国人大常委会有权撤销国务院制定的同宪法相抵触的行政法规、决定和命令，撤销省、自治区、直辖市国家权力机关制定的同宪法相抵触的地方性法规。全国人大常委会要决定是否撤销国务院制定的行政法规、决定和命令以及省级人大常委会制定的地方性法规，只有在对相关宪法条文进行解释的基础上，才能判断它们是否同宪法相抵触，进而决定是否予以撤销。

再次，立法法中相关条款也有涉及抽象宪法解释的内容。如立法法第98条规定，宪法具有最高的法律效力，一切法律、行政法规、地方性法规、自治条例和单行条例、规章都不得同宪法相抵触。第108条规定，全国人民代表大会有权改变或者撤销它的常委会制定的不适当的法律，有权撤销全国人大常委会批准的违背宪法和本法第85条第2款规定的自治条例和单行条例；全国人大常委会有权撤销同宪法和法律相抵触的行政法规，有权撤销同宪法、法律和行政法规相抵触的地方性法规，有权撤销省、自治区、直辖市的人大常委会批准的违背宪法和本法第85条第2款规定的自治条例和单行条例。如同宪法第67条，全国人大和全国人大常委会要决定是否撤销法律、行政法规、地方性法规、自治条例和单行条例，必须在对相关宪法条文进行解释的前提下，才能判断它们是否同宪法相抵触，进而决定是否予以撤销。

最后，2019年全国人大常委会通过的《法规、司法解释备案审查工作办法》也有涉及抽象宪法解释的规定。其第3条规定，"全国人大常委会依照宪法、法律开展备案审查工作"。第20条规定，"对法规、司法解释及其他有关规范性文件中涉及宪法的问题，宪法和法律委员会、法制工作委员会应当主动进行合宪性审查研究，提出书面审查研究意见，并及时反馈制定机关"。第36条规定的"审查标准"就是宪法标准，即"对法规、司法解释进行审查研究，发现法规、司法解释存在违背宪法规定、宪法原则或宪法精神问题的，应当提出意见"。

此外，中国共产党党内法规合宪性审查中也有涉及抽象宪法解释的内容。《中国共产党党内法规和规范性文件备案审查规定》第11条规定，中央办公厅对报送中央备案的党内法规和规范性文件进行审查，其主要审查内容之一就是"是否同宪法和法律相一致"。《中国共产党党内法规制定条例》第7条规定，制定党内法规应当遵循的原则包括"遵守党必须在宪法和法律范围内活动的规定"。第21条规定，审议批准机关收到党内法规草案后，交由所属负责法规工作的机构进行审核，其主要审核内容包括"是否同宪法和法律不一致"。第28条规定，中央纪律检查委员会、中央各部门和省、自治区、直辖市党委发布的党内法规有"同宪法和法律不一致的"，由中央责令改正或者予以撤销。从上述规定可以看出，中国共产党党内法规在制定和备案审查过程中同样涉及抽象宪法解释。

因此，尽管我国宪法和相关法律没有明确规定抽象宪法解释的范围，但我国是存在着抽象宪法解释的。根据上述规定，我国抽象宪法解释的范围可以概括为以下几方面：（1）法律是否抵触宪法的事项；（2）国务院制定的行政法规、规章、决定和命令是否抵触宪法的事项；（3）省、自治区、直辖市国家权力机关制定的地方性法规是否同宪法相抵触的事项；（4）民族自治地方的人大制定的自治条例和单行条例是否同宪法相抵触的事项。根据《法规、司法解释备案审查工作办法》与《中国共产党党内法规和规范性文件备案审查规定》关于备案审查对象的规定，我国抽象宪法解释的范围还包括：（5）国家监察委员会制定的监察法规是否符合宪法的事项；（6）经济特区所在地的省、市人大及其常委会制定的经济特区法规是否符合宪法的事项；（7）最高人民法院、最高人民检察院作出的司法解释是否符合宪法的事项；（8）中央纪律检查委员会、中央各部门和省、自治区、直辖市党委发布的党内法规是否同宪法相抵触的事项。

由此可见，我国抽象宪法解释的范围是比较广泛的，与域外其他国家抽象宪法解释范围相比，其主要特点在于：一是与我国单一制的政权组织形式相适应，强调维护国家法制的统一性，所有中央和地方国家机关制定的规范性文件都必须与宪法规定、宪法原则和宪法精神保持一致，不得同宪法相抵触；二是把党内法规纳入抽象宪法解释范围，党内法规不仅要符合党章，还必须符合宪法和法律，这是其他国家的抽象宪法解释范围制度所没有的，是中国特色合宪性审查制度的重要体现。

二、具体宪法解释范围制度比较

相较于抽象宪法解释，具体宪法解释受限于特定当事人之间发生争议的场合，"案件和争议"限制了释宪者具体宪法解释的范围。"案件和争议"是美国联邦最高法院受理宪法解释案件时坚持的一个基本原则，即按照成文法或者习惯法的司法程序向法院提出的，要求保护或者确认权利、提供救济或者惩罚违法的诉讼请求……这个术语意味着存在现实或可能的争议双方，而他们的争议被提请法院裁判。[1]

具体而言，"案件和争议"包括以下几个方面的内容：（1）请求审查某项

---

[1] Muskrat v. United States，291 U. S. 346，357（1911）.

政府决策是否合宪的人，须具备"原告适格"，即利益相关性；（2）系争事件提请审查的时机必须适当，既非尚未成熟，所谓"尚未达于可为裁判的程度"，亦非过于成熟，所谓"已逾可裁判的程度"；（3）系争事件在本质上须适合由法院裁判，而非属所谓"政治问题"；（4）联邦法院不得对研议中的法案或计划向国会或总统提供不具有拘束力的"咨询意见"。不符合"案件与争议"原则的申请将不会被联邦最高法院受理，这是美国普通法院宪法解释制度下权力分立的要求，联邦最高法院不享有抽象宪法解释权，而只能在发生具体案件和争议的情况下才能进行宪法解释。如今，"案件和争议"原则已经成为各国释宪机关从事具体宪法解释时普遍遵循的基本原则。需要注意的是，此处的"争议"是指宪法争议，并且是实质意义的宪法争议，而非形式意义的宪法争议。前者是指涉及成文宪法的解释问题，或宪法机关的权限争议等，而且争议的一方必须是宪法上适格的权利人；后者是指经由形式的法律划归宪法审查机关管辖的案件，如涉及关于宪法上的解释问题而无宪法上适格的权利人参与争议时（如私人间就宪法的解释问题所生的疑义或争议），此项争议即非实质疑义的宪法争议。① 下文将以此为标准，对各国具体宪法解释范围进行详细阐述并做适当分析。

（一）德国具体宪法解释范围

德国基本法和宪法法院法除规定抽象宪法解释的范围外，还对具体宪法解释范围做出了明确规定。

根据德国基本法相关条款，下列事项属于德国具体宪法解释的范围：（1）认为公权力机关侵犯个人基本权利或侵犯基本法相关条款规定的其他权利时，个人向联邦宪法法院提起违宪申诉的事项（基本法第93条第1款第4a项）；（2）在联邦参议院的选举中不被认可为政党的组织向联邦宪法法院提起申诉的事项（基本法第93条第1款第4c项）；② （3）诉讼中法院认为裁判所依据的法律违反宪法而向宪法法院征求意见的事项（基本法第100条第1款）；（4）诉讼中法院对某一国际法规定是否构成联邦法的组成部分或是否直接对个人产生权利或义务发生疑义而向联邦宪法法院请求裁决的事项（第100条第2

---

① 参见施启扬：《西德联邦宪法法院论》，台湾商务印书馆，1971年，第50—51页。
② 参见孙谦、韩大元主编：《世界各国宪法·欧洲卷》，中国检察出版社，2012年，第190页。

款)。① 此外，根据德国宪法法院法第13条规定，具体宪法解释范围还包括：(5)个人是否丧失基本权利或丧失程度的事项（基本法第18条）；(6)政党是否违宪的事项（基本法第21条第2项）；(7)对于联邦众议院就选举效力，或就取得或丧失联邦众议院议员资格提起诉愿的事项（基本法第41条第2项）；(8)联邦众议院或联邦参议院对联邦总统提起弹劾的事项（基本法第61条）；(9)对联邦法官或州法官是否违反基本法原则或州宪法秩序提起弹劾的事项（基本法第98条第2项及第5项）。

从德国基本法和宪法法院法关于联邦宪法法院具体宪法解释范围的规定可以看出，其具体宪法解释都与特定主体的具体权利义务有关，特定主体范围十分广泛，可以是普通的公民个人、某一政党或其他社会组织，也可以是议会中的议员、法官或总统。德国具体宪法解释范围的广泛性，体现了德国对公民宪法基本权利高度重视，反映了第二次世界大战后德国吸取纳粹时期侵犯人权的惨痛教训，更加注重保护所有基本权利主体在各种场合下所享有的宪法基本权利，如诉讼中某一国际法规定是否直接对个人产生权利义务发生疑义的事项被纳入宪法解释范围，目的就是防止国际法规定侵犯基本法所保障的个人基本权利。尤其是德国特有的宪法诉愿制度为基本权利保障提供了强大的后盾，凡基本权利受到公权力侵害的人，在穷尽其他法律救济途径时，都有权提起宪法诉愿。在未用尽其他法律救济途径前提起宪法诉愿，如具有普遍重要性，或因诉愿人如先遵循其他法律救济途径，将遭受重大或无法避免之损害时，联邦宪法法院得立即加以裁判。在宪法诉愿中，联邦宪法法院通过具体宪法解释活动，为当事人基本权利保障提供了最后一道屏障。但德国宪法诉愿中的具体宪法解释功能并未得到充分发挥，这是由于德国宪法诉愿受理门槛较低，使得宪法诉愿案件数量大增，导致宪法法院的负担不断增加，为了减轻负担，被宪法法院实际受理的宪法诉愿案件非常有限。据统计，每年有四五千件被登记的宪法诉愿，但是大量的宪法诉愿中仅有大约2%即每年50至80件能够进行到审判庭作出裁判的程度，其他则根本未被受理。在被受理的宪法诉愿中，取得胜诉结果的只有大概1.2%，② 这就使设立宪法诉愿制度以保护公民宪法基本权利的目的大打折扣。

---

① 法院将法律法规提交联邦宪法法院解释需符合两个条件：一是确信提请联邦宪法法院解释的法律违反宪法；二是提请解释的法律必须是裁判案件的依据，也就是该法律对于裁判具体案件来说是重要的。

② 参见［德］克劳斯·施莱希、斯特凡·科里奥特：《德国联邦宪法法院：地位、程序与裁判》，刘飞译，法律出版社，2007年，第200页。

（二）法国具体宪法解释范围

法国在2008年修宪之前的宪法解释，主要是抽象宪法解释。2008年修宪时在宪法第61条增加了一项新的规定，即第61-1条：在普通诉讼中，若认为法律的规定对宪法所保留的权利与自由构成侵害，可经最高行政法院或最高司法法院向宪法委员会呈转宪法审查申请，由宪法委员会在确定期限内予以裁决。[1] 根据该新增条款，公民在法院进行的普通诉讼程序中，有权对诉讼涉及的法律提出违宪抗辩，待呈转宪法委员会解决合宪性问题后法院再继续诉讼程序，称之为"合宪性先决程序"。2009年法国议会通过的关于实施宪法第61-1条的组织法对合宪性先决程序问题的适用作出了具体规定，该法第23-2条明确了宪法委员会受理最高行政法院或最高法院转交的合宪性先决问题的三个条件：一是案件相关性，被挑战的条款适用于争议的解决或争议解决的程序，或构成起诉的基础；二是新颖性，被挑战的条款未曾被宪法委员会裁定符合宪法；三是涉及的问题具有严重性。[2] 该法对合宪性抗辩做了排除性规定，禁止在重罪法院的诉讼中提出合宪性问题，不过可以在上诉书中提出。此外该法还规定，当事人由于诉讼可能被剥夺自由或存在其他紧急情况时，在合宪性抗辩过程中法院不得暂缓判决。[3]

根据法国宪法第16条，宪法委员会须就总统采取的紧急措施是否符合宪法保障的公权力目的等问题提供咨询，或在总统行使紧急状态权30日后对总统行使紧急状态权是否符合宪法规定的条件作出裁决。[4] 由于宪法第16条规定了总统采取紧急措施的目的和条件，故宪法委员会提供咨询和做出裁决都必然涉及对宪法规定相关内容的解释，而其宪法解释直接关系到总统行使紧急状态权的合宪性。因此，宪法委员会对总统采取紧急措施提供咨询和作出裁决中的宪法解释属于具体宪法解释。此外，法国宪法第59条规定，国民议会议员和参议院议员选举发生争议时，由宪法委员会裁定其合法性。[5] 根据法国《宪法委员会组织法》第33条，所有在选举进行地的选民名单上登记的人和所有宣告的候选人都有权对选举结果提出审查请求。[6]

---

[1] 参见孙谦、韩大元主编：《世界各国宪法·欧洲卷》，中国检察出版社，2012年，第275页。
[2] 参见吴天昊：《法国违宪审查制度》，中国政法大学出版社，2011年，第321页。
[3] 参见王建学：《法国式合宪性审查的历史变迁》，法律出版社，2018年，第139页。
[4] 参见孙谦、韩大元主编：《世界各国宪法·欧洲卷》，中国检察出版社，2012年，第270页。
[5] 参见孙谦、韩大元主编：《世界各国宪法·欧洲卷》，中国检察出版社，2012年，第275页。
[6] 参见吴天昊：《法国违宪审查制度》，中国政法大学出版社，2011年，第326页。

第二章　宪法解释范围与事由制度比较与借鉴

综上可知，法国具体宪法解释范围包括：（1）普通诉讼当事人认为案件适用的法律侵犯其基本权利和自由而向宪法委员会提出审查请求的事项；（2）对总统行使紧急状态权所采取的措施是否符合宪法保障的公权力目的提供咨询的事项，裁决总统行使紧急状态权是否符合宪法规定的条件的事项；（3）裁决国民议会议员和参议员选举发生争议的事项。

法国具体宪法解释的特征和优势在于重视保护宪法所保障的公民权利和自由。突出表现在为了弥补以前只有事前的抽象宪法解释的缺憾，于 2008 年修宪时专门通过修正案，增加了事后的具体宪法解释制度，为诉讼当事人维护自己的宪法权利和自由创造了条件，也使法国宪法委员会在个案审理中成为基本权利的捍卫者。这一改变使法国具体宪法解释制度与抽象宪法解释机制相得益彰，将新设的事后审查与原有的事前审查结合起来、互为补充，将使法国的合宪性审查焕发新的生命力[①]。同时，这一改变也使法国宪法委员会的政治性不断减弱，由原来的政治机关演变为宪法司法机关，由权力分立的维护者转变为宪法权利和自由的保护者。

（三）俄罗斯具体宪法解释范围

俄罗斯宪法第 125 条和宪法法院法第 3 条不仅规定了宪法法院抽象宪法解释的范围，还规定了具体宪法解释的范围。

俄罗斯宪法第 125 条第 4 款规定，俄罗斯联邦宪法法院可以根据有关侵犯公民宪法权利和自由的控告，或根据法院的询问，依照联邦法律规定的程序，审查在具体案件中适用的或应当适用的法律的合宪性。[②] 根据这条规定，公民个人或其他组织向联邦宪法法院书面控告法律侵害其自由和权利，或者法院怀疑法律的合宪性而向联邦宪法法院提出询问，所控告或询问的法律都必须是法院在审理具体案件中所适用的法律。[③] 由此可见，在俄罗斯，公民个人或法院向联邦宪法法院提出具体宪法解释必须以发生具体案件为前提条件。此外，宪法第 125 条第 7 款规定，俄罗斯联邦宪法法院根据联邦委员会的询问，作出国家杜马对俄罗斯联邦总统犯有叛国罪或其他重罪的指控是否遵守法定程序的结论意见。[④]

---

① 参见王建学：《法国式合宪性审查的历史变迁》，法律出版社，2018 年，第 144 页。
② 参见孙谦、韩大元主编：《世界各国宪法·欧洲卷》，中国检察出版社，2012 年，第 226 页。
③ 参见刘向文、韩冰、王圭宇：《俄罗斯联邦宪法司法制度研究》，法律出版社，2012 年，第 141—143 页。
④ 参见孙谦、韩大元主编：《世界各国宪法·欧洲卷》，中国检察出版社，2012 年，第 226 页。

因此，俄罗斯联邦宪法法院具体宪法解释的范围包括：(1)公民对法院审理具体案件中适用的法律侵犯其宪法权利和自由提出指控的事项；(2)法院对具体案件中适用的法律的合宪性提出询问的事项；(3)对联邦总统犯有叛国罪或其他重罪的指控是否遵守法定程序进行审查的事项。

俄罗斯现行宪法法院法取消了1991年宪法法院法关于宪法法院有权审查法律适用实践合宪性案件的模糊规定，同时取消了1991年宪法法院法关于公民向宪法法院提出控告前必须经过众多审级的规定，简化了程序。[①] 与奥地利仅最高法院或二审法院才有权对诉讼中适用的法律的合宪性提请宪法法院解释不同，俄罗斯宪法法院可以受理任何审级的法院就诉讼中适用的法律合宪性所提出的询问，只要法院认定具体案件中所适用的法律与宪法相抵触，都有权向宪法法院提出询问，这无疑更加有利于加强对法律的合宪性审查，扩大了具体宪法解释的范围。但其弊端在于增加了宪法法院的负担，宪法法院由于接受咨询的数量大增而不堪重负。

(四) 奥地利具体宪法解释范围

奥地利宪法第89条、第142条、第144条规定了具体宪法解释的范围。第89条第2款规定，如果最高法院或二审主管法院怀疑适用某法律将违反宪法，则其应向宪法法院提出废除该项法律的请求。第89条第3款规定，如法院应予适用的法规业已失效，则法院应请求宪法法院裁决该项法规违法或违宪。第142条规定，对联邦总统、联邦政府成员、州政府成员等的公务违法行为提出的追究其宪法责任的指控，由宪法法院裁决。[②]

第144条第1款规定，凡原告声称其受宪法保护的权利因行政机关或独立行政评议会的决定遭受侵害，或者其权利因某项违宪法律的适用遭受侵害，而对行政机关或独立行政评议会的决定提出指控，由宪法法院予以裁决。第144条之一规定，凡原告声称其受宪法保护的权利因庇护法院的裁决遭受侵害，或者其权利因某违宪法律的适用遭受侵害，而对庇护法院的裁决提出的指控，由宪法法院予以裁决。[③]

从上述规定可以看出，奥地利宪法法院具体宪法解释的范围包括以下几个方面：(1)最高法院或二审法院适用的法律是否违宪的事项；(2)法院应予适

---

① 参见刘向文、韩冰、王圭宇：《俄罗斯联邦宪法司法制度研究》，法律出版社，2012年，第57页。
② 参见孙谦、韩大元主编：《世界各国宪法·欧洲卷》，中国检察出版社，2012年，第87页。
③ 参见孙谦、韩大元主编：《世界各国宪法·欧洲卷》，中国检察出版社，2012年，第87页。

用的法规业已失效而请求宪法法院裁决的事项；（3）对特定国家领导人和国家机关工作人员的公务违法行为追究宪法责任的事项；（4）对宪法权利因行政机关或独立行政评议会的决定遭受侵害，或宪法权利因违宪法律的适用遭受侵害而对行政机关或独立行政评议会提出指控的事项；（5）对宪法权利因庇护法院的裁判遭受侵害，或权利因违宪法律的适用遭受侵害而对庇护法院的裁决提出指控的事项。

奥地利具体宪法解释范围的特点和优势在于其范围的广泛性，除了包括诉讼中适用的法律的合宪性事项，以及因庇护法院的裁决或适用违宪法律遭受权利侵害提出指控的事项外，还包括对总统等特定国家公职人员公务违法行为追究宪法责任的事项，以及因行政机关的决定或适用违宪法律遭受权利侵害而提出指控的事项，这是大多数国家所没有的。可见，奥地利具体宪法解释的范围十分广泛，既强调保护公民权利，又重视对特定国家领导人和国家公职人员的权力监督，尤其是对公民权利的保护比较全面，不仅包括司法裁判所适用的法律是否违宪的事项，还包括原告因行政机关的决定或适用违宪法律遭受权利侵害而提出指控的事项。但奥地利具体宪法解释范围的弊端在于其司法活动中具体宪法解释的范围较窄，只有最高法院或二审主管法院适用的法律是否违反宪法的事项才属于具体宪法解释的范围，其他下级法院认为其适用的法律存在违宪的情况则不属于宪法法院具体宪法解释的范围，这无疑缩小了具体宪法解释的范围，压缩了发挥具体宪法解释制度价值的空间。

（五）我国具体宪法解释范围

前文已谈到，我国现行宪法没有关于抽象宪法解释范围的规定，只能从宪法和其他相关法律中推导出抽象宪法解释的范围。而对于具体宪法解释范围，我国宪法和相关法律没有明确规定，也无法从宪法和其他相关法律中推导出相关内容。不过，学术界在研究我国宪法解释机制有关问题时，曾有学者对我国具体宪法解释范围做过探讨。

韩大元教授在其主持的司法部课题"宪法解释程序研究"的研究成果《中华人民共和国宪法解释程序法（专家建议稿)》里提出，具体宪法解释包括两种情形：一是人民法院在审理案件过程中，发现法律、法规等与宪法相抵触的，应中止案件的审理，请求全国人大常委会解释；二是个人请求的情形，即公民个人认为自己的基本权利受到国家机关和国家工作人员的侵害，穷尽所有的法律途径仍得不到救济时，可以向全国人大常委会提出解释宪法的请求，这种程序类似于有些国家实行的宪法诉愿制度。①

我们认为,抽象宪法解释范围和具体宪法解释范围都是宪法解释机制中不可或缺的组成部分。我国宪法和相关法律对具体宪法解释范围规定的缺失,是当前阻碍我国宪法实施的一个重要因素。在加强我国宪法实施、完善宪法解释程序机制过程中,应当继续对我国具体宪法解释的范围进行探讨,并颁布相关法律对具体宪法解释范围作出明确规定。

第二节　宪法解释事由制度比较

前文探讨宪法解释范围是要明确释宪者的活动空间,本节探讨宪法解释事由则是为了知晓释宪者在什么情况下可以启动宪法解释程序,涉及的是宪法解释的起因问题。宪法解释范围与宪法解释事由的联系在于,宪法解释事由是宪法解释范围内的事项发生了需要进行解释的特定情况,如果没有这一特定情况发生,即使是宪法解释范围内的事项,释宪者也不会启动宪法解释程序。换言之,只有发生了特定情况即宪法解释事由出现时,才会引起释宪者对宪法解释范围内的事项进行解释。由此可知,宪法解释事由是释宪者启动宪法解释程序的触发器。

一、抽象宪法解释事由制度比较

抽象宪法解释事由是抽象宪法解释范围内的事项发生了特定情况,导致释宪者必须启动抽象宪法解释程序。各国抽象宪法解释事由都与该国的抽象宪法解释范围密切相关,都是在本国抽象宪法解释范围内发生的能够导致释宪者启动抽象宪法解释程序的特定情况。

(一)德国抽象宪法解释事由

根据德国基本法第 93 条及其他相关条款和宪法法院法第 13 条的规定,德国联邦宪法法院抽象宪法解释的事由包括:(1)联邦最高权力机关或由基本法和某一联邦最高权力机关通过议事规则授予自有权利的其他关系人就其权利义务范围发生争议要求对基本法进行解释时;(2)联邦政府、州政府或联邦议院

---

① 参见韩大元:《〈宪法解释程序法〉的意义、思路与框架》,《浙江社会科学》2009 年第 9 期。

就联邦法或州法律与基本法在形式上或实质上是否一致产生分歧或疑问请求裁决时;(3)联邦参议院、州政府或州代议机关就某项法律是否符合第72条第2款的条件产生分歧请求裁决时;(4)就联邦和州的权利和义务,尤其是各州在执行联邦法律和联邦实施监督权产生分歧请求裁决时;(5)联邦和州之间、各州之间或一个州内部发生其他公法争议且无其他诉讼手段请求裁决时;(6)乡镇和乡镇联合区依据基本法第28条的自治权受到法律侵害提起违宪申诉时;(7)联邦参议院、州政府或州代议机关对基本法第72条第4款中联邦法律是否不再具备第72条第2款所指的必要性或第125条第2款第1句中是否不再颁布联邦法律提请裁决时;(8)州内发生的宪法争议被州法律委托联邦宪法法院裁决时;(9)州宪法法院在解释基本法时欲偏离联邦宪法法院或其他州宪法法院的裁判,该州宪法法院征求联邦宪法法院的裁判意见时;(10)就法律作为联邦法律是否继续有效产生分歧,联邦众议院、联邦参议院、联邦政府及州政府申请联邦宪法法院裁决时;(11)就联邦众议院决议成立联邦调查委员会是否符合基本法规定,依调查委员会法第36条第2项提请联邦宪法法院裁决时。

从上述德国联邦宪法法院抽象宪法解释事由可以发现,这些事由大都是特定国家机关之间就某事项发生了分歧或争议而请求联邦宪法法院裁决或提出申诉,如就权利义务范围发生了分歧或争议,或就联邦法律或州法律是否符合基本法产生了疑问或分歧,或因地方自治权受到法律侵害而提出申诉等。这些抽象宪法解释事由都是宪法或宪法法院法规定的抽象宪法解释范围内的事项发生了特定情况。其中有的是宪法在规定联邦宪法法院的抽象宪法解释范围时已经对解释事由作了明确规定,例如基本法第93条第1款第2项规定,"就联邦法律或州法律与基本法在形式上或实质上是否一致产生分歧或疑问时,联邦政府、州政府或联邦议院1/4的议员请求裁判的"[1],该条对抽象宪法解释范围和解释事由都规定得非常具体。而有的则是宪法只规定了某事项属于联邦宪法法院的抽象宪法解释范围,解释事由则是在宪法法院法中作出明确规定,例如基本法第126条规定,"就法律作为联邦法律是否继续有效的问题产生分歧时,由联邦宪法法院裁决"[2],这里只规定了该种情况属于联邦宪法法院的抽象宪法解释范围,但对解释事由规定得不明确。德国宪法法院法第86条明确规定了提请宪法法院裁决的申请权人包括"联邦众议院、联邦参议院、联邦政府及

---

[1] 孙谦、韩大元主编:《世界各国宪法·欧洲卷》,中国检察出版社,2012年,第190页。
[2] 孙谦、韩大元主编:《世界各国宪法·欧洲卷》,中国检察出版社,2012年,第197页。

州政府",并规定在法院审理案件的诉讼过程中,就某法律是否为联邦法律而继续有效发生争议且情节重大者,法院得准用第 80 条规定申请联邦宪法法院裁决。

(二) 法国抽象宪法解释事由

根据法国宪法及《宪法委员会组织法》规定,法国抽象宪法解释的事由包括:(1) 内阁总理对法律文件的内容是否具有行政立法属性而申请宪法委员会审查时;(2) 政府与相关议院议长因对法律提案或修正案是否属于立法范围或是否与宪法第 38 条的授权内容相抵触持不同意见而提请宪法委员会裁决时;(3) 特定国家领导人或议会两院 60 名议员就国际条约是否含有与宪法相抵触的条款而提请宪法委员会审查时;(4) 内阁总理对国会通过的组织法在公布前、议会两院主席对议会两院通过的议事规程在实施前、总统对宪法第 11 条规定的法律草案①提交公民投票前送交宪法委员会审查时;(5) 特定国家领导人或议会两院 60 名议员对公布前的法律提请宪法委员会审查时;(6) 制定机关对密克罗尼西亚各机构组织及其运作规章、密克罗尼西亚议事机构的法案在公布实施前是否符合宪法而提请宪法委员会审查时。

法国抽象宪法解释事由的规定分两种情况:一是在宪法规定解释范围的时候同时对解释事由作出明确规定,二是在宪法中只规定解释范围,未明确规定解释事由,而是在《宪法委员会组织法》中对解释事由予以明确规定。如宪法第 37 条第 2 款规定了法律文件的内容是否具有行政立法属性由宪法委员会审查,但未规定提出审查的主体,《宪法委员会组织法》第 24 条对此作了具体规定,即由内阁总理向宪法委员会提出申请。又如宪法第 61 条只规定了组织法在公布前和议会议事规程在实施前须提交宪法委员会审查其合宪性,未规定提交主体,《宪法委员会组织法》第 17 条才对此作出了具体规定,即提交主体分别为内阁总理和议会两院主席。

(三) 俄罗斯抽象宪法解释事由

按照俄罗斯宪法第 125 条和宪法法院法第 3 条等相关条款的规定,俄罗斯联邦宪法法院抽象宪法解释事由包括:(1) 特定国家领导人或特定国家机关对

---

① 法国宪法第 11 条规定法律草案包括:总统依在政府公报上发表的政府在议会会议期间提出的建议或议会两院联合提出的建议,得将涉及公权力组织、国家经济、社会或环境政策与促进公共服务的改革,或授权批准国际条约,虽与宪法不相抵触但将影响现行制度运行的法律草案。参见孙谦、韩大元主编:《世界各国宪法·欧洲卷》,中国检察出版社,2012 年,第 269 页。

联邦法律以及联邦总统、联邦委员会、国家杜马、联邦政府的规范性文件是否符合联邦宪法提出询问时；(2) 特定国家领导人或特定国家机关对联邦宪法、其他联邦主体的宪章、联邦主体就属于联邦国家权力机关管辖的问题以及联邦国家权力机关与联邦各主体国家权力机关共同管辖的问题所颁布的法律和其他规范性文件是否符合联邦宪法提出询问时；(3) 特定国家领导人或特定国家机关对联邦国家权力机关和联邦各主体国家权力机关之间的条约，以及各联邦主体国家权力机关之间的条约是否符合宪法提出询问时；(4) 特定国家领导人或特定国家机关对尚未生效的联邦国际条约是否符合宪法提出询问时；(5) 联邦国家权力机关之间、联邦国家权力机关与联邦各主体国家权力机关之间以及联邦各主体最高国家权力机关之间就职权范围发生争议申请联邦宪法法院裁决时；(6) 联邦总统、联邦委员会、国家杜马、联邦政府、联邦各主体立法机关认为需要解释联邦宪法而向宪法法院提出询问时。

上述俄罗斯联邦宪法法院抽象宪法解释的事由可分为以下三类：一是特定国家领导人或国家机关就法律、各种规范性文件或条约向联邦宪法法院提出的询问，二是国家权力机关之间因职权范围发生争议而向联邦宪法法院提出的申请，三是特定国家领导人或国家机关就有关宪法问题提出的询问。俄罗斯抽象宪法解释事由相对集中，为联邦宪法法院从事宪法解释提供了明确的依据。此外，俄罗斯宪法法院法第3条第3款和第4款规定，"联邦宪法法院裁决的只是有关法律的问题"，"不应对属于其他法院或者机关职权范围内的有关事实情节进行认定和分析"，即联邦宪法法院只依照宪法关于国家机关职权范围的规定，通过解释相关宪法条款判断国家机关职权范围的法律问题，不得染指机关职权范围之内的事实问题。

(四) 奥地利抽象宪法解释事由[①]

根据奥地利宪法和宪法法院法相关规定，奥地利抽象宪法解释事由包括：(1) 联邦政府、州政府或审计署就有关审计署权限的法律条文因发生解释上的意见分歧而提请宪法法院裁决时（宪法第126条、宪法法院法第36条）；(2) 法院与行政机关就同一案件皆主张自己有权限或于事件中已自为裁判者而申请宪法法院裁决时（宪法第138条第1款第1项、宪法法院法第42条）；(3) 行政法院与其他法院，或行政法院与宪法法院，或普通法院与其他法院，因就同

[①] 这里有关奥地利宪法法院法相关条款的引用，参见胡骏：《奥地利宪法法院研究》，法律出版社，2012年，第246—194页。

一案件的裁判权发生争议而提请宪法法院裁决时（宪法第138条第1款第2项、宪法法院法第43条）；（4）联邦与州，以及各州相互之间，因各州中之一州或州与联邦就同一行政事件的处分权或决定权产生争议而申请宪法法院裁决时（宪法第138条第1款第3项、宪法法院法第47条）；（5）联邦与州，以及各州相互之间就一项立法或行政事项属于联邦还是州的权限而请求宪法法院予以确认时（宪法第138条第2款、宪法法院法第53条）；（6）联邦政府或州政府就双方管辖权限签订的协议是否成立以及是否履行协议确定的义务而请求宪法法院裁决时（宪法第138条之一第1款，宪法法院法第56条之一）；（7）各州就其独立管辖范围内的事项达成的协议是否成立以及是否履行协议确定的义务而请求宪法法院裁决时（宪法第138条之一第2款）；（8）最高法院、二审主管法院、独立行政评议院、庇护法院、行政法院或联邦招标办公室就联邦法律或州法律是否违宪而请求宪法法院裁决时；（9）联邦政府就州法律是否违宪而请求宪法法院裁决时；（10）州政府、国民议院1/3的议员或联邦议院1/3的议员就联邦法律是否违宪而请求宪法法院裁决时；（11）在州宪法性法律有规定时，州议会1/3的议员就州法律是否违宪而请求宪法法院裁决时；（12）声称其权利受到某项违宪法律直接侵害的任何个人请求宪法法院裁决该法律是否违宪时；①（13）联邦参议院、众议院或州议会就联邦最高机关和州最高机关领导人或成员的公务违法行为提出追究其宪法责任的指控而请求宪法法院裁决时（宪法第142条、宪法法院法第72条）；（14）联邦政府或督察委员会就关于督察委员会权限的法律条文的解释发生分歧而请求宪法法院裁决时（宪法第148条之六、宪法法院法第89条）。

奥地利作为最早以宪法法院为宪法解释主体的国家，相对于其他国家而言，可以说其宪法解释制度是十分完善的。在宪法关于宪法解释范围相关规定的基础上，其宪法法院法又进一步对抽象宪法解释事由作出了十分详细和具体的规定。该法不仅对宪法法院诉讼程序作出了规定，也对宪法中没有明确的抽象宪法解释事由的启动主体作出了明确规定。如宪法第142条只规定了对联邦最高机关和州最高机关的公务违法行为提出的追究其宪法责任的指控由宪法法院裁决，但未明确规定由谁提出指控，宪法法院法第72条则明确规定了提出指控的主体包括联邦参议院、众议院或州议会。

由奥地利抽象宪法解释范围所决定，奥地利抽象宪法解释事由的特点在

---

① 第（8）至第（12）项均参见奥地利宪法第140条第1款。参见孙谦、韩大元主编：《世界各国宪法·欧洲卷》，中国检察出版社，2012年，第86页。

于，其他法院与宪法法院对同一案件的裁判权发生争议时由宪法法院裁决，在这种情况下，宪法法院既是争议当事一方，又充当争议的裁决者，无疑会影响其裁决结果的公正性和客观性，且其他法院对裁决结果不服，没有其他救济途径。

奥地利抽象宪法解释事由的另一重大特点是，任何个人可以声称其权利受到法律的直接侵害而请求宪法法院裁决法律的合宪性，这给公民权利保障提供了强有力的救济途径。但申请应符合以下条件：首先，申请者受到法律的侵害应当是直接侵害，如果是受到法律的间接侵害则不得提请宪法法院裁决该法律的合宪性；其次，不属于根据司法判决或专门裁定使该项法律对该申请者生效的情况；最后，申请者应陈述该法律于无法院裁判或无裁决颁布情况下已对申请者发生效力的范围。[①] 这意味着，如果是司法判决或专门裁定使某项法律对申请者生效，申请者不得向宪法法院提请裁决该项法律的合宪性；如果申请者不能提供法律对其发生效力的范围，其申请将不会得到宪法法院的支持。

（五）我国抽象宪法解释事由

前文提到，虽然我国没有关于抽象宪法解释范围的明确规定，但从宪法和立法法等文件的相关规定来看，我国是存在抽象宪法解释的。根据宪法、立法法和《中国共产党党内法规和规范性文件备案审查规定》等的规定，我国抽象宪法解释的事由包括：（1）全国人大依职权改变或撤销全国人大常委会制定的不适当的法律时（立法法第108条第1项）；（2）全国人大依职权撤销全国人大常委会批准的违背宪法或立法法第85条第2款规定的自治条例和单行条例时（立法法第108条第1项）；（3）全国人大常委会依职权审查行政法规、地方性法规、自治条例、单行条例是否同宪法相抵触时（立法法第108条第2项）；（4）全国人大常委会对报送备案的法规[②]、司法解释和其他规范性文件进行审查时（《法规、司法解释备案审查工作办法》第20条、36条）；（5）国务院、中央军事委员会、国家监察委员会、最高人民法院、最高人民检察院和各省、自治区、直辖市的人大常委会认为行政法规、地方性法规、自治条例和单行条例同宪法相抵触，向全国人大常委会提出审查要求时（立法法第110条第1款）；（6）其他国家机关和社会团体、企业事业组织以及公民认为行政法

[①] 参见奥地利宪法法院法第62条。
[②] 根据《法规、司法解释备案审查工作办法》，这些法规包括行政法规、监察法规、地方性法规、自治州和自治县的自治条例和单行条例、经济特区法规。

规、地方性法规、自治条例和单行条例同宪法相抵触，向全国人大常委会提出审查建议，常委会工作机构研究后送有关的专门委员会审查时（立法法第110条第2款）；（7）中央办公厅对报送其备案的党内法规和规范性文件进行审查时（《中国共产党党内法规和规范性文件备案审查规定》第7条）；（8）党中央改变或撤销同宪法不一致的中央纪律检查委员会、中央各部门和省、自治区、直辖市党委发布的党内法规时（《中国共产党党内法规制定条例》第28条）。

我国抽象宪法解释事由的特点在于：首先，没有关于抽象宪法解释事由的统一和明确的规定，而是分散在各种相关法律和文件的条款当中，如立法法第108条、《中国共产党党内法规和规范性文件备案审查规定》第7条、《中国共产党党内法规制定条例》第28条等。其次，我国抽象宪法解释事由不仅包括最高国家权力机关对法律法规等规范性文件进行审查时，还包括党中央对党内法规等规范性文件进行审查时，这是中国特色合宪性审查的重要体现。[①] 鉴于目前我国还没有合宪性审查和宪法解释程序机制方面的明确规定，关于我国抽象宪法解释事由的相关内容还有待进一步深入探讨，比如合宪性审查主体、提起主体和审查程序等具体内容尚待相关规定的颁布出台。

二、具体宪法解释事由制度比较

具体宪法解释事由是指具体宪法解释范围内的事项发生了特定情况，引起释宪者启动宪法解释程序。具体宪法解释原则决定了案件和争议是具体宪法解释的基本条件，也是释宪者进行具体宪法解释的首要前提，因此案件和争议限定了具体宪法解释的事由。具体宪法解释中存在的争议与抽象宪法解释中存在的争议不同，前者直接涉及具体的个人、组织或团体的切身利益，后者并非如此，如国家机关之间的权限争议，或对法律是否符合宪法产生的分歧和争议，这种争议都不涉及具体的个人、组织或团体的切身利益。因此，具体宪法解释事由是因发生了涉及具体的个人、组织或团体的宪法权利义务的特定事件，由特定主体提请释宪者裁决或征求意见。

（一）德国具体宪法解释事由

德国具体宪法解释范围决定了其具体宪法解释事由，根据德国基本法和联邦宪法法院法相关条款规定，德国具体宪法解释事由包括：(1) 任何个人认为

[①] 关于我国这两套合宪性审查的程序和衔接机制的探讨，详见本书相关部分的内容。

第二章 宪法解释范围与事由制度比较与借鉴

公权力机关侵犯其基本权利或侵犯基本法相关条款规定的其他权利而向宪法法院提起宪法诉愿时（基本法第93条第1款第4a项、宪法法院法第90条）；(2) 在联邦参议院的选举中不被认可为政党的组织向联邦宪法法院提起申诉时（基本法第93条第1款第4c项）；(3) 诉讼中法院认为所依据的法律违反宪法而向宪法法院征求意见时（基本法第100条第1款）；(4) 诉讼中法院对某一国际法规定是否构成联邦法的组成部分或是否直接对个人产生权利或义务有疑义而向联邦宪法法院征求意见时（基本法第100条第2款）；(5) 联邦众议院、联邦政府或各州政府向联邦宪法法院申请褫夺个人基本权时（基本法第18条、宪法法院法第36条）；(6) 联邦众议院、联邦参议院及联邦政府向联邦宪法法院提出裁判政党是否违宪时（基本法第21条第2项、宪法法院法第43条）；(7) 议员资格受到争议的议员、选举权人、党团或1/10以上联邦众议院议员对于联邦众议院就选举效力或就取得或丧失联邦众议院议员资格的决议提出异议时（基本法第41条第2项、宪法法院法第48条）；(8) 联邦众议院或联邦参议院对于总统因故意违反基本法或其他联邦法律而向联邦宪法法院提出弹劾总统时（基本法第61条、宪法法院法第49条）；(9) 联邦众议院对联邦法官或州法官履行公务时或在履行公务之外违反基本法原则或州宪法秩序而向联邦宪法法院提起弹劾时（基本法第98条第2项及第5项、宪法法院法第58条及第62条）。

同抽象宪法解释事由一样，在德国具体宪法解释事由中，有的是宪法在规定联邦宪法法院的具体宪法解释范围时已经对解释事由作了明确规定，例如基本法第93条第1款第4a项关于宪法诉愿的规定，该条对具体宪法解释范围和解释事由都规定得十分具体。有的则是宪法只规定了某事项属于联邦宪法法院的具体宪法解释范围，但没有规定解释事由，而是在宪法法院法中对解释事由作出明确规定，例如基本法第18条只规定了褫夺个人基本权的属于具体宪法解释范围，但未明确规定提出的主体，而是在宪法法院法第36条中规定由联邦众议院、联邦政府或各州政府提出；又如基本法第21条只规定了政党违宪案属于联邦宪法法院具体宪法解释范围，但未规定提出的主体，而是在宪法法院法第43条中规定由联邦众议院、联邦参议院及联邦政府提出。

德国具体宪法解释事由的最大特点是，个人在穷尽其他法律救济途径时有权向联邦宪法法院提起宪法诉愿。根据宪法法院法第90条，在未用尽其他法律救济途径前提起宪法诉愿，如具有普遍重要性，或因诉愿人如先遵循其他法律救济途径将遭受重大或无法避免之损害时，联邦宪法法院亦得立即加以裁判。这种制度虽然在理论上有助于保护公民宪法权利和自由，但实践中宪法法院对宪法诉愿的受案率极低，从而在很大程度上降低了该制度对公民权利的保护力度。

（二）法国具体宪法解释事由

前文提到，法国自2008年修宪后，其宪法委员会释宪机制包括抽象宪法解释和具体宪法解释。根据修宪后新增条款61-1条，法国增加了一项具体宪法解释事由，即诉讼当事人如认为适用于案件的法律侵犯其宪法基本权利和自由，有权提出书面请求，法院应中止案件审理，并将该请求层转最高行政法院或最高法院提交宪法委员会进行审查。

总体而言，法国宪法委员会具体宪法解释事由包括以下几个方面：（1）普通诉讼当事人在诉讼中认为适用于案件的法律侵犯其基本权利和自由而向宪法委员会提出审查请求时（宪法第61-1条）；（2）选民名单上登记的人和候选人对国民议会议员和参议员提出审查请求时（宪法第59条、《宪法委员会组织法》第33条）；（3）总统就其行使紧急状态权的措施是否符合保障宪法的公权力目的而向宪法委员会提出咨询时（宪法第16条第3款）；（4）国民议会议长、参议院议长、60名国民议会议员或60名参议员就总统行使紧急状态权是否符合宪法规定的条件提请宪法委员会裁决时（宪法第16条第6款）。

法国具体宪法解释事由与其他国家具体宪法解释事由相比，其最大特点在于，在普通法院的诉讼过程中当事人有权对法院适用的法律提出审查请求。这使法国从以前单一的事先审查演变为兼具事先审查和事后审查，扩大了对公民权利的保护。[①]不过，普通法院适用的法律侵犯当事人基本权利和自由时，向宪法审查机关提出请求的主体限于诉讼当事人，法院不得提出审查请求，而在其他国家如德国是由法院而不是当事人提出审查请求。此外，特定公职人员有权对总统行使紧急状态权是否符合宪法提请宪法法院审查，是法国具体宪法解释事由区别于其他国家的又一大特点。

改革后的法国具体宪法解释事由赋予了诉讼当事人提出审查的权利，虽然有助于保护当事人的个体权利，但其存在着不可克服的弊端。一旦当事人提出对法律进行合宪性审查的请求，法院就必须中止案件的审理，并将该请求层转至最高法院或最高行政法院决定是否提交宪法委员会，待宪法委员会审查结束之后，原法院才能恢复案件的审理程序。这一方面会增加宪法委员会的负担，导致其因受案数量的增加而不堪重负；另一方面可能给诉讼当事人提供拖延诉

[①] 参见吴天昊：《法国违宪审查制度》，中国政法大学出版社，2011年，第96页。

讼的机会，并延长了普通法院办案时间，降低了普通法院的办案效率。

此外，国民议会议长、参议院议长、60 名国民议会议员或 60 名参议员就总统行使紧急状态权是否符合宪法规定的条件提请宪法委员会裁决，虽然有助于防止总统滥用紧急状态权、维护正常社会秩序和保护公民权利，但很可能成为政治斗争的工具，给不同政党和政治派别运用这种权力去限制总统正常行使权力提供了契机。

(三) 俄罗斯具体宪法解释事由

根据俄罗斯宪法第 125 条和宪法法院法第 3 条规定，其具体宪法解释事由包括：(1) 公民对法院审理具体案件中适用或应当适用的法律侵犯其宪法权利和自由而向宪法法院提出申诉时（宪法第 125 条第 4 款、宪法法院法第 3 条第 3 款）；(2) 法院对具体案件中适用或应当适用的法律是否符合联邦宪法而向宪法法院提出询问时（同前项相关条款）；(3) 对联邦总统犯有叛国罪或其他重罪的指控是否遵守法定程序进行审查时（宪法第 125 条第 7 款）。

根据俄罗斯宪法法院法第 96 条规定，当在具体案件中适用或应予适用的法律侵犯了公民宪法权利和自由时，不仅公民有权向联邦宪法法院提出申诉，而且公民联合会以及联邦法律规定的其他机关和人员也有权提出集体申诉。同时，该法第 101 条规定，如果法院提出在案件中适用或应予适用的法律不符合联邦宪法，可以向宪法法院提出询问，请求对该法律的合宪性进行审查。

与德国和法国的具体宪法解释事由相比，俄罗斯具体宪法解释事由的最大特点是，具体诉讼中的当事人和法院都可以对案件适用或应当适用的法律向宪法审查机关提出审查请求。但在德国，只有法院认为其裁判案件所依据的法律违反宪法时才有权向联邦宪法法院征求意见，当事人在诉讼过程中无权对法律的合宪性提出审查请求，只能在穷尽法律救济途径后才能提起宪法诉愿；而在法国，只有诉讼当事人认为适用于案件的法律侵犯其基本权利和自由时有权向宪法委员会提出审查请求，法院无权对适用于案件的法律的合宪性向宪法委员会提出审查请求。

从上述俄罗斯具体宪法解释事由可知，向宪法法院提出审查请求的主体广泛，这虽然有助于保护公民权利，但其弊端在于，宪法法院受案数量比法国宪法委员会和德国宪法法院的受案数量要大得多，这大大增加了宪法法院的负担，其办案质量将受到很大影响。

此外，根据俄罗斯宪法法院法第 103 条规定，在法院决定向联邦宪法法院提出询问到联邦宪法法院通过有关该问题的审理决定期间，将中止该案件的诉讼程序，同时中止执行法院所作的有关该案的决定。与法国宪法委员会具体宪法解释事由一样，这一制度存在延长法院办案时间、降低办案效率的弊端。

（四）奥地利具体宪法解释事由

根据奥地利宪法第 89 条、第 142 条和第 144 条的规定，奥地利具体宪法解释事由包括：（1）最高法院或二审主管法院认为其适用的法律违反宪法而向宪法法院提出审查请求时（宪法第 89 条第 2 款）；（2）法院因应予适用的法律业已失效而请求宪法法院裁决时（宪法第 89 条第 3 款）；（3）联邦议会决议、国民议会决议、州议会决议或州政府决议对联邦总统、联邦政府成员、州政府成员等国家领导人或国家机关工作人员的公务违法行为追究宪法责任时（宪法第 142 条）；（4）原告的宪法权利因行政机关或独立行政评议会的决定遭受侵害，或权利因违宪法律的适用遭受侵害而对行政机关或独立行政评议会提出指控时（宪法第 144 条第 1 款）；（5）原告的宪法权利因庇护法院的裁判遭受侵害，或权利因违宪法律的适用遭受侵害而对庇护法院的裁决提出指控时（宪法第 144 条之一第 1 款）。

与其他国家相比，奥地利具体宪法解释事由的最大特点在于，如果行政当局的决议侵犯了行政相对人的宪法权利，或者行政当局执行违宪法律、违法法令或违法国家条约侵犯了行政相对人的宪法权利，行政相对人都有权向宪法法院提起诉讼。行政相对人的这种权利既有利于防止行政机关滥用行政权力侵犯相对人权利，也有助于加强对法律、法令和国家条约的宪法审查，能够为公民宪法权利提供有力保护。不过，根据奥地利宪法第 144 条第 1 款规定，上述权利只能在穷尽所有行政程序之后才能行使。

奥地利具体宪法解释事由的弊端在于，在法院诉讼过程中，如果当事人认为法院适用或将要适用的法律侵犯了其受宪法保护的权利和自由，无权像法国和俄罗斯的诉讼当事人那样向宪法审查机关提出审查请求。在奥地利，不仅当事人在诉讼中无权对违宪法律向宪法法院提出审查请求，而且下级法院也无权提出审查请求，只有最高法院或二审主管法院认为其适用的法律违反宪法时才有权向宪法法院提出审查请求。

由此可知，虽然奥地利的行政相对人有权对行政当局的决定和行政当局适用的法律、法令和国家条约向宪法法院提起诉讼，但由于当事人无权在法院诉讼中对法院适用的法律法规提出合宪性审查请求，且没有德国那样的宪法诉愿制度，奥地利具体宪法解释事由的缺陷也较突出，对于保护当事人宪法权利和自由来说无疑是极为不利的。

第三节　域外宪法解释范围和事由制度对我国的借鉴意义

通过前文对域外国家宪法解释范围和事由制度的探讨，我们发现这些制度既具有某种优势，也存在着不可克服的弊端。辨识这些制度内在的优劣，对于完善我国相关制度具有一定的借鉴意义。需要提请注意的是，在一个国家具有优势的制度，用在另一个国家则可能变成劣势，正如托克维尔所言：美国的联邦制宪法，好像能工巧匠创造的一件只能使发明人成名发财，而落到他人之手就变成一无用处的美丽艺术品。[①] 因此，借鉴不等于简单的拿来主义，必须认真鉴别，不能搞全面移植，不能照搬照抄。[②] "他山之石，可以攻玉"，在对待域外相关制度时，我们既不能简单拒绝也不能全盘吸收，必须以理性的态度和科学的精神，合理借鉴其中符合我国实际的内容，形成具有中国特色的宪法解释范围和事由制度。

一、域外宪法解释范围制度对我国的借鉴意义

宪法解释范围是宪法解释制度的一个重要内容，然而长期以来，我国没有关于宪法解释范围的统一而明确的规定，相关内容只能从分散在宪法、立法法和监督法等法律的条款之中去查找。明确宪法解释范围是构建我国释宪机制时必须解决的首要问题，因为宪法解释范围不仅直接关系着宪法审查机关的权限，还涉及对相关法律法规等规范性文件的理解和适用，并在很大程度上影响公民权利的保障和救济。这里将从前文关于域外抽象宪法解释范围的探讨中分析其可借鉴之处，以便为探索我国抽象宪法解释范围奠定基础。

（一）域外抽象宪法解释范围制度对我国的借鉴意义

我们认为，探讨抽象宪法解释范围必须注意以下两个方面：首先是宪法审查机关的性质和地位，一国宪法审查机关的性质和地位，很大程度上影响着该

---

① ［法］托克维尔：《论美国的民主（上卷）》，董果良译，商务印书馆，2013年，第186页。
② 参见习近平：《论坚持全面依法治国》，中央文献出版社，2020年，第111页。

国抽象宪法解释的范围;其次是国家的政治体制,国家政治体制对抽象宪法解释范围具有重大影响作用,不同政治体制的国家,其抽象宪法解释范围亦有所差异。

1. 宪法审查机关的性质和地位对抽象宪法解释范围的影响

从前文关于德国和俄罗斯抽象宪法解释范围的探讨可知,这两个国家的宪法法院抽象宪法解释范围存在着共通之处,除了对各种法律法规是否符合联邦宪法进行审查外,还裁决国家机关之间的权限争议,以及为公民宪法权利和自由遭受侵犯提供救济,二者都不直接涉及政治问题。这种共通之处主要是源于德国和俄罗斯的宪法法院都是独立的司法性质的机关。德国的宪法法院法第1条规定,"联邦宪法法院系与所有其他宪法机关立于对等之独立自主之联邦法院"。俄罗斯的宪法法院法第1条规定,"宪法法院是实施宪法监督的审判机关。俄罗斯联邦宪法法院是依据宪法诉讼程序独立行使司法权的宪法监督的审判机关"。德国和俄罗斯宪法法院作为独立的司法机关这种性质和地位决定了它们的职权范围,即通过对与宪法相冲突的其他各种法规范进行审查、协调国家机关之间的关系和维护公民宪法权利与自由,从而实现维护宪法秩序统一性的目的。

法国宪法和《宪法委员会组织法》虽没有关于宪法委员会性质的明确规定,但从其相关内容可以看出,其宪法委员会是一个不同于其他司法机关的政治性较浓厚的宪法审查机关。[①] 法国宪法在第八章"司法机关"之前,把"宪法委员会"单独列为一章,专门规定宪法委员会的组成和职权等内容,不仅表明宪法委员会不同于司法机关,而且宪法委员会的地位高于司法机关。因此法国宪法委员会除了对公布前的组织法和法律是否符合宪法进行事前审查外,还可以直接涉及政治问题,如监督总统选举和公民投票,并宣布投票结果,确认法律文件的内容是否具有行政立法属性,这都是政治性较强的活动。虽然2008年通过修宪增加了诉讼中的"合宪性先决程序",增强了宪法委员会的司法性质,但法国宪法审查机关的政治性仍然是其不同于其他国家宪法审查机关的一大特色。目前的法国宪法委员会是兼具政治性和司法性双重属性的宪法审

---

① 法国宪法第56条规定,宪法委员会有成员9名,任期9年,不得连任。宪法委员会成员每3年改任1/3。宪法委员会成员中,3人由总统任命,3人由国民议会议长任命,3人由参议员议长任命。除上述9名委员外,已卸任总统为宪法委员会法定终身委员。《宪法委员会组织法》第1条规定,法定成员之外的宪法委员会委员由共和国总统、国民议会议长和参议长分别任命。宪法委员会主席由共和国总统任命。第3条规定,在就任之前,宪法委员会的任命制委员须在共和国总统面前宣誓。

查机关,正是法国宪法委员会的这种性质,决定了其抽象宪法解释范围不同于其他国家抽象宪法解释范围。

由此可知,我们在考虑借鉴域外抽象宪法解释范围的时候,必须考虑我国宪法审查机关的性质和地位,必须与我国的全国人民代表大会制度下的全国人大常委会宪法解释制度相适应。中国的最高权力机关释宪机制是中国国情的产物,是在中国的政治制度、法律传统和思想文化等因素影响下建立起来的。[1] 全国人大常委会作为最高国家权力机关的常设机关,不仅行使立法权,还行使解释宪法、监督宪法实施等权力,其权力范围具有全权性。[2] 全国人大常委会作为我国宪法审查机关的这种性质和地位,决定了其抽象宪法解释范围有着不同于其他国家宪法审查机关抽象宪法解释范围的特殊性。

根据我国立法法第110条规定,全国人大常委会只对行政法规、地方性法规、自治条例、单行条例的合宪性进行审查。[3] 但如果只把全国人大常委会抽象宪法解释范围限制在法规合宪性解释之内,显然不但不能满足现实对宪法解释的需要,而且也与全国人大常委会的性质和地位不符。全国人大常委会抽象宪法解释范围应与其性质和地位相适应,既不能太窄,也不能太宽。如果太窄,全国人大常委会行使职权时遇到的需要进行宪法解释的要求就得不到满足;如果太宽,就与全国人大常委会抽象宪法解释的性质不相符,因为全国人大常委会仅作抽象宪法解释,而不能进行具体宪法解释,即只能作出具有普遍约束力的宪法解释,不能对特定争讼案件的事实情节进行认定,不能专门针对某一特定争讼案件解释宪法。这既是由全国人大常委会在整个国家权力体系中的性质和地位所决定的,也是我国各国家机关之间权力划分的要求。全国人大常委会是最高国家权力机关的常设机关,行使各项对全国范围具有重大影响的职权,其代表的是全体人民的整体意志和共同利益,不能为了某一个特定争讼案件成为具体纠纷的裁决者。"如果全国人大常委会超越自身的功能空间行使宪法解释权,会破坏宪法对国家权力的配置,导致全国人大与其他国家机关之间权力的冲突。""质言之,全国人大常委会对宪法的解释只能是'抽象解释',

---

[1] 参见刘国:《释宪机制的影响因子及其中国构造》,《中国法学》2016年第1期。
[2] 从我国宪法第67条的规定可知,全国人大常委会除了有权解释宪法、监督宪法实施,还有很多职权,主要包括立法权、监督权、人事任免权和重大事项决定权,每项职权里面又包含了许多具体的内容。可见全国人大常委会承担的事务是十分繁重的,宪法解释权只是其众多职权中的一种。
[3] 立法法第110条规定,国务院、中央军事委员会、国家监察委员会、最高人民法院、最高人民检察院和各省、自治区、直辖市的人大常委会认为行政法规、地方性法规、自治条例和单行条例同宪法相抵触,或者存在合宪性、合法性问题的,可以向全国人大常委会书面提出进行审查的要求。

而不可以是'具体解释'。"①

在探讨全国人大常委会抽象宪法解释范围时，目前学术界的讨论主要集中在对宪法疑义和法律规范的合宪性审查方面。例如，根据韩大元教授的观点，全国人大常委会抽象宪法解释的范围包括：（1）宪法的规定需要进一步明确具体含义的事项；（2）宪法实施中出现新情况，需要明确适用宪法依据的事项；（3）法律、行政法规、地方性法规、自治条例、单行条例、规章等规范性文件与宪法相抵触的事项。② 又如，王旭教授认为，我国宪法解释的管辖权标准包括：（1）宪法条款含义不明确的情况；（2）宪法在具体化过程中出现重大争议的情况；（3）社会发展中的新现象亟须明确其宪法地位与属性的情况；（4）紧急状态或过渡状态下需要通过解释维护宪法秩序的情况。③ 有学者从我国目前采取立法机关解释宪法的现实出发，认为当宪法条文具体化为法律后，全国人大常委会可以选择制定新法律、修改旧法律、解释法律、解释宪法等多种途径弥补出现的空白或争议，其中宪法解释的空间相对较小。目前我们所能做的宪法解释大致有修宪前作为铺垫的宪法解释、制定规范性法律文件时作出的宪法解释以及作为填补立法空白的宪法解释。④ 而有学者则认为，凡是可用于作为立法活动、行政执法与司法裁判依据的规则都应纳入合宪性审查的对象范围。⑤

上述关于全国人大常委会抽象宪法解释范围的观点主要是从现有相关规定出发，如从立法法关于法律解释的规定来探讨。⑥ 事实上，宪法解释的范围与法律解释的范围本质上是不同的，我们除了需要从全国人大常委会的性质和地位出发来考虑抽象宪法解释范围外，还必须从党在国家中的领导地位以及由此带来的我国合宪性审查机制的特殊性来考虑全国人大常委会抽象宪法解释范围。这首先要求我们跳出法律解释的框架来构建我国抽象宪法解释范围，然后再从全国人大常委会的性质和地位出发，并结合党在国家中的领导地位和由此

---

① 参见张翔：《功能适当原则与宪法解释模式的选择——从美国"禁止咨询意见"原则开始》，《学习与探索》2007年第1期。
② 参见韩大元：《〈宪法解释程序法〉的意义、思路与框架》，《浙江社会科学》2009年第9期。
③ 参见王旭：《论我国宪法解释程序机制：规范、实践与完善》，《中国高校社会科学》2015年第4期。
④ 参见马岭：《我国宪法解释的范围——兼与〈宪法解释程序法（专家意见稿）〉第6条商榷》，《法学评论》2016年第3期。
⑤ 参见魏健馨：《合宪性审查从制度到机制：合目的性、范围及主体》，《政法论坛》2020年第2期。
⑥ 立法法第48条规定，法律有以下情况之一的，由全国人民代表大会常务委员会解释：（一）法律的规定需要进一步明确具体含义的；（二）法律制定后出现新的情况，需要明确适用法律依据的。

产生的中国特色合宪性审查机制，综合考虑如何构建我国抽象宪法解释范围。

2. 国家政治体制所决定的国情对抽象宪法解释范围的重大影响

从前述域外国家抽象宪法解释范围的探讨中我们可以发现，国家的政治体制所决定的国情对抽象宪法解释范围有着重大影响。例如在法国这种单一制国家里，其抽象宪法解释范围主要体现的是对具有最高效力的宪法权威的维护，宪法之下的各种法规范都必须与宪法规范保持一致，确保其他任何法规范不得与宪法相抵触。而在德国、俄罗斯和奥地利这种联邦制国家里，抽象宪法解释范围体现了宪法审查机关在维护作为一个整体的联邦国家的宪法秩序的同时，还注意维护国家各组成部分的地方自治权。例如根据德国基本法第99条，州法律委托联邦宪法法院裁判的属于州内的宪法争议事项属于联邦宪法法院抽象宪法解释范围，这意味着，州内的宪法争议须经州法律委托才能由联邦宪法法院管辖，体现了对地方自治权的高度尊重。

由此可知，抽象宪法解释范围作为合宪性审查机制的重要内容，必须从全局和整体角度出发，尤其是必须考虑国家政治体制所决定的国情的重大影响。任何单一的宪法监督制度都无法合理、有效地完成宪法监督职责，[①] 与此相适应，任何单一的合宪性审查制度都不能满足合宪性审查的实际和需要。因此，我们在借鉴域外抽象宪法解释范围的过程中，必须与中国政治体制所决定的国情相适应，也就是必须以中国共产党领导这个最大的国情为前提和基础。

从这个角度来看，在合宪性审查领域，由于作为执政党的中国共产党的领导地位，我国存在两套规范体系，即党规体系和国法体系，其中党章是最根本的党规党纪，宪法是最根本的国法，二者分属不同的规范体系。这两套规范体系虽然在本质属性、约束对象和效力形式等方面存在显著差异，但二者具有高度的一致性，是相互支撑、相得益彰的关系。[②] 宪法序言与党章总纲是高度一致的，宪法的内容以党章确立的理论、路线、方针、政策为指南，故宪法性规范与党章性规范实质上是相统一的。其中，党章性规范是宪法性规范的基础和保障，宪法性规范是党章性规范的体现和维护。宪法性规范是党领导人民制定的，体现了党章所确立的党的理论和主张，党在宪法和法律范围内活动，实际上就是确保党章确立的党的理论和主张得到贯彻实现，如果党违反了宪法性规范，就违反了体现在宪法性规范中的党的理论和主张，也就违反了党章性规

[①] 参见李忠：《宪法监督论》，社会科学文献出版社，1999年，第276页。
[②] 参见周叶中、汤景业：《论宪法与党章的关系》，《中共中央党校学报》2017年第3期。

范。因此，宪法性规范和党章性规范都应当是我国合宪性审查的规范依据，[①]也就是说，我国的合宪性审查机制必然是具有中国特色的复合型审查机制。

事实上，当前我国正在实行的备案审查制度就是一套复合型审查机制，主要由两套制度构成：人大的备案审查和党委的备案审查，这两套备案审查制度分别颁布了相应的审查规定。[②] 在备案审查中，全国人大常委会对国家法规、司法解释等规范性文件进行备案审查，党委对党内法规和规范性文件进行备案审查。[③] 实践中，凡涉及党委意志的规范性文件不纳入人大审查监督范围，而是纳入党内规范性文件的审查监督范围。由此可知，在我国备案审查中，只有属于人大监督范围的规范性文件才能由人大进行审查，党委制发的党内法规和规范性文件以及党政联合制发的规范性文件都纳入党内法规审查监督范围，形成了两套并行的审查监督系统。我国合宪性审查的实践开拓，最有可能沿着备案审查的制度路径取得某种有实质意义的突破，[④] 当前的备案审查机制能够为未来的合宪性审查机制奠定基础并积累经验，可以说是未来我国合宪性审查机制的雏形。我国合宪性审查机制必须在现有基础上展开，形成国法系统的合宪性审查和党规系统的合宪性审查。

国法系统的合宪性审查是传统合宪性审查的基本形态。国家法律体系由国家立法机关颁布的法律法规等规范性文件构成，对国家主权范围内的所有组织和个人具有约束力，是维护社会秩序和保持国家稳定最主要的规范体系。因此，国法系统的合宪性审查是合宪性审查体系最主要的构成部分，在合宪性审查体系中占据显著地位。尽管如此，国法系统的合宪性审查并不是我国合宪性审查的全部内容。这是由于，全国人大及其常委会虽然是最高国家权力机关及其常设机关，但在整个国家政治体制中并不处于领导地位，对于违宪涉及的重大政治问题，全国人大及其常委会很难对这些问题进行审查和监督，只有党中央才有足够的政治权威、政治资源和政治力量，对合宪性审查中涉及的关于党

[①] 但基于二者分属不同的规范体系，在本质属性等方面存在显著差异，故二者在合宪性审查中的适用存在不同之处，如适用顺位和适用范围不同。

[②] 全国人大常委会2019年颁布了《法规、司法解释备案审查工作办法》，这是由以前的《行政法规、地方性法规、自治条例和单行条例、经济特区法规备案审查工作程序》和《司法解释备案审查工作程序》合并修改完善而成的。2012年中共中央颁布了《中国共产党党内法规和规范性文件备案审查规定》，并于2019年进行了修订。

[③] 对于党政联合发布的文件采取由党委处理的解决方式。这是由于，党政联合发布的文件，涉及党委的决策，体现党委的意志，不属于人大常委会的监督范围，不纳入备案审查范围，如公民、组织对此类文件提出审查建议，由人大转送党委研究处理。参见全国人大常委会法制工作委员会法规备案审查室：《规范性文件备案审查理论与实务》，中国民主法制出版社，2020年，第49页。

[④] 参见苗连营：《合宪性审查的制度雏形及其展开》，《法学评论》2018年第6期。

的重大方针政策作出部署、安排和协调。① 基于功能适当原则,各国合宪性审查机关都秉持"政治问题不审查原则",尤其在司法性质的机关行使合宪性审查权的国家更是如此。我国的"宪法文本本身没有明确赋予全国人大及其常委会审查党的文件的权力,这是社会主义国家的政治制度的特殊性问题,如果赋予人大审查党的各类文件的权力,那么必然造成国家最高权力机关的监督与'党的领导'之间的内在紧张关系"②。因此,在我国,全国人大及其常委会只能对国法系统的规范性文件进行合宪性审查,无权对党内法规和规范性文件进行合宪性审查。

党委对党内法规和规范性文件所进行的合宪性审查,是我国合宪性审查机制最典型和最特殊的地方,也是学界在探讨构建我国合宪性审查机制时容易忽略之处。如果站在党和国家工作的全局,特别是站在依法治国整体事业的高度,就会发现,理论和实践中关于宪法监督制度的各种设想,都有意无意地忽视了中国共产党的领导与宪法监督的关系,过去关于宪法监督的种种设想,未能取得成功,根本的原因就是对党的领导缺乏充分的考虑。③ 实际上,我们党十分重视党规系统的合宪性问题,党内实际上是存在着合宪性审查实践的。习近平总书记多次强调,依法治国首先是依宪治国,依法执政首先是依宪执政。"党的领导绝不意味着执政党可以凌驾于宪法和法律之上,包括中国共产党在内的各政党都必须遵守宪法和法律。"④ 实践中,党内法规和规范性文件备案审查的一个重要标准,就是是否同宪法和法律相一致,对于违反宪法和法律的党内法规和规范性文件,审查机关不予备案通过,并要求报备机关纠正。由党委对党内法规和规范性文件进行合宪性审查有如下好处:一是避免发生政治冲突,二是弥补"政治问题不审查原则"带来的缺憾。

总之,宪法法律、党章规定分别是党依宪执政、治国理政的基础和保障,是党提高国家治理体系、完善国家治理能力不可或缺的两个"驱动力",为国法系统的合宪性审查和党规系统的合宪性审查创造了前提条件;"四个全面"中的全面依法治国、全面从严治党,为国法系统的合宪性审查和党规系统的合宪性审查奠定了政治基础,二者共同构成我国合宪性审查体系的有机组成部

---

① 参见刘松山:《健全宪法监督制度之若干设想》,《法学》2015年第4期。
② 李玮:《论党内法规的合宪性审查》,《苏州大学学报(哲学社会科学版)》2019年第4期。
③ 参见刘松山:《健全宪法监督制度之若干设想》,《法学》2015年第4期。
④ 秦前红、刘怡达:《中国现行宪法中的"党的领导"规范》,《法学研究》2019年第6期。

分。① 需要注意的是，党内法规合宪性审查过程中必然涉及宪法解释的问题，然而根据宪法第67条规定，只有全国人大常委会有权解释宪法，党内法规合宪性审查机关没有解释宪法的职权。我们认为，对于这个问题，可以通过与具有宪法解释职权的全国人大常委会建立衔接联动机制予以解决。在这两种审查制度之间建立衔接联动机制，能够维护我国作为单一制国家的宪法秩序的统一性，避免两套合宪性审查制度出现矛盾或不协调的现象，保证两类合宪性审查主体能够正常开展审查工作，确保两套合宪性审查制度顺畅运行。

从前述分析可知，我国抽象宪法解释范围受到我国政治体制所决定的国情的深刻影响，即中国共产党在国家中的领导和执政地位的重大影响。正是因为党在国家中的领导和执政地位，我国形成了具有中国特色的合宪性审查机制，在思考如何构建我国抽象宪法解释范围时，不能脱离我国独具特色的合宪性审查机制这个基本前提，否则就不能全面、准确地界定我国抽象宪法解释范围。

3. 我国抽象宪法解释范围制度的构建建议

从前述可知，由于宪法审查机关的性质和地位以及国家政治体制所决定的国情等方面的不同，各国抽象宪法解释范围在具有共通之处的同时，也存在一定的差异。通过对域外国家抽象宪法解释范围的深入分析，我们认为，没有一种抽象宪法解释范围制度是无懈可击的，虽然各国抽象宪法解释范围制度各有特色，但其特色之处并不一定是优点所在，反而可能存在着难以克服的弊端和缺陷。

因此，在构建我国抽象宪法解释范围制度过程中，在借鉴域外抽象宪法解释范围制度时，要尽量避免域外抽象宪法解释范围制度的弊端和缺陷，根据我国宪法审查机关的性质和地位，构建起符合我国政治体制的具有中国特色的抽象宪法解释范围制度；更不能盲目和简单照搬域外抽象宪法解释范围制度的内容，因为我国的政治和法律文化传统有自身的特点，我们只能根据我国特有的国情来确定全国人大常委会抽象宪法解释范围制度。②

综上所述，我们认为，全国人大常委会抽象宪法解释范围包括以下几个方

---

① 这两套系统的合宪性审查在审查的主体和对象、审查的标准和处理结果等方面都有所不同。对此，作者另行撰文进行深入探讨。

② 例如有些属于联邦制国家抽象宪法解释范围的就不适合我国的情况，如《德国联邦宪法法院法》规定的联邦宪法法院抽象宪法解释的范围包括了"经由州法将裁判权移转给联邦宪法法院时，就一州内的宪法争议"，该规定是根据德国基本法第99条的规定，即州内的宪法争议可由州法律委托联邦宪法法院裁判，这种情况就不符合我国法律制度，因为在联邦制国家里，各州有独立的立法权，而我国为单一制国家，宪法争议是否由全国人大常委会裁判应有统一的规定，各省、自治区和直辖市无权自行规定地方性法规来决定是否将宪法争议授权全国人大常委会裁判。

面：（1）法律、行政法规、监察法规、地方性法规、自治条例、单行条例、行政规章、经济特区法规、司法解释、地方政府规章、国家机关联合发布的规范性文件是否与宪法相抵触的事项；（2）中央和地方各国家机关行使职权是否符合宪法规定的事项；（3）中央国家机关之间、中央国家机关与地方国家机关之间、地方国家机关相互之间行使职权发生争议的事项；（4）党内法规是否与宪法相抵触的事项。

有以下几点需要进行说明：

首先，监察法规是否与宪法相抵触的事项应当纳入全国人大常委会抽象宪法解释范围。十三届全国人大常委会第十四次会议于 2019 年 10 月通过了《全国人民代表大会常务委员会关于国家监察委员会制定监察法规的决定》，按照该决定，国家监察委员会有权根据宪法和法律制定监察法规，监察法规可以就下列事项作出规定：（1）为执行法律的规定需要制定监察法规的事项。（2）为履行领导地方各级监察委员会工作的职责需要制定监察法规的事项。监察法规不得与宪法、法律相抵触。该决定还规定监察法规应当在公布后的三十日内报全国人大常委会备案，全国人大常委会有权撤销同宪法和法律相抵触的监察法规。从该决定可以看出，监察法规属于我国法规中的一种，必须报全国人大常委会备案，不得与宪法和法律相抵触，全国人大常委会有权撤销同宪法和法律相抵触的监察法规。因此，监察法规是否与宪法和法律相抵触应纳入全国人大常委会抽象宪法解释范围。但由于监察委员会是 2018 年修宪时才成立的，故 2015 年修改的《立法法》第 99 条没能将监察法规纳入国务院、中央军事委员会、最高人民法院、最高人民检察院和省级人大常委会提出审查要求的范围。不过，2019 年全国人大常委会委员长会议通过的《法规、司法解释备案审查工作办法》第 2 条已经将监察法规纳入全国人大常委会备案审查范围。在将来修改立法法时，必定会将监察法规纳入提出审查要求和审查建议的范围之内。

其次，将国家机关行使职权是否符合宪法以及国家机关之间权限争议的事项纳入全国人大常委会抽象宪法解释范围，这是借鉴域外抽象宪法解释范围制度较为发达和完善的国家的普遍性做法。国家机关的职权是宪法规定的重要内容，各国家机关必须在自己的权限范围内严格行使职权，如果国家机关行使职权与宪法不相符，或者国家机关之间行使职权时发生了争议，就应当由具有宪法解释权的全国人大常委会对其进行判断和裁决，这样能够保证宪法关于国家机关职权的规定得到贯彻落实，防止国家机关行使的职权不符合宪法和因权限争议破坏正常的宪法秩序，从而实现依宪治国的目标。

最后，党内法规是否与宪法相抵触的事项应纳入全国人大常委会抽象宪法解释范围。党内法规是否与宪法相抵触是党规系统合宪性审查的一个重要标准，党委在对党内法规进行审查时，要对党内法规是否符合宪法进行审查。在党内法规制定过程中或对党内法规进行备案审查的时候，党委要判断党内法规的合宪性，这种判断以党委对宪法规范的理解和认识为基础。由于我国宪法明文规定只有全国人大常委会拥有宪法解释的职权，所以党委对宪法规范的认识和理解并不是正式的宪法解释。党委在对已经公布的党内法规进行合宪性审查过程中，在最终确定党内法规是否与宪法相抵触时，需要进行正式的宪法解释，此时党委应通过党规系统合宪性审查与国法系统合宪性审查的衔接联动机制，① 由具有宪法解释职权的全国人大常委会进行宪法解释。因此，审查党内法规是否与宪法相抵触的事项应属于全国人大常委会抽象宪法解释范围。

（二）域外具体宪法解释范围制度对我国的借鉴意义

具体宪法解释范围制度是释宪机制的重要组成部分，构建具体宪法解释范围制度，对于完善我国宪法解释机制，推动宪法实施具有十分重要的意义。

1. 域外具体宪法解释范围制度的启示

通过对域外国家宪法解释范围制度的深度研究，我们发现，尽管每个国家的宪法解释范围制度各具特色，在具体内容方面存在这样或那样的不足，但共同之处在于，除了规定抽象宪法解释范围外，都还有关于具体宪法解释范围的规定。一些原来只有抽象宪法解释范围制度没有具体宪法解释范围制度的国家，后来也通过修改宪法，增加了关于具体宪法解释范围的规定。如法国在2008年之前只有抽象宪法解释范围制度，在2008年修宪时，增加第61-1条规定，即法院在受理诉讼过程中，如认为一项立法构成对个人基本权利和自由的侵犯，得层转最高行政法院或最高法院提请宪法委员会进行审查，由此使得具体宪法解释成为法国宪法解释范围制度的重要内容。法国于次年颁布《关于实施〈宪法〉第61-1条的第2009-1523号组织法》，对实施具体宪法解释制度作了详尽规定，使得此后的数年内，具体宪法解释数量远远大于抽象宪法解

---

① 关于党规系统的合宪性审查与国法系统的合宪性审查的衔接协调，可参见肖金明、冯晓畅：《合章性审查与合宪性审查协同共治的中国式图景》，《社会科学研究》2021年第3期；秦前红、苏绍龙：《党内法规与国家法律衔接和协调的基准与路径——兼论备案审查衔接联动机制》，《法律科学》2016年第5期；秦前红、周航：《论我国统一合宪性审查制度的构建》，《江苏行政学院学报》2019年第4期；范进学：《论中国合宪性审查制度的特色与风格》，《政法论丛》2018年第3期。

第二章　宪法解释范围与事由制度比较与借鉴

释数量，[①] 在社会上产生了广泛影响。由此可知，具体宪法解释范围制度对于推动宪法实施、维护宪法权威具有十分重要的作用。由于具体宪法解释制度以"案件或争议"为前提，直接涉及特定主体的权利义务，关系到公民、法人或其他组织的切身利益，所以具体宪法解释制度能够在实践中成为推动宪法实施的强大引擎。

由于各国历史文化背景的差异，加之政治法律制度的不同，各国具体宪法解释范围制度的发展历程和内容各有千秋。其中有的国家由于历史上的惨痛经历，注意吸取深刻教训，十分注重对个体宪法权利和自由的保护。例如，德国吸取第二次世界大战的沉痛教训，其具体宪法解释范围制度注重从各个角度加强对公民、组织和团体的权利保障，不仅包括公权力机关侵犯个人基本权利的事项，还包括选举中事关政党或议员资格提起申诉的事项；不仅包括诉讼中法院对裁判所依据的法律提请合宪性审查的事项，还包括对国际法是否构成联邦法或是否直接影响公民权利义务提请裁决的事项。有的国家宪法理论发展较早，对国家宪法制度的建立和发展产生较大影响，制宪者注重吸收来自宪法学界的理论观点。例如，奥地利宪法制度除深受 19 世纪施塔尔"法治国"思想的影响外，以凯尔森为代表的"纯粹法学"提出的规范等级理论对奥地利宪法审查制度产生了直接影响。因此，奥地利不仅把对总统、联邦政府成员、州长和州政府成员等国家领导人和国家机关工作人员的公务违法行为提出追究宪法责任的事项纳入具体宪法解释范围，而且对宪法权利因行政当局的决定或庇护法院的裁判而遭受侵害的事项，或者对行政当局或庇护法院适用违宪法律侵害公民权利而提出指控的事项，也纳入具体宪法解释范围。

不过，各国具体宪法解释范围制度在强调保护宪法权利的同时，也注意对滥用宪法基本权利的限制。如根据德国基本法第 18 条，滥用表达自由特别是出版自由，以及滥用教学自由，集会自由，结社自由，通信、邮政和电信秘密，财产权和避难权来攻击自由民主基本秩序的人，将丧失相应的基本权利，基本权利的丧失和丧失的程度由联邦宪法法院宣布。根据德国宪法法院法第 13 条规定，宣告褫夺基本权利的案件属于联邦宪法法院管辖权，被纳入联邦宪法法院具体宪法解释范围。2009 年联邦宪法法院以基本法第 18 条及其他相关条款为依据，在"纪念鲁道夫·赫斯案"中，裁定刑法典第 130 条第 4 款关

[①] 自 2010 年实施至 2015 年底，宪法委员会在合宪性先决程序中基于个人违宪抗辩作出的宪法解释达 449 件，是同时期国家机关提请释宪的 5 倍多。参见王建学：《法国式合宪性审查的历史变迁》，法律出版社，2018 年，第 149 页。

于限制集会自由的规定符合基本法,认为行政法院对该条款的适用并无宪法上的争议,从而驳回了当事人提起的宪法诉愿。①

此外,域外具体宪法解释范围制度几乎都包括了对具体案件中适用的法律的合宪性提起审查请求的事项。除了前述法国宪法第 61-1 条规定了当事人在诉讼中认为法院拟适用的法律侵犯其宪法基本权利和自由时,有权提起合宪性审查请求,还有很多国家都有类似的规定。例如,根据俄罗斯宪法第 125 条第 4 款规定,② 俄罗斯联邦宪法法院可以根据有关侵犯公民宪法权利和自由的控告,或者根据法院的询问,审查在具体案件中适用的或应当适用的法律的合宪性。又如,德国基本法第 100 条第 1 款规定,法院认为裁判案件所依据的法律违反宪法时,应中止审理程序,如该法律违反州宪法,应征求有关主管宪法争议的州法院作出的裁判意见,如该法律违反基本法,则应征求联邦宪法法院作出的裁判意见。③ 这同样适用于州法律违反基本法,或州法律与联邦法律相抵触的情形。再如,奥地利宪法第 89 条第 2 款规定,如果最高法院或二审主管法院怀疑适用某法律将违反宪法,则其应向宪法法院提出废除该项法律的请求。④ 此外,奥地利宪法还规定,对宪法权利因行政机关或独立行政评议会的决定遭受侵害,或权利因违宪法律的适用遭到侵害而对行政机关或独立行政评议会提出指控的事项,以及对宪法权利因庇护法院的裁判遭受侵害,或权利因违宪法律的适用遭受侵害而对庇护法院的裁决提出指控的事项,都由宪法法院裁决,因此此类事项也属于宪法法院具体宪法解释范围。

2. 我国具体宪法解释范围制度的构建建议

从上述可知,域外各国具体宪法解释范围制度基本上都是以案件和争议为前提条件。具体宪法解释的条件限制了释宪者从事具体宪法解释的范围。我国具体释宪机制是在抽象释宪机制之外单独处理宪法解释事宜的制度框架,具体宪法解释的范围也就只能是抽象宪法解释范围之外的事项。具体宪法解释是具体合宪性审查过程中的重要内容和必经程序,鉴于具体合宪性审查在我国合宪性审查权集中配置的宪制框架内提供一种制度化管道,让审判实践中无可回避的宪法争议获得某种"出口",并有机会被妥善处理,⑤ 我国应弥补目前只有

---

① 参见张翔主编:《德国宪法案例选释》(第 2 辑),法律出版社,2016 年,第 241—267 页。
② 参见孙谦、韩大元主编:《世界各国宪法·欧洲卷》,中国检察出版社,2012 年,第 226 页。
③ 参见孙谦、韩大元主编:《世界各国宪法·欧洲卷》,中国检察出版社,2012 年,第 191 页。
④ 参见孙谦、韩大元主编:《世界各国宪法·欧洲卷》,中国检察出版社,2012 年,第 76 页。
⑤ 参见黄明涛:《具体合宪性审查的必要性及其制度空间》,《比较法研究》2020 年第 5 期。

第二章　宪法解释范围与事由制度比较与借鉴

抽象释宪机制而无具体释宪机制的"跛脚"现象，通过建立具体宪法解释范围制度，为构建具体释宪机制打下基础。

我们认为，借鉴域外国家具体宪法解释范围制度的有益经验，根据我国实际，我国具体宪法解释范围应包括以下几个方面：(1) 法院审理案件时拟适用的法律、法规、司法解释等规范性文件与宪法相抵触的事项；(2) 公民、法人或其他组织的宪法基本权利和自由遭受国家公权力侵犯的事项；[①] (3) 对特定国家领导人和特定国家机关工作人员的公务行为追究宪法责任的事项。

具体宪法解释须坚持两个原则，即"案件和争议"原则、"穷尽法律手段"原则。其中，"案件和争议"原则是具体宪法解释的首要原则，"穷尽法律手段"原则是"案件和争议"原则之外须符合的另一原则，二者必须同时具备，缺一不可。首先从第一个原则来看，上述具体宪法解释范围的三个方面都不仅具有确定的主体，也存在直接的利益相关者，符合"案件和争议"原则。此外还须符合第二个原则，其中，法院审理案件拟适用的法律、法规和司法解释如果存在与上位法相抵触的情形，只有在通过合规审查、合法审查之后，仍然存在涉嫌违宪的情形时，才能提出合宪性审查。公民、法人或其他组织的宪法权利和自由遭受公权力侵犯，应在穷尽所有法律途径都仍然得不到救济时，才能提出宪法救济。对于特定国家领导人和国家机关工作人员追究宪法责任的情况，只能在追究其政治责任、行政责任和法律责任之后，在责任者存在违纪、违法行为而承担违纪、违法责任之外，还存在违宪行为并需要追究宪法责任时才能提出。

以下几点需要提出以供学界同仁探讨。

首先，由于我国目前尚不存在有关具体宪法解释范围的规定，在未来构建具体宪法解释范围制度时，一些细节性的问题还需要斟酌和讨论。例如，对于法院拟适用的法律法规存在与宪法相抵触的情形，由谁来提出审查申请？是由法院提出，还是由当事人提出？提出审查申请之后，是由审理案件的法院直接向释宪者提出申请，还是逐级层转最高法院提交申请？这在不同国家有不同的做法，如在德国，对于诉讼中法院拟适用的法律存在违反宪法的情形，由审理案件的法院直接向宪法法院征求意见（基本法第 100 条第 1 款），当事人无权提出审查申请；但在法国，在普通诉讼中，若当事人认为法院拟适用的法律侵

[①] 韩大元教授提出的《宪法解释程序法》的草拟思路中，认为个人原则上不得直接请求解释宪法，但在公民个人认为自己的基本权利受到国家机关和国家工作人员的侵害，穷尽所有的法律途径仍得不到救济时，可以提出解释宪法的请求。参见韩大元：《〈宪法解释程序法〉的意义、思路与框架》，《浙江社会科学》2009 年第 9 期。

害其宪法权利和自由,可经最高行政法院或最高法院向宪法委员会层转宪法审查申请,审理案件的法院则不能提出审查申请;然而在俄罗斯,不仅当事人有权对具体案件中法院拟适用的法律向联邦宪法法院提出审查申请(宪法法院法第96条),而且审理案件的法院也有权就案件中拟适用的法律不符合联邦宪法而向宪法法院提出询问,请求对该法律的合宪性进行审查(宪法法院法第101条)。

我们认为,究竟由当事人还是由法院对诉讼中适用的法律提出审查申请,需要综合考虑各方面的问题,如当事人权利保护和公民宪法法律素质,以及国家对于法院的职能定位及法院与立法机关之间的关系等。对于这些细节问题,我们将在其他章节进行深入探讨。

其次,对特定国家领导人和特定国家机关工作人员追究宪法责任的事项应纳入具体宪法解释范围。由于特定国家领导人和特定国家机关工作人员是最主要的违宪主体,域外国家大都规定由宪法监督审查机关对他们追究宪法责任。例如,德国基本法第61条规定,对于联邦总统故意违反基本法或其他联邦法律的行为,联邦众议院或联邦参议院可以向联邦宪法法院提请弹劾。[①] 第98条规定,联邦法官履行公务时或履行公务之外违反基本法原则,联邦议院可向联邦宪法法院提请弹劾,各州也可以制定类似的规定。[②] 又如,根据奥地利宪法第142条规定,对联邦总统、联邦政府成员、州政府成员等的公务违法行为提出的追究其宪法责任的指控,由宪法法院裁决。[③] 俄罗斯宪法第125条第7款规定,俄罗斯联邦宪法法院根据联邦委员会的询问,作出国家杜马对俄罗斯联邦总统犯有叛国罪或其他重罪的指控是否遵守法定程序的结论意见。[④]

宪法责任是宪法学的基本概念和重要范畴,是指宪法关系主体不履行或不当履行宪法义务而应承担的一种否定性后果,在维护宪法权威、加强宪法实施中处于关键性的地位。宪法审查制度较为完善的国家都高度重视宪法责任问题,通过建立相应的宪法责任追究机制,不仅对推动宪法的有效实施具有重要意义,而且对于在全社会树立宪法观念、增强宪法意识起到了十分重要的作用。目前我国还没有关于追究特定国家领导人和特定国家机关工作人员宪法责任的规定,我们认为,在建设法治中国和全面推进依法治国的过程中,必须高

[①] 参见孙谦、韩大元主编:《世界各国宪法·欧洲卷》,中国检察出版社,2012年,第184—185页。
[②] 参见孙谦、韩大元主编:《世界各国宪法·欧洲卷》,中国检察出版社,2012年,第191页。
[③] 参见孙谦、韩大元主编:《世界各国宪法·欧洲卷》,中国检察出版社,2012年,第87页。
[④] 参见孙谦、韩大元主编:《世界各国宪法·欧洲卷》,中国检察出版社,2012年,第226页。

度重视对宪法责任的追究。在中央印发的《法治中国建设规划（2020—2025年）》中明确提出"全面贯彻实施宪法，坚定维护宪法尊严和权威"，要求"坚持把宪法作为根本活动准则""加强宪法实施和监督"。鉴于特定国家领导人和特定国家机关工作人员身居要职，掌握着重要国家权力，在贯彻实施宪法中处于十分重要的地位，我们认为应当把对特定国家领导人和特定国家机关工作人员追究宪法责任的事项纳入我国具体宪法解释范围，注重对他们宪法责任的追究，有助于实现党中央提出的加强宪法实施和监督工作、实现法治中国建设的目标。

二、域外宪法解释事由制度对我国的借鉴意义

前文已经提到，宪法解释事由是因为宪法解释范围内的事项发生了特定情况，使释宪者启动宪法解释活动，是释宪者启动宪法解释的起因。在探讨宪法解释范围制度之后，为了使宪法解释活动更加规范化和符合程序理性的要求，必须对宪法解释事由制度进行深入探讨。我国宪法第67条只规定全国人大常委会"解释宪法"，既没有规定宪法解释范围，也没有规定宪法解释事由。通过探究域外国家的宪法解释制度，我们发现，凡是释宪机制较为完善的国家，都对宪法解释事由作了明确规定，为释宪者启动宪法解释活动提供了规范化导引，既提高了宪法实施的有效性和权威性，又对宪法监督工作起到了有力的强化作用。为了"全面贯彻实施宪法，坚定维护宪法尊严和权威"，我们应借鉴域外相关制度和做法，完善我国宪法解释事由制度。

（一）域外抽象宪法解释事由制度对我国的借鉴意义

通过前文对域外国家抽象宪法解释事由制度的探讨，我们可以从中得到一些启示，为构建我国抽象宪法解释事由制度提供一定的经验和借鉴。

1. 域外抽象宪法解释事由制度的启示

总体来看，域外抽象宪法解释事由制度的启示主要有以下几个方面：

第一，抽象宪法解释范围之内的事项发生特定情况时对提请解释的主体作出明确规定。虽然域外国家抽象宪法解释事由制度因宪法解释范围的不同而有所差异，但共同之处在于，都是宪法解释范围之内的事项发生了特定情况，引起释宪机关对与该事项相关的宪法条款或宪法问题予以释明。域外国家对抽象宪法解释范围内的事项发生分歧、争议或产生疑问后，提出解释申请的主体都

作了明确规定，或者是明确规定提出解释请求或提出咨询要求的特定国家机关，释宪机关再根据解释申请、请求或咨询要求，针对这些分歧、争议、疑问，对相关宪法条款或者宪法原则和精神作出解释和说明。

第二，颁布作为宪法实施保障的专门的宪法性法律对抽象宪法解释事由作出具体规定。域外国家在宪法之外大都单独制定了专门的宪法性法律，如法国制定了宪法委员会法，奥地利、德国和俄罗斯等国家制定了宪法法院法。这些专门的宪法性法律作为宪法实施的保障，对宪法解释事由制度的相关内容作出了具体规定，为宪法审查机关进行宪法解释提供了详细的规范依据。

第三，宪法解释事由不仅由宪法予以规定，而且更主要是由专门的宪法性法律予以规定。域外国家宪法解释事由制度有两种规定方式，一是规定在宪法中，二是规定在专门的宪法性法律中。有的国家在宪法中规定抽象宪法解释范围的时候，对抽象宪法解释事由也有所规定，如德国基本法第93条第1款第2项，"就联邦法律或州法律与基本法在形式上或实质上是否一致产生分歧或疑问时，联邦政府、州政府或联邦议院1/4的议员请求裁判的"，对启动宪法解释的主体作出了具体规定。但大多数抽象宪法解释事由都是规定在专门的宪法性法律中，例如，奥地利宪法法院法明确规定了宪法中没有规定的抽象宪法解释事由的启动主体，如其宪法第142条只规定了对联邦最高机关和州最高机关的公务违法行为提出的追究其宪法责任的指控由宪法法院裁决，但并未规定由谁提出指控，而宪法法院法第72条则具体规定了提出指控的主体包括联邦参议院、众议院或州议会。

此外，在有的国家，专门的宪法性法律除了规定抽象宪法解释事由之外，还对宪法审查机关的裁决内容作出了限制。如俄罗斯宪法法院法第3条第3款和第4款规定，"联邦宪法法院裁决的只是有关法律的问题"，"不应对属于其他法院或者机关职权范围内的有关事实情节进行认定和分析"。这就要求联邦宪法法院只有权对国家机关的职权范围这一法律问题作出裁决，不得涉及国家机关职权范围之内的具体的事实问题，属于国家机关职权范围之内的事务由各国家机关自行处理，宪法法院无权插手干涉。

2. 我国抽象宪法解释事由制度的构建建议

首先需要强调的是，在借鉴域外抽象宪法解释事由制度的时候，必须与我国的国情相结合。从前述内容可以看出，域外国家抽象宪法解释事由都是抽象宪法解释范围内的事项发生特定情况后，由特定主体向宪法审查机关提出审查请求，然后由宪法审查机关根据申请进行宪法解释，其解释属于被动解释。而

第二章　宪法解释范围与事由制度比较与借鉴

我国情况与此有所不同，全国人大常委会抽象宪法解释的事由不仅有依申请进行的被动解释，还有依职权从事的主动解释，这是因为全国人大常委会既是立法机关，又是宪法解释机关，其职权和地位决定了可以在没有提出请求的情况下主动进行宪法解释。①

我国目前尚未颁布关于宪法解释事由制度的规范性文件，学术界曾有学者对此展开过研究。如韩大元教授根据立法法关于全国人大常委会法律解释事由的规定，提出宪法解释的事由主要包括：（1）宪法的规定需要进一步明确具体含义的；（2）宪法实施中出现新的情况，需要明确适用宪法依据的；（3）法律、行政法规、地方性法规、自治条例和单行条例、规章等规范性文件可能与宪法相抵触的。② 我们认为，此观点有两个问题：其一，前两种事由都过于笼统。究竟在哪些情况下需要进一步明确宪法规定的具体含义和需要明确适用宪法依据？提出解释申请的主体有哪些？这些问题语焉不详，将给实践操作带来困难和不确定性。其二，这三种事由尚不足以涵盖我国抽象宪法解释事由，一是因为还存在一些原本需要进行宪法解释的事项未被包括进去，如国家机关行使职权是否符合宪法的事项、国家机关之间的权限争议事项，当这些事项发生了特定情况，有关主体提出审查申请时，应将其纳入抽象宪法解释事由之内。二是随着法治中国建设的进一步发展，出现了新的需要进行宪法解释的事项，如2019年全国人大常委会通过了《全国人民代表大会常务委员会关于国家监察委员会制定监察法规的决定》，规定"全国人民代表大会常务委员会有权撤销同宪法和法律相抵触的监察法规"，因此，当有关主体对监察法规是否符合宪法提出审查申请时，应将其纳入抽象宪法解释事由之内。此外，根据2019年修订的《中国共产党党内法规和规范性文件备案审查规定》，对党内法规的审查项目包括"是否同宪法和法律相一致"，当有关主体对党内法规是否符合宪法提出审查申请时，应将其纳入抽象宪法解释事由之内。

---

① 有学者认为全国人大常委会的抽象宪法解释属于立法性解释。我们认为，如果从效力角度来看，这种解释的结果具有与立法结果一样的普遍适用效力，称之为立法性解释有一定道理，但解释与立法是两种不同性质的活动。与立法不同，在抽象宪法解释中，解释者与解释对象之间有一种紧张关系——解释氛围，尽管解释者可能是具有立法权能的立法机关，但解释者与法律文本的关系应该是一种服从与被服从、描述与被描述的关系，它应该遵从作为解释对象的法律文本的权威，受解释对象的制约，负有忠实于解释对象的责任。参见张志铭：《法律解释操作分析》，中国政法大学出版社，1998年，第22页。此外，立法解释的程序与立法的程序也迥然不同，因此从这个意义上说，全国人大常委会的抽象宪法解释仍然不能等同于立法。

② 参见韩大元：《〈宪法解释程序法〉的意义、思路与框架》，《浙江社会科学》2009年第9期。

由此观之，按照前文我们提出的全国人大常委会抽象宪法解释范围，根据我国国情以及从域外相关制度获得的合理经验和启示，我们认为我国抽象宪法解释事由包括以下几个方面：（1）全国人大常委会、国务院、国家监察委员会、中央军事委员会、最高人民法院、最高人民检察院和省、自治区、直辖市的人大常委会对法律、行政法规、监察法规、地方性法规、自治条例、单行条例、经济特区法规、最高人民法院和最高人民检察院的司法解释、行政规章和地方政府规章是否符合宪法提出审查要求时；（2）其他国家机关、社会团体、企业事业组织以及公民对法律、行政法规、监察法规、地方性法规、自治条例、单行条例、经济特区法规、最高人民法院和最高人民检察院的司法解释、行政规章和地方政府规章是否符合宪法向全国人大常委会提出审查建议，全国人大常委会法制工作委员会认为有必要进行审查时；（3）特定国家机关或国家领导人对中央国家机关与地方国家机关行使职权是否符合宪法规定向全国人大常委会提出审查申请时；（4）中央国家机关之间、中央国家机关与地方国家机关之间、地方国家机关相互之间因行使职权发生争议而提请全国人大常委会裁决时；（5）中央党内法规审查机关对党内法规是否与宪法相抵触向全国人大常委会提出审查申请时。

有以下几点需要说明：

首先，第一种事由中包括主动解释和被动解释，其中全国人大常委会对法律、行政法规等是否符合宪法提出的审查，由全国人大常委会进行主动审查，国务院、国家监察委员会、中央军事委员会、最高人民法院、最高人民检察院和省级人大常委会对法律、行政法规等是否符合宪法向全国人大常委会提出审查要求时，全国人大常委会进行的审查是被动审查。其次，关于就监察法规是否符合宪法而向全国人大常委会提出审查要求或审查建议的问题，以及就党内法规是否与宪法相抵触而向全国人大常委会提出审查申请的问题，前文在讨论抽象宪法解释范围时已经做过探讨，故不再赘述，这里对提出审查要求、审查建议和审查申请的主体作出了明确规定。最后，在我们提出的上述五种具体事由中，包含了对宪法规定需要明确具体含义的情况和宪法实施中出现新情况需要明确适用宪法依据的情况，故没必要再对这两种缺乏明确指向的情况作出笼统规定，以避免抽象宪法解释事由的模糊性规定，从而有助于给宪法审查机关的实践操作提供明确的规范依据。

（二）域外具体宪法解释事由制度对我国的借鉴意义

由于我国目前尚无具体释宪机制，具体宪法解释事由制度亦处于空白状态。我们通过研究域外国家具体宪法解释事由制度，探寻其中可资参考和借鉴之处，能够为完善我国相关制度提供经验。

1. 域外具体宪法解释事由制度的启示

域外释宪机制较为发达的国家，都建立了比较完善的具体宪法解释事由制度。从对域外具体宪法解释事由制度的探究中，我们可以获得以下几点启示：

首先，法院认为审理案件中适用或应予适用的法律抵触宪法的，法院向宪法审查机关提出审查请求时，构成具体宪法解释事由。多数国家都规定了法院对审理案件中所适用的不符合宪法的法律有权请求宪法审查机关进行审查。例如，德国基本法第 100 条第 1 款规定，诉讼中法院认为所依据的法律违反宪法可以向宪法法院征求意见，由宪法法院予以裁决；俄罗斯宪法第 125 条第 4 款和宪法法院法第 3 条第 3 款规定，法院对具体案件中适用或应当适用的法律是否符合联邦宪法可以向联邦宪法法院提出询问，由联邦宪法法院审查该法律的合宪性；奥地利宪法第 89 条第 2 款规定，最高法院或二审主管法院认为其适用的法律违反宪法时，应向宪法法院提出审查请求；宪法审查机关接受法院在诉讼中提出的审查请求后，通过宪法解释判断被提请审查的法律是否符合宪法，法院再根据宪法审查机关的审查结果对案件作出相应的裁判，因此法院在诉讼中对审理案件适用的法律向宪法审查机关提请审查，就构成了宪法审查机关具体宪法解释的事由。尽管这些国家和地区都规定法院对诉讼中适用的法律可以提出合宪性审查请求，但区别在于，有的国家是审理案件的法院都有权提出请求，如德国、俄罗斯，而有的国家则是上级法院有权提出审查请求，下级法院则无权提出审查请求，如奥地利。

其次，当事人认为法院裁判案件所适用的法律不符合宪法而侵犯其宪法权利，对该法律的合宪性向宪法审查机关提出审查请求时，构成具体宪法解释事由。例如，法国宪法第 61-1 条规定，法院在受理诉讼过程中，如认为一项立法构成对基本权利和自由的侵犯，得由最高行政法院或最高法院提请宪法委员会进行审查，宪法委员会应在一定期限内进行审查。根据《关于实施〈宪法〉第 61-1 条的第 2009-1523 号组织法》规定，法院受理诉讼中的合宪性问题不能由法院依职权提出，而只能由诉讼当事人提出。[①] 俄罗斯宪法第 125 条第 4 款和宪法法院法第 3 条第 3 款规定，联邦宪法法院可以根据公民就侵犯其宪

[①] 诉讼过程中当事人向宪法委员会提出对法律的合宪性审查须符合三个条件，即案件相关性、新颖性和严重性。参见王建学：《法国式合宪性审查的历史变迁》，法律出版社，2018 年，第 138 页。

法权利和自由的起诉，审查法院在审理具体案件中适用或应当适用的法律的合宪性问题。奥地利宪法第 144 条之一第 1 款规定，凡原告声称其受宪法保护的权利因庇护法院的裁判遭到侵害，或权利因某违法法令、违法法律（国际条约）重申令、违宪法律或违法国家条约的适用遭到侵害，而对庇护法院的裁决提出指控的，由宪法法院予以裁决。

再次，公民宪法权利因法院的终审裁判而受到侵害，当事人对该裁判向宪法审查机关提出审查请求时，构成具体宪法解释事由。这种规定起源于德国的宪法诉愿制度。根据德国基本法第 93 条第 1 款第 4a 项和宪法法院法第 90 条规定，任何个人认为公权力机关侵犯其基本权利或侵犯基本法相关条款规定的其他权利，在用尽其他法律救济途径时，有权向宪法法院提起宪法诉愿。[①] 而在德国，当事人在用尽其他法律救济途径时，只能就法院裁判的合宪性提出审查请求，不能就法院所适用的法律的合宪性提出审查请求。

从上述三点可以看出，就法院审理案件适用的法律或法院裁判向宪法审查机关提请审查，有几种不同的模式。第一种模式，当事人和法院都有权向宪法审查机关提出合宪性审查请求，如俄罗斯、德国。这种模式在不同国家的具体做法又有所不同，在俄罗斯，当事人和法院都可以在诉讼中对法院适用或应当适用的法律提出合宪性审查请求，而在德国，只有法院认为诉讼中适用的法律抵触宪法才能对其提出合宪性审查请求，当事人则不能在诉讼中提出审查请求，当事人只能在用尽其他法律救济途径之后，才能提出审查请求。第二种模式，只能由当事人对诉讼中适用的法律向宪法审查机关提出合宪性审查请求，法院不能依职权提出审查请求，如法国。第三种模式，只有法院认为其适用的法律违反宪法才能向宪法审查机关提出审查请求，但仅限于最高法院或二审主管法院，下级法院不能提出审查请求，而当事人只能对庇护法院的裁决向宪法审查机关提出审查请求，对其他法院如普通法院或行政法院的裁决则不能提出审查请求，如奥地利。详见表 2-1。

---

① 根据德国宪法法院法第 90 条规定，作为例外的是，在未用尽其他法律救济途径前提起宪法诉愿，如具有普遍重要性，或因诉愿人如先遵循其他法律救济途径将遭受重大或无法避免之损害时，联邦宪法法院亦得立即加以裁判。

表2-1 具体宪法解释事由中提请合宪性审查的主体与时间

国别	提请主体	提请时间 诉讼中	提请时间 穷尽救济途径后
德国	法院	√	×
	当事人	×	√
法国	法院	×	×
	当事人	√	×
俄罗斯	法院	√	×
	当事人	√	×
奥地利	（最高或二审主管）法院	√	×
	（庇护法院中的）当事人	√	×

最后，对特定国家领导人或特定国家机关工作人员的公务行为提出追究宪法责任时，构成具体宪法解释事由。从前述对域外国家具体宪法解释事由的探究中，我们发现，绝大多数国家对于特定国家领导人或特定国家机关工作人员在公务活动中的违宪行为，都规定了某些机关有权对其提出追究违宪责任的指控。例如，德国基本法第61条第1款规定，联邦众议院或联邦参议院对于总统因故意违反基本法或其他联邦法律可以向联邦宪法法院提出弹劾；根据基本法第98条第2项及第5项和宪法法院法第58条及第62条规定，联邦众议院对联邦法官或州法官履行公务时或在履行公务之外违反基本法原则或州宪法秩序可以向联邦宪法法院提起弹劾。法国宪法第16条第6款规定，国民议会议长、参议院议长、60名国民议会议员或60名参议员就总统行使紧急状态权是否符合宪法规定的条件有权提请宪法委员会裁决。奥地利宪法第142条第2款规定，联邦议会、国民议会、州议会或州政府可以通过决议对联邦总统、联邦政府成员、州政府成员等国家领导人或国家机关工作人员的公务违法行为追究宪法责任。

2. 我国具体宪法解释事由制度的构建建议

要完善我国宪法解释制度，健全宪法解释程序机制，必须构建具体宪法解释事由制度。根据前文对域外国家具体宪法解释事由制度的探讨和从中获得的启示，结合我国实际，我们认为，我国具体宪法解释事由应包括以下几个方面：（1）地方各级人民法院在诉讼中认为审理案件适用的法律、法规、司法解释等规范性文件不符合宪法，报请最高人民法院审核，最高人民法院经审核认为确有必要，向全国人大常委会提出合宪性审查时；(2) 公民、法人或其他组织的宪法权利和自由遭受公权力侵犯，穷尽其他法律途径后无法获得救济而向最高人民法院提出申请，最高人民法院经审核认为确有必要，向全国人大常委会提出审查请求时；(3) 全国人大常委会、国务院、国家监察委员会、中央军事委员会、最高人民法院、最高人民检察院、省级人大常委会对特定国家领导人和特定国家机关工作人员向全国人大常委会提出追究宪法责任时。

以下几点需要说明：

第一，地方各级人民法院在诉讼中认为审理案件所适用或应当适用的法律、法规、司法解释等规范性文件不符合宪法，不能由审理案件的法院直接向全国人大常委会提出审查请求，而应当上报至最高人民法院，最高人民法院经审核，认为相关法律、法规和司法解释等规范性文件确有存在不符合宪法的情形时，再由最高人民法院向全国人大常委会提出合宪性审查请求。① 这一方面是为了减轻全国人大常委会的负担，如果地方各级人民法院自认为审理案件所适用的法律、法规和司法解释不符合宪法而径行提请全国人大常委会审查，必将给全国人大常委会的工作带来不能承受之重。设置地方各级人民法院报请最高人民法院审核的机制，最高人民法院经过审核，可以把没有必要提请全国人大常委会审查的申请排除出去，从而降低全国人大常委会的工作量，在很大程度上减轻全国人大常委会的负担。另一方面是为了提高对法律、法规和司法解释等规范性文件提请全国人大常委会进行合宪性审查的统一性，因为地方各级人民法院对于同一法律、法规和司法解释等规范性文件的内容是否符合宪法可能存在不同的观点和看法，先由地方各级人民法院对法律等规范性文件报请最高人民法院审核，最高人民法院对审核对象进行审核之后再决定是否提请全国人大常委会审查，就形成一种过滤机制。这有助于提高全国人大常委会合宪性审查对象的统一性，从而能够增强法规范适用的稳定性和法安定性。

第二，公民、法人或其他组织的宪法权利和自由遭受公权力侵犯，应当通过其他法律途径获得救济，在诉讼过程中，不能以当事人身份对法院适用的法

---

① 不过，在诉讼过程中，如果当事人认为作为裁判依据的法律等规范性文件因违宪而侵害其宪法权利或自由，可向法院提出申请，由法院审查该申请是否符合形式要件，对于符合形式要件的申请，应报送最高人民法院提请全国人大常委会进行合宪性审查。如果法院认为当事人的申请不符合形式要件，则予以驳回。如果当事人认为法院应当报送最高人民法院提请全国人大常委会进行合宪性审查，而法院没有报送，则当事人可在穷尽其他法律途径仍无法获得救济时，以其宪法权利和自由遭受公权力侵害为由，径行向最高人民法院提出申请，最高人民法院对该申请进行审核，认为确有必要时，提请全国人大常委会进行合宪性审查。

律、法规和司法解释向全国人大常委会提出合宪性审查请求。当事人在穷尽其他法律途径仍无法获得救济的情况下,若认为终审法院的裁判或终审法院审理案件所适用的法律、法规和司法解释不符合宪法而侵犯其宪法权利和自由,应当先向最高人民法院提出申请,最高人民法院对该申请进行审核,认为确实存在终审法院的裁判或终审法院审理案件所适用法律不符合宪法而侵犯公民宪法权利和自由的情况,再由最高人民法院向全国人大常委会提出合宪性审查请求。我们不建议采取德国的宪法诉愿模式,即由当事人直接向宪法审查机关提出审查请求,这种做法吸取了德国宪法诉愿模式的教训,以减轻宪法审查机关的负担。如果当事人在穷尽其他法律救济途径后直接向全国人大常委会提出审查请求,将使全国人大常委会不堪重负。当事人的宪法权利和自由遭受公权力侵犯,穷尽其他法律途径仍无法获得救济,先就终审法院的裁判或终审法院审理案件所适用的法律向最高人民法院提出申请,最高人民法院对该申请进行审核后,认为确有必要时再向全国人大常委会提出合宪性审查请求,是更为理性、更具可操作性的选择。

在探讨如何构建我国具体释宪机制的研究中,学术界曾提出了各种构想。目前较多人达成共识的结论是,在最高人民法院与全国人大常委会的规范审查之间建立衔接机制,间接影响个案。但具体宪法解释事由问题还未引起足够重视,尚需学界同仁进行深入探讨。李忠夏教授认为,我国有必要建立全国人大常委会与最高人民法院的联动机制,即法院在个案审判过程中,若发现相关法律文件有违宪之嫌,可以暂停审理并提请全国人大常委会启动合宪性审查。[①] 然而对于法律文件有违宪之嫌应由谁来提出审查未作讨论:是由审理案件的法院提出,还是由当事人提出?或者是法院和当事人都可以提出?发现法律文件有违宪之嫌后,是直接提请全国人大常委会进行合宪性审查,还是须报请最高人民法院,再由最高人民法院提请全国人大常委会进行合宪性审查?这是关于具体宪法解释事由的问题,如果不予明确化,将直接影响到合宪性审查的进程和结果。

林来梵教授提出建立"合宪性审查问题优先移送"制度的观点,即各级人民法院审理案件时发现法律法规有可能违反宪法,可基于当事人的请求,暂时中止审理程序,将案件报请最高人民法院,由最高人民法院初步审核之后,移

---

① 参见李忠夏:《合宪性审查制度的中国道路与功能展开》,《法学研究》2019年第6期。

送到全国人大常委会进行合宪性审查。① 该观点提出了最高人民法院与全国人大常委会合宪性审查的联动机制，能够将公民的权利诉求作为合宪性审查的动力来源，并通过法院初步审核形成一种过滤机制，但未能明确提请合宪性审查的主体究竟是谁：是案件当事人，还是办案法院，或者是最高人民法院？由于不同提请主体下的具体宪法解释事由不同，将导致提请审查的后果迥异。例如，如果提请审查的主体是当事人，办案法院就必须把当事人的请求移送到最高人民法院，当事人的审查请求得到最高人民法院提请全国人大常委会进行合宪性审查的可能性将大大增加；如果提请主体是办案法院，当事人的请求须经办案法院同意之后才能移送到最高人民法院，使得当事人的请求很可能被办案法院驳回而无法移送到最高人民法院，这就大大降低了当事人的审查请求被最高人民法院提请全国人大常委会进行合宪性审查的可能性。

因此，我们认为，应当对具体宪法解释事由进行深入和详尽的探讨，避免模糊和笼统的提法，以便为将来制定宪法解释机制提供可资借鉴和参考的对策措施，为全国人大常委会从事具体宪法解释工作提供具有可操作性的指引。

---

① 参见林来梵：《合宪性审查的宪法政策论思考》，《法律科学（西北政治大学学报）》2018年第2期。

第三章 宪法解释提请制度比较与借鉴

宪法解释提请制度是指宪法或法律规定的宪法解释提请主体依据宪法或法律规定的条件和程序向宪法解释主体提出宪法解释请求的制度,是宪法解释程序的发动装置。换言之,宪法解释提请属于宪法解释程序的前置环节,是开启宪法解释程序的第一步。只有宪法解释提请主体提起宪法解释的申请,宪法解释主体方能依宪法或法律规定的条件和程序对相关宪法规范的含义进行解释。宪法解释提请制度属于合宪性审查制度与宪法解释制度的内在制度构成,而各国的合宪性审查制度以及宪法解释制度的差异决定了各自不同的宪法解释提请制度。本章主要通过探讨各国宪法解释提请的主体和方式,剖析各自的制度特质,进而为探讨符合中国宪制特点的宪法解释提请制度提供有益的启示与参考。

第一节 宪法解释提请主体制度比较

宪法解释与合宪性审查紧密相连,开展合宪性审查活动必然会伴随着宪法解释,可以说宪法的生命力就在于适用中的解释。[1] 在我国,对于抽象宪法解释,全国人大常委会可自主启动宪法解释程序,也可以依据其他国家机关的提请启动宪法解释程序。[2] 而在具体宪法解释的场合,只有具备一定资格的主体向宪法解释主体提出宪法解释的申请之后,宪法解释主体才能启动宪法解释程序,进而对宪法规范作出解释和说明。从各国对宪法解释程序的规定来看,绝大多数国家的宪法解释都是依申请解释,[3] 即根据相关主体的提请而进行宪法解释。在依申请解释的情况下,提请释宪是启动宪法解释程序的必经环节。宪

---

[1] 参见蔡定剑:《宪法精解》,法律出版社,2006年,第331—332页。
[2] 参见张翔:《宪法释义学:原理·技术·实践》,法律出版社,2013年,第66—67页。
[3] 参见刘国:《论宪法解释的条件》,《中国宪法年刊》2018年第13卷。

法解释的提请活动可以由不同的主体承担，以下分别对我国和域外国家的宪法解释提请主体制度进行阐述和比较。

一、我国现行宪法解释提请主体制度

对于哪些主体可以作为宪法解释提请主体这一问题，我国宪法尚未作出明确规定。但是立法法、地方组织法、《法规、司法解释备案审查工作办法》等宪法性法律已经初步勾勒出宪法解释提请主体的大致范围和类型。宪法学界也对如何构建我国的宪法解释提请主体制度进行了理论上的研究。如韩大元教授等草拟的《中华人民共和国宪法解释程序法（专家建议稿）》（以下简称《专家建议稿》）及其说明专章规定了宪法解释的提请主体。[①] 根据《专家建议稿》第7条，国家机关和武装力量、政党和社会团体、企业事业单位和个人都可以作为我国宪法解释的提请主体，向宪法解释主体——全国人大常委会提出解释宪法的请求。[②] 有学者认为，可以参考、仿效立法法第49条规定的法律解释提请主体的范围："国务院、中央军事委员会、国家监察委员会、最高人民法院、最高人民检察院、全国人民代表大会各专门委员会以及省、自治区、直辖市的人民代表大会常务委员会可以向全国人民代表大会常务委员会提出法律解释要求。"[③] 亦有学者认为，"立法法关于法律解释要求权的规定完全可以适用于宪法解释和法规审查"[④]。据此，可以认为，我国现行宪法解释提请主体范围和类型包括以下几种：

第一种，全国人大各专门委员会或一定比例的全国人大代表作为宪法解释提请主体。虽然专门委员会属于全国人大的组成部门，并且在宪法解释活动中承担着部分甚至主要的工作，但相对于宪法解释主体——全国人大常委会而言，它们并无宪法解释权，不能作为宪法解释主体，不过可以以宪法解释提请者的身份出现。立法法第111条第1款规定："全国人民代表大会专门委员会、常务委员会工作机构可以对报送备案的行政法规、地方性法规、自治条例和单

---

① 参见韩大元等：《中华人民共和国宪法解释程序法（专家建议稿）》及其说明，明德公法网，2021-11-1，http://www.calaw.cn/article/default.asp?id=10166。
② 《中华人民共和国宪法解释程序法（专家建议稿）》第7条〔请求解释的主体〕各国家机关和武装力量、各政党和社会团体、企业事业单位和个人，可以向全国人民代表大会常务委员会提出解释宪法的请求。
③ 马岭：《我国宪法解释的程序设计》，《法学评论》2015年第4期。
④ 朱福惠、杨立云：《论我国宪法解释的提请主体》，《湘潭大学学报（哲学社会科学版）》2017年第1期。

行条例等进行主动审查，并可以根据需要进行专项审查。"专门委员会在对报送备案的规范性文件进行审查过程中发现规范性文件可能违宪时，可以向全国人大常委会提起释宪，因为按照立法法第49条的规定，专门委员会可以向全国人大常委会提出宪法解释的请求。

《专家建议稿》第9条第1款提出："国务院、中央军事委员会、最高人民法院、最高人民检察院、全国人民代表大会各专门委员会和省、自治区、直辖市的人民代表大会常务委员会以及三十名以上全国人民代表大会的代表或者一个代表团，认为法律、行政法规、地方性法规、自治条例和单行条例、规章等规范性文件同宪法相抵触的，可以向全国人民代表大会常务委员会书面提出解释宪法的请求。全国人民代表大会常务委员会应当受理。"根据该建议，全国人大各专门委员会、三十名以上全国人大代表或一个代表团皆可以作为宪法解释的提请主体。宪法第64条第1款规定："宪法的修改，由全国人民代表大会常务委员会或者五分之一以上的全国人民代表大会代表提议，并由全国人民代表大会以全体代表的三分之二以上的多数通过。"该规定赋予了一定比例的全国人大代表修宪提议权。比较而言，修宪是比释宪更为根本和重要的活动，故提议修宪的代表人数比提请释宪的人数更多。赋予一定比例或数量的全国人大代表提请释宪权力，可以拓宽宪法解释提请主体的范围，为宪法解释机制有效运作提供充足的动力，并且有助于更好地维护宪法秩序的稳定。

第二种，人大之外的中央国家机关作为宪法解释提请主体。立法法第49条明确规定国务院、中央军事委员会、国家监察委员会、最高人民法院、最高人民检察院为法律解释的提起主体，《专家建议稿》第9条第1款同样将除国家监察委员会之外的四大国家机关规定为宪法解释的提请主体。由于《专家建议稿》写于2018年修宪之前，未将2018年修宪时确立的国家监察委员会纳入释宪的提请主体。我们认为，在未来修宪时或制定宪法解释程序法时，应当将国家监察委员会纳入宪法解释提请主体的范围之内。

第三种，省级人大常委会作为宪法解释提请主体。立法法第110条第1款规定："国务院、中央军事委员会、国家监察委员会、最高人民法院、最高人民检察院和各省、自治区、直辖市的人民代表大会常务委员会认为行政法规、地方性法规、自治条例和单行条例同宪法或者法律相抵触，或者存在合宪性、合法性问题的，可以向全国人民代表大会常务委员会书面提出进行审查的要求，由全国人民代表大会有关的专门委员会和常务委员会工作机构进行审查、提出意见。"在各省、自治区、直辖市的人大常委会向全国人大常委会书面提出对行政法规、地方性法规、自治条例和单行条例是否符合宪法进行审查的要求时，由于宪法解释伴随着合宪性审查，因此提出审查要求的权力就必然蕴含着宪法解释的提请权。循此逻辑，根据立法法第 49 条的规定，省、自治区、直辖市的人大常委会也可以向全国人大常委会提出法律解释的要求。《专家建议稿》第 9 条同样规定省、自治区、直辖市的人大常委会可以提请宪法解释，即作为宪法解释的提请主体出现。可以说，关于省、自治区、直辖市的人大常委会作为宪法解释提请主体这一问题，并无疑问和争议。

第四种，社会团体、企业事业组织以及公民个人作为宪法解释提请主体。从规范立场出发，我国宪法确实未将社会团体、企业事业组织以及公民个人作为宪法解释的提请主体。并且立法法第 49 条同样未将社会团体、企业事业组织以及公民个人规定为法律解释的提请者。但是立法法第 110 条第 2 款规定："前款规定以外的其他国家机关和社会团体、企业事业组织以及公民认为行政法规、地方性法规、自治条例和单行条例同宪法或者法律相抵触的，可以向全国人民代表大会常务委员会书面提出进行审查的建议，由常务委员会工作机构进行审查；必要时，送有关的专门委员会进行审查、提出意见。"该规定蕴含着社会团体、企业事业组织以及公民个人可以在提出合宪性审查建议之时，向全国人大常委会提请宪法解释。《专家建议稿》第 9 条第 2 款提出："前款规定以外的其他国家机关和社会团体、社会组织、企业事业组织以及公民认为法律、行政法规、地方性法规、自治条例和单行条例、规章等规范性文件同宪法相抵触的，可以向全国人民代表大会常务委员会书面提出解释宪法的建议，由常务委员会工作机构对建议进行研究，必要时，送有关的专门委员会进行审查、提出意见。"据此，社会团体、企业事业组织以及公民个人可以作为宪法解释提请主体，向宪法解释主体提出释宪建议，不过，这种建议有待全国人大常委会工作机构研究，并不必然会启动正式的宪法解释程序。

《专家建议稿》对社会团体、企业事业组织以及公民个人提请宪法解释做了制度构想。社会团体、企业事业组织以及公民个人的宪法解释提请包括抽象宪法解释提请和具体宪法解释提请两种类型。前者存在的场合为"社会团体、企业事业组织以及公民个人认为法律、行政法规、地方性法规、自治条例和单行条例、规章等规范性文件同宪法相抵触"的情况，在此条件下，社会团体、企业事业组织以及公民个人可以向全国人大常委会书面提出解释宪法的建议。后者包含了两种具体情形：第一种是在诉讼程序中。《专家建议稿》第 10 条提出，"当事人认为所适用的法律、行政法规、地方性法规、自治条例和单行条例、规章等规范性文件同宪法相抵触，向人民法院书面提出的，人民法院认为存在抵触的，应当裁定中止诉讼程序，逐级报告最高人民法院，由最高人民法院决定是否向全国人民代表大会常务委员会提出解释宪法的请求",即当事人的提请需先经过审理案件的法院审查,确定规范性文件是否与宪法相抵触,认为存在抵触嫌疑之后再层报最高人民法院,最终由最高人民法院向全国人大常委会提出解释宪法的请求。严格来说,这里的提请并非严格宪法解释意义上的提请权,而仅仅是向法院提出审查案件拟适用的相关规范性文件是否违宪的建议,是一种声请或主张,而非确定发生一定法律效果的权利。第二种是在公民个人的基本权利在穷尽所有法律途径后仍然得不到救济的情况下,公民可以向全国人大常委会提出解释宪法的请求。《专家建议稿》第 11 条提出:"公民认为自己的基本权利受到侵害,穷尽所有的法律途径仍得不到救济,需要解释宪法的规定的,可以向全国人民代表大会常务委员会提出解释宪法的请求。"该条为公民基本权利的救济提供了最后一道屏障,有利于保障宪法的有效实施,也有助于强化人权保障。但是,《专家建议稿》第 11 条将这里的宪法解释的提请主体限于"个人",而不包含社会团体和企业事业单位,有过于狭窄之嫌。

关于政党是否可以作为宪法解释的提请主体,我国宪法同样未予明确规定。立法法第 49 条亦未对政党是否可以作为法律解释的提出主体作出规定。《专家建议稿》第 7 条提出,"各国家机关和武装力量、各政党和社会团体、企业事业单位和个人,可以向全国人民代表大会常务委员会提出解释宪法的请求",承认了政党作为宪法解释的提请主体,可以向全国人大常委会提出解释宪法的请求。但是对于政党如何提请释宪则规定得不够明确,如政党成员能否通过联合组成三十名以上的代表向全国人大常委会提请释宪,又如《专家建议稿》第 9 条第 2 款规定的"社会团体、社会组织"是否包含政党组织,都有待在理论上和规范上进一步明确和完善。

值得一提的是,在我国,中国共产党作为国家的执政党和社会主义建设事业的领导者,可否直接向全国人大常委会提请释宪,即作为宪法解释提请的法定主体,这一问题事关党对宪法解释工作的领导,长期以来,学界对此着墨不多,有待在宪法解释理论研究和制度设计上认真对待。

随着近年来国家机构的重大改革与国家发展战略布置的深化,我国的宪法解释提请制度遇到了新的问题,面临着新的挑战。为了推行制度反腐和巩固反腐败成果,革新国家机构组织,2018 年 3 月通过的宪法修正案设置了监察委员会,明确了监察委员会的法律地位,确立了"一府一委两院"的政治架构,但是并未规定国家监察委员会享有宪法解释提请权,立法法相关规定亦未赋予国家监察委员会提请释宪的法律地位。在现有法律制度环境的约束下,国家监察委员会尚不能作为宪法解释的提请主体。

此外，为深入推进粤港澳大湾区战略，深化内地和港澳交流合作，促进港澳参与国家发展战略，实现内地和港澳深度融合发展，需要在内地和港澳之间实现法律制度的衔接，有必要考虑赋予港、澳特区相应机关以宪法解释提请权。① 但是，我国现行宪法并未赋予香港特别行政区和澳门特别行政区的相关机关宪法解释提请权。更为困难的是，立法法相关规定同样未对香港特别行政区和澳门特别行政区的宪法解释提请事项作出规定，亦即没有赋予香港特别行政区和澳门特别行政区以提请释宪权。《专家建议稿》对香港特别行政区和澳门特别行政区宪法解释提请问题亦只字未提，该建议稿第9条第2款中的"前款规定以外的其他国家机关"是否包含香港特别行政区和澳门特别行政区的国家机关，尚待明确。

二、域外国家的宪法解释提请主体制度

宪法解释提请主体制度与宪法解释机制紧密相关，不同的宪法解释机制在很大程度上影响甚至决定着宪法解释提请主体的类型与范围。以下对域外国家的立法机关释宪机制、专门机关释宪机制和普通法院释宪机制下的宪法解释提请主体制度分别进行梳理和分析。

（一）立法机关释宪机制下的宪法解释提请主体制度

顾名思义，立法机关释宪机制下的宪法解释提请主体制度是指在立法机关作为宪法解释主体的背景下，关于宪法解释提请主体的类型和范围的规定。此种宪法解释提请主体制度源于最早爆发资产阶级革命并确立君主立宪制的英国，自此之后，便形成了英国宪法中的基本原则——议会主权。议会主权的核心要义即"议会可以自由地变更任何法律，无论是基本法律抑或其他法律"②。基于议会主权，由作为民意代表机关的议会来行使宪法解释权自是当然之理，无论是依职权行使，还是依申请行使。后来，以苏联为代表的众多社会主义国家同样由权力（立法）机关作为宪法解释主体，即权力（立法）机关依据自己的宪法地位主动进行宪法解释，或者依据宪法解释提请主体的提请对宪法规范予以解释。

---

① 参见朱福惠、张晋邦：《特别行政区宪法解释提请权的法理依据与实践动因》，《中南大学学报（社会科学版）》2018年第5期。

② [英]戴雪：《英宪精义》，雷宾南译，中国法制出版社，2001年，第91页。

但在实行权力（立法）机关释宪制的国家的宪法典中大多没有规定具体的宪法解释提请主体，哪些主体有权向宪法解释主体提起宪法解释的请求甚不明确。如《越南社会主义共和国宪法》第 91 条："国会常务委员会行使下列职权：……（三）解释宪法、法律和法令。"①《朝鲜民主主义人民共和国社会主义宪法》第 116 条："最高人民会议常任委员会行使下列职权：……4. 解释宪法、现行部门法和规定。"②《老挝人民民主共和国宪法》第 56 条："国会常务委员会是国会的常设机关，在国会闭会期间代表国会行使职权。……2. 解释宪法和法律。"③ 这些国家的宪法都未规定宪法解释提请主体的范围。我国宪法第 67 条规定全国人民代表大会常务委员会负责解释宪法，监督宪法实施，但也没有规定宪法解释提请主体的范围与类型。

在现代资本主义国家中，实行立法机关释宪制的当数英国最为典型。英国属于不成文宪法国家，至今没有形成统一完整的宪法典，奉行议会主权、议会至上。议会是英国法律制度和政治生活的中枢。由于议会至上，司法机关原则上无权对议会制定的法律（包括宪法性法律）进行审查。出于没有形成宪法典的缘故，英国的宪法解释主要指宪法解释主体对议会制定的宪法性法律所做的解释。实际上，英国实行的并非严格意义上的立法机关释宪制，而是议会解释和法院解释的复合模式，即议会和法院均可作为宪法解释主体。由于奉行议会主权的宪法原则，英国议会当然可以依据自己的宪法地位主动地对其制定的宪法性法律进行解释，议会针对具体法律法规或规章所做的宪法解释并非在案件具体审理过程中进行，故属于抽象宪法解释。

在英国，除了议会可以对立法进行审查和解释外，法院的审查权也有广泛的适用领域，并且可以在审理案件过程中对宪法进行解释，以解决个案争议。英国法院可以在对国家机关权限争议的处理、对公民权利自由的保护与对议会立法和委任立法的审查等场合下进行宪法解释，④ 这种做法始于 20 世纪末。英国议会于 1998 年通过了《人权法案》，该法属于宪法性法律，并于 2000 年生效。《人权法案》的制定和实施得以将《欧洲人权公约》所规定的人权在英国国内直接实施。《人权法案》的颁布使得英国法院可引用欧洲人权法律规范和判例来保护英国公民的权利，并且实质性地改变了公民与国家之间的关系，

---

① 孙谦、韩大元主编：《世界各国宪法·亚洲卷》，中国检察出版社，2012 年，第 917 页。
② 孙谦、韩大元主编：《世界各国宪法·亚洲卷》，中国检察出版社，2012 年，第 168 页。
③ 孙谦、韩大元主编：《世界各国宪法·亚洲卷》，中国检察出版社，2012 年，第 292 页。
④ 参见童建华：《英国违宪审查》，中国政法大学出版社，2011 年，第 135—303 页。

重新界定了法院、行政机关与议会之间的权力平衡边界。① 英国由此也形成了自身的弱违宪审查制度，② 在此制度下，英国法院摇身一变成了宪法解释主体。

英国《人权法案》第3条第（1）款规定："如有可能，基本立法和次级立法必须以一种与公约权利相一致的方式被解释和赋予效力。"第4条第（2）款规定："如果法院认定条款与公约权利不相容，可以发布不相容宣告。"③ 上述规定使得英国法院可以在审理具体案件过程中解释宪法，具有审查基本立法与次级立法是否与公约权利相一致的权力。如果发现议会立法不能作出与公约权利相一致的解释时，法院可以作出议会立法与公约权利不一致性宣告。虽然根据《人权法案》第4条第6款，即"本条下的宣告（'不一致性宣告'）：（一）不影响其涉及的规定的有效性、继续适用或执行；并且（二）对诉讼双方当事人不产生约束力"④，似乎法院根据《人权法案》作出的不一致性宣告对议会立法不产生实质影响。但事实上，法院作出的不一致性宣告往往导致相关议会立法的废除或修改。⑤

英国法院在审理具体案件过程中，可以对宪法性法律做出解释，即英国法院对宪法性法律的解释是在具体案件的审理程序中开展的，这就意味着英国法院可根据案件当事人的申请或者根据案件审理需要进行宪法解释。

综上，英国议会可以根据议会所属委员会的提请解释宪法，这种解释属于抽象解释，宪法解释的提请主体为议会所属委员会。英国法院只能在审理具体案件过程之中解释宪法，这种宪法解释属于具体解释或个案解释。由于法院是在审理具体案件的过程中解释宪法，所以在法院解释宪法的场合，宪法解释的提请主体为案件当事人，既包括公民个人、法人以及各种社会组织，也包括国家机关。

（二）专门机关释宪制下的宪法解释提请主体制度

专门机关释宪制包括宪法法院释宪制和宪法委员会释宪制两种模式，以下分别对这两种模式下的宪法解释提请主体制度进行论述。

---

① 参见童建华：《英国违宪审查》，中国政法大学出版社，2011年，第304页。
② 参见李蕊佚：《议会主权下的英国弱型违宪审查》，《法学家》2013年第2期。
③ 参见童建华：《英国违宪审查》，中国政法大学出版社，2011年，第314页。
④ 参见孙谦、韩大元主编：《世界各国宪法·亚洲卷》，中国检察出版社，2012年，第770页。
⑤ 参见童建华：《英国违宪审查》，中国政法大学出版社，2011年，第316-319页。

1. 宪法法院释宪制下的宪法解释提请主体制度

宪法法院释宪制肇始于奥地利，而大盛于德国。第二次世界大战后，德国制定了基本法。现在德国是实行宪法法院释宪制的典型国家，宪法法院作为宪法解释主体可以根据基本法第 93 条[①]所规定案件的当事人的请求审理宪法案件，进行宪法解释，以解决宪法争议。换言之，德国宪法法院是在宪法案件审理的过程中解释宪法的，宪法解释和宪法案件的审理在同一诉讼程序中一并进行。在德国，宪法解释的提请主体制度是依据案件的具体类型而定的，即在不同类型的宪法案件中，宪法解释的提请主体是有差异的。按照基本法第 93 条和宪法法院法第 13 条，德国联邦宪法法院管辖的案件主要分为以下几类：

（1）联邦国家法之争议。在德国，所谓联邦国家法之争议意指发生在联邦与州之间或者是发生在各州之间的宪法争议，旨在解决争议各方对联邦或州的权利义务分歧。[②] 据此，联邦政府可作为联邦的代表向联邦宪法法院提请对联邦与州之间的权限争议进行审查和裁决，各州政府也可以代表本州向宪法法院提请本州与联邦或其他州之间的权限争议，由联邦宪法法院裁决。联邦宪法法院可依据联邦政府或州政府的提请，启动对基本法相关规范的解释，并对提请的权限争议进行审查和裁决。

（2）机关争议。德国联邦宪法法院可审理和裁决联邦议会、联邦议员、联邦政府与联邦总统等联邦最高机关之间的职权争议，议员个体、议会内部党团以及政党也可以就其由宪法所保障的权利和义务向联邦宪法法院提起宪法诉讼。[③] 联邦宪法法院可根据上述主体的提请，对基本法相关规范作出解释，界定争讼主体权利（力）和义务边界，消除联邦国家机关之间的权力纷争，维持权力体系的均衡，达到维护宪法秩序和谐稳定的目的。

（3）规范审查。德国联邦宪法法院的规范审查包括抽象规范审查和具体规范审查，前者可脱离具体案件而审查，后者则与个案紧密相关，且被审查规范的有效性对案件裁判结果产生直接影响。[④] 在抽象规范审查程序中，伴随着联邦宪法法院对基本法相关条文的解释。根据基本法第 93 条第 1 款第（2）项，

[①] 孙谦、韩大元主编：《世界各国宪法·欧洲卷》，中国检察出版社，2012 年，第 190 页。
[②] 参见［德］康拉德·黑塞：《联邦德国宪法纲要》，李辉译，商务印书馆，2007 年，第 508—510 页。
[③] 参见［德］康拉德·黑塞：《联邦德国宪法纲要》，李辉译，商务印书馆，2007 年，第 511—512 页。
[④] 参见［德］康拉德·黑塞：《联邦德国宪法纲要》，李辉译，商务印书馆，2007 年，第 512—519 页。

"1. 联邦宪法法院裁判下列案件：……（2）就联邦法律或州法律与本基本法在形式上和实质上是否一致产生分歧或疑问时，联邦政府、州政府或联邦议院1/4的议员请求裁判的"[1]，有权向联邦宪法法院提出抽象规范审查事项的主体包括联邦政府、州政府或联邦议院1/4的议员，它们同时也是抽象宪法解释的提请主体。而具体规范审查属于事后审查，其发生场合为普通法院在审理个案过程中，发现所需适用的法律规范涉嫌违宪，将案件所涉及的法律规范提交联邦宪法法院进行合宪性审查，普通法院再依据联邦宪法法院作出的宪法解释以及相关法律法规对个案进行裁判。在此场合引发的宪法解释，其提请主体为普通法院。

（4）宪法诉愿。根据基本法第93条第1款第4a项，任何人认为公共权力机关侵犯个人基本权利，穷尽其他法律途径仍得不到有效救济时，均可提起违宪申诉，从而得以提请联邦宪法法院对基本法相关基本权利条款进行解释，并依据解释对相关公共权力行为进行审查和裁决。宪法诉愿是公民启动宪法解释程序的制度装置，公民向联邦宪法法院提起宪法诉愿须满足以下条件：第一，提请者须具有诉讼身份，即提起诉讼一方受到公共权力机关行为的侵害，且能证明其所受损害与公共权力机关的行为之间存有因果关系。第二，须穷尽已有法律救济，即有其他法律救济渠道的，必须穷尽所有其他法律救济渠道之后方能提起宪法诉愿。第三，须在提起宪法诉愿期间提出，即对于具有其他法律救济渠道的场合，应自经此救济渠道作出裁判并送达一个月内向联邦宪法法院提起宪法诉愿；对于法律或对于无其他法律救济途径之公共权力机关行为提起诉愿时，当事人须在法律生效后或公共权力机关行为作成后一年内提起。

除了德国模式之外，还有一种宪法法院释宪制，比较有代表性的有罗马尼亚、俄罗斯和乌克兰等国家。罗马尼亚实行宪法法院释宪制，其宪法解释伴随着宪法法院的合宪性审查，合宪性审查的提起者即为宪法解释的提请主体。罗马尼亚宪法第146条规定：宪法法院享有下列职权：a. 在法律颁布前，基于罗马尼亚总统、参众两院议长、政府、高等上诉法院、人民代言人、50名以上的众议员或25名以上的参议员的请求，审查法律的合宪性。依其职权启动修宪程序。b. 基于参众两院议长、不少于50名众议员，或不少于25名参议员的请求，审查国际条约或其他国际协议的合宪性。c. 基于参众两院院长、议会党团，或不少于25名参议员的请求，审查议会议事规则的合宪性。d. 对在法院中或商业仲裁中提起的法律或命令之合宪性的异议作出决定。合宪性异

---

[1] 孙谦、韩大元主编：《世界各国宪法·欧洲卷》，中国检察出版社，2012年，第190页。

议也可以由人民代言人直接提起。e. 应罗马尼亚总统、参众两院院长、总理或最高司法委员会主席的请求，解决公共权力机构之间宪法性质的法律争议。① 可见，罗马尼亚也是根据合宪性审查类型来确定相应主体提请合宪性审查以及宪法解释。不过，与德国不同的是，罗马尼亚的宪法解释提请主体要比德国更为多样，但并未赋予普通公民宪法解释提请主体资格。

根据俄罗斯宪法第 125 条，② 俄罗斯联邦宪法法院可以在以下场合进行合宪性审查，以及对宪法予以解释和适用：第一，根据俄罗斯联邦总统、联邦委员会、国家杜马、1/5 联邦委员会代表或者 1/5 国家杜马代表、俄罗斯联邦政府、俄罗斯联邦最高法院和俄罗斯联邦最高仲裁法院、俄罗斯联邦主体立法权力机关和执行机关的询问，俄罗斯联邦宪法法院可以对包括法律在内的规范性法律文件进行合宪性审查，在合宪性审查过程中，可对宪法进行解释；第二，俄罗斯联邦宪法法院可以根据有关侵犯公民宪法权利和自由的控告，根据法院的咨询，依照联邦法律规定的程序，审查在具体案件中适用或者应当适用的法律的合宪性，并对相关宪法规范作出解释；第三，俄罗斯联邦宪法法院可以在审理国家机关之间的职权纠纷案件的过程中解释宪法；第四，俄罗斯联邦宪法法院还可以根据俄罗斯联邦总统、联邦委员会、国家杜马、俄罗斯联邦政府、俄罗斯联邦主体立法权力机关的询问，直接对俄罗斯宪法作出解释。

根据乌克兰宪法第 150 条，乌克兰宪法法院根据乌克兰总统、45 名乌克兰人民代表、乌克兰最高法院、乌克兰最高拉达人权全权代表、克里米亚自治共和国最高拉达的请求，可以对法律和规范性法律文件是否符合乌克兰宪法进行审查，并且可以对乌克兰宪法和乌克兰法律作出正式解释。③

2. 宪法委员会释宪制下的宪法解释提请主体制度

宪法委员会释宪制始于法国，目前仍以法国最为典型。法国 1958 年宪法确立了两种释宪程序，分别是强制性释宪程序和依申请释宪程序。就前者而言，议会必须将其制定的组织法、议会内部规程提交宪法委员会进行审查，对于议会而言，这种提交并不属于提请的权力，而是必为的职责，故无宪法解释提请的问题。而对于后者，享有宪法解释提请权的主体包括总统、总理、国民议会议长、参议院议长。在 1974 年修宪时，法国又将 60 名国民议会议员或

---

① 参见孙谦、韩大元主编：《世界各国宪法·欧洲卷》，中国检察出版社，2012 年，第 402 页。
② 参见孙谦、韩大元主编：《世界各国宪法·欧洲卷》，中国检察出版社，2012 年，第 226 页。
③ 参见孙谦、韩大元主编：《世界各国宪法·欧洲卷》，中国检察出版社，2012 年，第 686—687 页。

60名参议院议员增列为宪法解释提请主体。2008年宪法修改又构建了一种新的释宪程序——合宪性先决程序，将普通诉讼的当事人纳入了宪法解释提请主体的范围。① 由此可知，从1958年宪法的制定，历经1974年和2008年两次修改宪法，法国已经形成三种宪法解释程序，分别为强制性宪法解释程序、依申请宪法解释程序与合宪性先决宪法解释程序。

法国1958年宪法第61条第1款规定："各组织法公布前，宪法第11条规定的法律提案提交公民投票前，以及议会两院议事规程在实施前，均需提请宪法委员会审查并就其合宪性作出宣告。"② 故而议会通过的组织法在公布以前和议会两院的内部规程在实施以前，都必须提交宪法委员会以审查其是否符合宪法，在此种情形下，宪法委员会必须对相关宪法条款进行解释。在此强制性解释程序下，议会虽将通过的组织法或内部规程提交宪法委员会审查，但这属于强制性要求，议会并无选择空间，谈不上宪法解释提请，宪法委员会只是例行公事开展审查而已。故而在此场合下，并无宪法解释提请主体的问题。

根据法国1958年宪法第61条第2款："基于相同目的，法律在公布前得由总统、总理、国民议会议长、参议院议长、60名国民议会议员或60名参议院议员向宪法委员会提请审查。"③ 议会通过的普通法律在公布之前，总统、总理、国民议会议长、参议院议长、60名国民议会议员或60名参议院议员可以向宪法委员会提请审查法律的合宪性，而这种审查必然涉及宪法委员会对相关宪法条款予以解释，此乃依申请的宪法解释。

在2008年修宪时，增加了一个条款，即第61-1条第1款，规定："法院在受理诉讼过程中，如认为一项立法构成对基本权利和自由的侵犯，得由最高行政法院或最高法院提请宪法委员会进行审查，宪法委员会应在一定的期限内作出裁决。"④ 该规定所涉及的即为合宪性先决宪法解释程序，这种宪法解释程序产生于普通诉讼的场合。在普通诉讼程序中，若当事人主张立法限制了其受宪法保障的基本权利，并且案件审理法院认为该立法确有可能对当事人的宪法基本权利构成侵犯，案件审理法院可以对案涉相关立法提出合宪性审查的请求，经最高行政法院或者最高法院初步审查，再由最高行政法院或者最高法院移送至宪法委员会裁决。而宪法委员会必须在合理期限内对当事人提出的申请

---

① 参见王建学：《法国宪法解释机制的发展历史及基本趋势》，《人民法院报》2015年12月4日，第7版。
② 孙谦、韩大元主编：《世界各国宪法·欧洲卷》，中国检察出版社，2012年，第275页。
③ 孙谦、韩大元主编：《世界各国宪法·欧洲卷》，中国检察出版社，2012年，第275页。
④ 孙谦、韩大元主编：《世界各国宪法·欧洲卷》，中国检察出版社，2012年，第275页。

进行答复。只有当宪法委员会解释清楚与具体案件有关的宪法条文的含义并解决涉及的普通法律的合宪性问题后，法院才可以恢复案件的审理。① 这种在个案中进行的宪法解释属于事后解释，其提请主体为法院，这种法院作为宪法解释提请主体的制度有助于为宪法解释机制的有效运作提供动力和活力。

除了法国实行宪法委员会释宪制，哈萨克斯坦、吉布提、喀麦隆和海地等国也采取了宪法委员会释宪制。根据《哈萨克斯坦共和国宪法》第72条②的规定，宪法委员会可以根据总统、参议院议长、议会下院议长、议会1/5的代表、总理等主体的请求确定总统选举和全民公决的合宪性，在总统签署之前审查议会通过的立法的合宪性，审查议会及其两院的决议的合宪性，在国际条约批准之前审查其合宪性，并在合宪性审查过程中解释宪法。《哈萨克斯坦共和国宪法》第72条第1款第（4）项规定："1. 宪法委员会根据哈萨克斯坦共和国总统、参议院议长、议会下院议长、议会1/5的代表、总理的请求：……（4）对本宪法的规范作出正式解释。"③ 这就意味着，宪法委员会还可以根据上述主体的提请对宪法规范直接作出解释。此外，《哈萨克斯坦共和国宪法》第72条第2款规定："2. 在本宪法第78条规定的情况下，宪法委员会审议法院的要求。"④ 第78条规定："各级法院均无权适用损害本宪法确认的人和公民的权利与自由的法律以及其他规范性法律文件。如果法院认为，应当适用的法律或者其他的规范性法律文件损害了由本宪法确认的人和公民的权利和自由，则法院有义务中止该案件的诉讼，并请求宪法委员会认定该文件违宪。"⑤ 根据上述规定，哈萨克斯坦法院在具体案件审理过程中，发现案件应适用的法律或规范性文件损害了受宪法保障的人和公民的基本权利和自由，审理案件的法院必须中止审理程序，向宪法委员会提请审查相应法律或规范性文件的合宪性。由此可见，在哈萨克斯坦，可以向释宪机关提请释宪的主体包括总统、参议院议长、议会下院议长、议会1/5的代表、总理和法院。

《吉布提共和国宪法》第75条⑥规定："宪法委员会监督遵守宪法原则，审查法律的合宪性，保障个人的基本权利和公共自由。宪法委员会是各个机构运作及公共权力行为的调整机关。"宪法委员会作为合宪性审查机关，负责维

---

① 参见王建学：《法国宪法解释机制的发展历史及基本趋势》，《人民法院报》2015年12月4日，第7版。
② 孙谦、韩大元主编：《世界各国宪法·亚洲卷》，中国检察出版社，2012年，第234页。
③ 孙谦、韩大元主编：《世界各国宪法·亚洲卷》，中国检察出版社，2012年，第234页。
④ 孙谦、韩大元主编：《世界各国宪法·亚洲卷》，中国检察出版社，2012年，第234页。
⑤ 孙谦、韩大元主编：《世界各国宪法·亚洲卷》，中国检察出版社，2012年，第235页。
⑥ 孙谦、韩大元主编：《世界各国宪法·非洲卷》，中国检察出版社，2012年，第239页。

护宪法秩序，保障公民受宪法保护的基本权利和自由，维持不同国家机关之间的权力关系平衡。《吉布提共和国宪法》第 78 条[①]规定："组织法在其颁布之前、国民议会议事规则在其适用之前，均须提请至宪法委员会对其合宪性进行裁决。"由此可知，议会制定的组织法和议事规则在其生效实施前都必须提请至宪法委员会对其进行合宪性审查并作出裁决，宪法委员会在审查组织法和国民议会议事规则时对宪法进行解释，其提请主体即为议会。根据《吉布提共和国宪法》第 79 条[②]规定，法律在公布之前得由总统、国民议会主席或 10 名议会议员将其提请至宪法委员会进行合宪性审查，并对相关宪法条款作出解释，其宪法解释提请主体为总统、国民议会主席或 10 名议会议员。在此种场合下，宪法委员会对法律所做的合宪性审查属于预防性审查，防止法律在公布实施之后因违宪而被宣布无效或被撤销，宪法委员会在此过程中所做的宪法解释属于事前的抽象解释。《吉布提共和国宪法》第 80 条[③]规定，普通法院在案件审理过程中，如果发现所要适用的法律涉及公民受宪法保护的基本权利和自由，则可通过排除性审查程序将其提请至宪法委员会审查。诉讼当事人也可向法院提出排除性合宪审查的请求。诉讼当事人提出后，法院应中止案件的审理程序，并将之移交最高法院，经最高法院审查，若并不存在严重问题，则驳回当事人提出的排除性合宪性审查的请求，如果最高法院审查后认为具有属于严重问题的情形，则应提交宪法委员会审查和裁决，审理案件的法院根据宪法委员会的解释结果再恢复对案件的审理和裁判。在提出排除性合宪性审查的场合，可以提请宪法解释的主体为诉讼当事人和法院。在此种场合下，宪法委员会对案涉法律所做的合宪性审查属于纠正性审查，旨在对已生效的侵犯公民宪法基本权利和自由的法律进行纠正，宪法委员会在此过程中所做的宪法解释属于事后的具体解释。

根据《喀麦隆共和国宪法》第 46 条、第 47 条和第 48 条[④]规定，喀麦隆宪法委员会管辖宪法案件，负责法律的合宪性审查和裁决，并且对国家机构的运行进行调整，喀麦隆宪法委员会也是在合宪性审查的过程中开展宪法解释活动。喀麦隆宪法将宪法解释寓于宪法委员会的合宪性审查之中，对于宪法解释提请主体，需依据合宪性审查的类型来确定：第一，对于法律、国际条约和国际协定在公布前，喀麦隆宪法规定共和国总统、国民议会议长、参议院议长、

[①] 孙谦、韩大元主编：《世界各国宪法·非洲卷》，中国检察出版社，2012 年，第 239 页。
[②] 孙谦、韩大元主编：《世界各国宪法·非洲卷》，中国检察出版社，2012 年，第 239 页。
[③] 孙谦、韩大元主编：《世界各国宪法·非洲卷》，中国检察出版社，2012 年，第 239 页。
[④] 孙谦、韩大元主编：《世界各国宪法·非洲卷》，中国检察出版社，2012 年，第 375 页。

1/3 的国民议会议员或 1/3 的参议院议员可以向宪法委员会提请宪法诉讼，请求宪法委员会对相关宪法规范做出解释。如果所涉及的法律、国际条约和国际协定影响到地方利益，地方行政首长也可以向宪法委员会提起宪法诉讼，请求宪法委员会解释相关宪法条款的含义。第二，共和国总统、国民议会议长、参议院议长、1/3 的国民议会议员或者 1/3 的参议院议员提出的案件，宪法委员会应当受理和审查，并在审查过程中进行宪法解释。地方行政首长也可以向宪法委员会提出与地方利益相关的案件，请求宪法委员会解释宪法。第三，对于政治事件，参加选举的所有候选人、政党或者所有具有公务员身份的人均可向宪法委员会对总统选举和议会选举的合法性提起诉讼，或者共和国总统、国民议会议长、参议院议长、1/3 的国民议会议员或者 1/3 的参议院议员均可针对全民公决的合法性问题向宪法委员会提起诉讼，提请宪法委员会解释宪法。第四，对于机构权限冲突案件，案涉国家机构和地方机构均可向宪法委员会提起宪法诉讼，由宪法委员会根据案情通过解释宪法相关条款以解决争议。

（三）普通法院释宪制下的宪法解释提请主体制度

一般认为，普通法院释宪制起源于美国。1787 年美国宪法未对宪法解释权的归属和行使作出规定。由普通法院解释宪法，且联邦最高法院享有宪法的最终解释权是在 1803 年的"马伯里诉麦迪逊案"中确立起来的。在美国宪法实践中，不存在脱离司法审判程序而独立存在的宪法解释启动程序。美国的宪法解释总是依附于普通法院的诉讼程序，即普通法院在审理具体个案过程中，根据案件审理需要，对国会制定的法律、总统及行政机关颁布的行政立法、州立法的合宪性进行司法审查，在此场合下，涉及对宪法相关规范的解释，司法审查情况也是依宪法解释的结果而定。

实际上，美国的宪法解释是作为司法审查的组成部分而存在的，无司法审查即无宪法解释。若无当事人起诉，法院会严格秉持"不告不理"的原则，不会主动地对宪法做出一般的抽象解释。所以，美国的宪法解释程序只能由具体案件的当事人来启动，换言之，只有相关诉讼的当事人才能成为宪法解释程序的提请主体。此处的诉讼当事人不仅有美国的公民、公司企业、社会组织等非公权主体，还包括美国国会、总统及其所属的政府机构、各州议会和政府等。此外，外国人或外国企业的基本人权受到严重侵害的，也可以向法院提起诉讼，请求法院通过宪法解释来保障自己的权利。可见，虽然美国的宪法解释提请主体类型单一，即具体诉讼的当事人，但这一当事人的范围甚为广泛，几乎包括了所有的社会主体和国家机构。

第二次世界大战后，日本构建了自己的合宪性审查制度。基于战后美国对日本的实际占领和改造，日本包括合宪性审查制度在内的整个宪法制度都深受美国的影响，日本的违宪审查制度明显带有美国违宪审查制度的影子。虽然依据《日本国宪法》第81条，"最高法院为有权决定一切法律、命令、规则以及处分是否符合宪法的终审法院"[1]，但据此并不能确定日本违宪审查制度的性质，即是附随审查制还是抽象审查制，抑或二者兼而有之。对于这一问题，日本最高法院通过判例的方式将其违宪审查制度确定为附带审查制，亦即日本违宪审查制度属于美国式的附随性审查制。[2] 换言之，日本的宪法解释也如同美国一样须在诉讼程序中来进行，诉讼活动的提起者也就是宪法解释的提请主体。日本诉讼制度秉持当事人主义，当事人须具备诉讼主体资格方可提起诉讼，宪法诉讼程序也不例外，在宪法诉讼的场合，主体资格问题就转换为当事人对宪法上的争议是否有权提起诉讼。一般而言，宪法诉讼中的当事人资格需满足以下条件：第一，当事人须因自身权益受损而提起诉讼，即当事人只能为自己的权益提起诉讼，而不能为其他人权益提起诉讼；第二，提起诉讼的当事人的诉求与诉讼处理结果具有直接利害关系，并且存在可以主张违宪的争议焦点；第三，在其他适当的救济手段用尽的情况下提起诉讼。[3] 在日本，由于实行的是附随性违宪审查制度，宪法诉讼的提起者也就是宪法解释的提请主体，换言之，宪法诉讼意义上的适格当事人即为宪法解释的提请主体。由此可见，日本的宪法解释提请主体为提起宪法诉讼的当事人，类型单一，但范围甚为广泛。

在实行普通法院释宪制的国家，其宪法解释提请主体一般仅限于提起诉讼的当事人，但根据"有一般必有特殊"的辩证逻辑，有的实行普通法院释宪制的国家除了当事人可以在诉讼程序中提请宪法解释，国家机关也可以不依托诉讼程序而独立向法院提出宪法解释的请求，从而作为宪法解释提请主体出现。比如《阿拉伯联合酋长国宪法》第99条规定："联邦最高法院对以下事务行使司法权：……4. 如果某联邦机构或者某酋长国政府要求时，则必须对宪法条款进行解释；该解释全联邦都应该遵守。"[4] 这就意味着，在阿联酋，联邦机构或者酋长国政府可以单独直接向法院提出对相关宪法规范做出解释的请求，且法院不可拒绝。换言之，应联邦机构或酋长国政府的要求解释宪法属于法院

---

[1] 孙谦、韩大元主编：《世界各国宪法·亚洲卷》，中国检察出版社，2012年，第498页。
[2] 参见裴苍：《日本违宪审查制度：兼对中国的启示》，商务印书馆，2008年，第36—40页。
[3] 参见裴苍：《日本违宪审查制度：兼对中国的启示》，商务印书馆，2008年，第114—117页。
[4] 孙谦、韩大元主编：《世界各国宪法·亚洲卷》，中国检察出版社，2012年，第44页。

之必为义务，法院不具有可选择性和可裁量性。

在同样实行普通法院释宪制的加拿大，加拿大联邦政府也可以请求加拿大最高法院审理有关法律问题的咨询案，尤其是有关宪法解释的问题。加拿大最高法院在对咨询案的审理过程中，避免不了对相关宪法条款进行解释。但是，与阿联酋不同的是，加拿大最高法院并不必然地受理联邦政府提请的咨询案并提出法律意见，即加拿大最高法院对于是否受理咨询案保有相当的裁量权。现在加拿大最高法院一般是针对具有全国重要性的咨询案件提出咨询意见以及解释宪法。①

综上，虽然同样是实行普通法院释宪制，但宪法解释提请主体的类型和范围，可以说是既有"大同"，又有"小异"。"大同"反映的是制度的通理，"小异"折射的是国情的差异。故而，所谓选择适合本国的制度，就是说既要承认制度的广泛适用性，又要考虑国情的特殊性。因此，如果不加甄别地将域外国家的宪法解释制度套在我国身上，无异于削足适履，而如果无视域外国家宪法解释制度的成效，则难免故步自封。

三、我国与域外国家宪法解释提请主体制度比较

通过对我国和域外国家宪法解释提请主体制度的详尽阐述，我们发现，域外国家的宪法解释提请主体较为多元，大多将国家元首、政府首脑、国会议长、司法机关、公民以及社会组织等主体都纳入宪法解释提请主体的范围，赋予这些主体以宪法解释的提请权，并且根据不同宪法解释事由确定提请释宪的主体类型。宪法解释提请主体的多元化，拓展了国家和社会各类主体的宪法权利保护的渠道，为宪法解释机制的常态化运作提供了契机和强大动力。但其弊端在于，由于提请释宪的主体过于宽泛，提请宪释的事件或案件数量太多，超过了释宪主体的工作负荷，给释宪机关造成很大压力，容易对释宪机制的高质量运作产生不利影响。

我国宪法对哪些主体可以提请宪法解释则暂付阙如。虽然立法法对合宪性审查提出主体和法律解释提请主体做了一些规定，但其未将国家监察委员会、香港特别行政区、澳门特别行政区以及政党等纳入提请释宪主体的范围，故我国提请释宪的主体范围有过狭之嫌。《专家建议稿》同样未将国家监察委员会、

---

① 参见张明锋：《加拿大司法审查的应用研究：以宪法平等权的司法保护为例》，中国政法大学出版社，2011年，第8—9页。

香港特别行政区、澳门特别行政区纳入提请释宪的主体范围,也有过窄之虞。我们认为,为了实现党的十八届四中全会提出的"完善全国人大及其常委会宪法监督制度,健全宪法解释程序机制",有必要在制定宪法解释程序法①或修改相应法律时,将上述应纳入提请释宪主体范围的主体确立为宪法解释提请主体。适当拓展提请释宪的主体范围,有利于为我国宪法解释机制的有效运作提供更多的内在动力,进而有助于推动和健全保障宪法全面实施的体制机制。

第二节 宪法解释提请方式制度比较

方式一词包括"方法"和"形式"两重含义,具体到宪法解释提请的场合,其含义就转换为宪法解释提请主体采取何种"方法"和"形式"向宪法解释主体提出宪法解释的请求。从各国对宪法解释程序的规定来看,绝大多数国家的宪法解释都是依申请解释,② 在提请方式上,则存在较为明显的差异。下文将对我国和域外国家的宪法解释提请方式进行制度上的比较和分析。

一、我国宪法解释提请方式制度的规范调查

我国宪法第 67 条第 1 项规定全国人大常委会享有"解释宪法,监督宪法的实施"的职权,但对宪法解释的程序问题未作规定,也没有规定宪法解释的提请方式。但这并不意味着我们不能对宪法解释的提请方式做规范上的分析和理论上的建构,恰恰相反,正是由于宪法对宪法解释提请方式未作规定,才更需要在理论上进行深入的思索与探讨,利用现有的法律制度资源,尝试建构我国宪法解释提请制度,为宪法解释程序机制的完善做理论上的铺垫,为实现相关法律制度资源的创造性转化做智识上的积累。通过调查我国宪法和法律,与宪法解释提请方式制度紧密关联的条款主要分布在宪法、立法法、地方组织法、《法规、司法解释备案审查工作办法》等法律法规之中。详见表 3-1:

---

① 参见范进学:《完善我国宪法监督制度之问题辨析》,《学习与探索》2015 年第 8 期。
② 参见刘国:《论宪法解释的条件》,《中国宪法年刊》2018 年第 13 卷。

第三章 宪法解释提请制度比较与借鉴

表 3-1 我国现行法律法规中与宪法解释提请方式制度紧密相关的条款

名称	条款
《宪法》 （2018修正）	（第5条第3款）一切法律、行政法规和地方性法规都不得同宪法相抵触。
	（第62条第12项）全国人民代表大会行使下列职权：（十二）改变或者撤销全国人民代表大会常务委员会不适当的决定。
	（第67条第1、7和8项）全国人民代表大会常务委员会行使下列职权：（一）解释宪法，监督宪法的实施；……（七）撤销国务院制定的同宪法、法律相抵触的行政法规、决定和命令；（八）撤销省、自治区、直辖市国家权力机关制定的同宪法、法律和行政法规相抵触的地方性法规和决议。
《立法法》 （2023修正）	（第49条）国务院、中央军事委员会、国家监察委员会、最高人民法院、最高人民检察院、全国人民代表大会各专门委员会以及省、自治区、直辖市的人民代表大会常务委员会可以向全国人民代表大会常务委员会提出法律解释要求。
	（第98条）宪法具有最高的法律效力，一切法律、行政法规、地方性法规、自治条例和单行条例、规章都不得同宪法相抵触。
	（第108条第1、2项）改变或者撤销法律、行政法规、地方性法规、自治条例和单行条例、规章的权限是： （一）全国人民代表大会有权改变或者撤销它的常务委员会制定的不适当的法律，有权撤销全国人民代表大会常务委员会批准的违背宪法和本法第八十五条第二款规定的自治条例和单行条例。 （二）全国人民代表大会常务委员会有权撤销同宪法和法律相抵触的行政法规，有权撤销同宪法、法律和行政法规相抵触的地方性法规，有权撤销省、自治区、直辖市的人民代表大会常务委员会批准的违背宪法和本法第八十五条第二款规定的自治条例和单行条例。
	（第109条）行政法规、地方性法规、自治条例和单行条例、规章应当在公布后的三十日内依照下列规定报有关机关备案： （一）行政法规报全国人民代表大会常务委员会备案。 （二）省、自治区、直辖市的人民代表大会及其常务委员会制定的地方性法规，报全国人民代表大会常务委员会和国务院备案；设区的市、自治州的人民代表大会及其常务委员会制定的地方性法规，由省、自治区的人民代表大会常务委员会报全国人民代表大会常务委员会和国务院备案。 （三）自治州、自治县的人民代表大会制定的自治条例和单行条例，由省、自治区、直辖市的人民代表大会常务委员会报全国人民代表大会常务委员会和国务院备案；自治条例、单行条例报送备案时，应当说明对法律、行政法规、地方性法规作出变通的情况。 （四）部门规章和地方政府规章报国务院备案；地方政府规章应当同时报本级人民代表大会常务委员会备案；设区的市、自治州的人民政府制定的规章应当同时报省、自治区的人民代表大会常务委员会和人民政府备案。 （五）根据授权制定的法规应当报授权决定规定的机关备案；经济特区法规、浦东新区法规、海南自由贸易港法规报送备案时，应当说明变通的情况。

续表

名称	条款
《立法法》（2023修正）	（第110条）国务院、中央军事委员会、国家监察委员会、最高人民法院、最高人民检察院和各省、自治区、直辖市的人民代表大会常务委员会认为行政法规、地方性法规、自治条例和单行条例同宪法或者法律相抵触，或者存在合宪性、合法性问题的，可以向全国人民代表大会常务委员会书面提出进行审查的要求，由全国人民代表大会有关的专门委员会和常务委员会工作机构进行审查、提出意见。 前款规定以外的其他国家机关和社会团体、企业事业组织以及公民认为行政法规、地方性法规、自治条例和单行条例同宪法或者法律相抵触的，可以向全国人民代表大会常务委员会书面提出进行审查的建议，由常务委员会工作机构进行审查；必要时，送有关的专门委员会进行审查、提出意见。
地方组织法（2022修正）	（第10条）省、自治区、直辖市的人民代表大会根据本行政区域的具体情况和实际需要，在不同宪法、法律、行政法规相抵触的前提下，可以制定和颁布地方性法规，报全国人民代表大会常务委员会和国务院备案。 设区的市、自治州的人民代表大会根据本行政区域的具体情况和实际需要，在不同宪法、法律、行政法规和本省、自治区的地方性法规相抵触的前提下，可以依照法律规定的权限制定地方性法规，报省、自治区的人民代表大会常务委员会批准后施行，并由省、自治区的人民代表大会常务委员会报全国人民代表大会常务委员会和国务院备案。 省、自治区、直辖市以及设区的市、自治州的人民代表大会根据区域协调发展的需要，可以开展协同立法。
	（第74条第1款）省、自治区、直辖市的人民政府可以根据法律、行政法规和本省、自治区、直辖市的地方性法规，制定规章，报国务院和本级人民代表大会常务委员会备案。设区的市、自治州的人民政府可以根据法律、行政法规和本省、自治区的地方性法规，依照法律规定的权限制定规章，报国务院和省、自治区的人民代表大会常务委员会、人民政府以及本级人民代表大会常务委员会备案。
《法规、司法解释备案审查工作办法》	（第3条）全国人大常委会依照宪法、法律开展备案审查工作，保证党中央令行禁止，保障宪法法律实施，保护公民合法权益，维护国家法制统一，促进制定机关提高法规、司法解释制定水平。
	（第18条）对法规、司法解释可以采取依职权审查、依申请审查、移送审查、专项审查等方式进行审查。
	（第19条）专门委员会、法制工作委员会对法规、司法解释依职权主动进行审查。
	（第20条）对法规、司法解释及其他有关规范性文件中涉及宪法的问题，宪法和法律委员会、法制工作委员会应当主动进行合宪性审查研究，提出书面审查研究意见，并及时反馈制定机关。

续表

名称	条款
《法规、司法解释备案审查工作办法》	（第25条）法制工作委员会结合贯彻党中央决策部署和落实常委会工作重点，对事关重大改革和政策调整、涉及法律重要修改、关系公众切身利益、引发社会广泛关注等方面的法规、司法解释进行专项审查。 在开展依职权审查、依申请审查、移送审查过程中，发现可能存在共性问题的，可以一并对相关法规、司法解释进行专项审查。
	（第36条）对法规、司法解释进行审查研究，发现法规、司法解释存在违背宪法规定、宪法原则或宪法精神问题的，应当提出意见。

通过对上述规定的分析，我们可以将我国宪法解释提请方式归纳为以下几种类型：

1. 备案审查中的宪法解释提请方式

立法法第109条规定了行政法规、地方性法规、自治条例和单行条例、规章等规范性文件的备案方式，上述规范性文件应在公布之后的30日内报送全国人大常委会、国务院、省级人大常委会和省、自治区政府等机关备案。这意味着，全国人大的专门委员会和常务委员会工作机构可以在备案过程中对报送备案的规范性文件进行审查。而对于报送至全国人大常委会备案的规范性文件，全国人大各专门委员会、常务委员会工作机构在审查、研究中认为其存在可能违反宪法的情形，可以向全国人大常委会提请宪法解释，从而启动宪法解释程序，在对相关宪法规范做出解释的基础上，实现对该规范性文件进行审查的目的。在备案审查过程中提起宪法解释是在规范性文件生效之后进行的，故属于事后的宪法解释提请，同时也未附随于个案审理程序之中，而是对规范性文件或其相关条文进行的解释，所以是抽象性的宪法解释提请。

2. 立法批准过程中的宪法解释提请方式

根据立法法第85条规定，民族自治区的自治条例和单行条例，须报全国人大常委会批准之后方能生效，亦即全国人大常委会的批准构成了其生效的前提条件。而根据《法规、司法解释备案审查工作办法》第5条可推出，由全国人大常委会办公厅负责报送的规范性文件的接收、登记、分送、存档等工作，全国人大宪法和法律委员会、全国人大常委会法制工作委员会负责审查、研究报送的规范性文件是否存在违宪的可能。由此可见，全国人大常委会在收到民族自治区报送的自治条例和单行条例后，必然会对其进行审查，审查结束后，由全国人大宪法和法律委员会、全国人大常委会法制工作委员会决定是否提请全国人大常委会对相关宪法规范作出解释。全国人大常委会最终在宪法解释的基础上,决定民族自治区报送的自治条例和单行条例是否违反宪法相关规定以及是否予以批准。与在备案审查过程中提请宪法解释相同的是,立法批准过程中的宪法解释提请也属于抽象性的宪法解释提请;不同的是,立法批准过程中宪法解释是在规范性文件生效之前提请的,故其属于事前的宪法解释提请。

3. 特定国家机关要求下的宪法解释提请方式

立法法第 110 条第 1 款规定了国务院、中央军事委员会、国家监察委员会、最高人民法院、最高人民检察院和各省、自治区、直辖市的人民代表大会常务委员会等国家机关认为行政法规、地方性法规、自治条例和单行条例等法律规范性文件同宪法相抵触,或者存在合宪性、合法性问题的,可以向全国人大常委会书面提出进行审查的要求。该款规定了上述国家机关提请宪法解释的程序。在此场合下,上述国家机关须在行使宪法赋予其的职权过程中提请宪法解释,并且必须以书面方式提出。如同司法审判必然伴随着对法律的解释,合宪性审查也必然涉及宪法解释。此类合宪性审查中的宪法解释提请属于抽象性的和事后的提请。

4. 执政党建议下的宪法解释提请方式

在 2018 年修改宪法时,宪法总纲第 1 条第 2 款增加了"中国共产党领导是中国特色社会主义最本质的特征",在宪法正文部分进一步确定和强化了中国共产党的领导。由于作为执政党的中国共产党在我国政治体制当中的领导地位,执政党当然可以向宪法解释主体即全国人大常委会提请宪法解释。对于执政党的建议,全国人大常委会应根据建议内容交给相应的专门委员会,并列入全国人大常委会全体会议。[①] 实际上,我国历次宪法修改皆是根据执政党的提议而进行。宪法修改是比宪法解释更为重大、影响更为深远、条件更为严格的宪法实践,执政党可以建议修宪,自然也可以向释宪主体建议对相关宪法条款予以解释。

5. 其他主体建议下的宪法解释提请方式

立法法第 110 条第 2 款规定了除该法第 110 条第 1 款规定的国家机关之外

[①] 参见王旭:《论我国宪法解释程序机制:规范、实践与完善》,《中国高校社会科学》2015 年第 4 期。

的其他国家机关和社会团体、企业事业组织以及公民提请宪法解释的程序。这些主体提请释宪的方式只能是以书面形式向全国人大常委会提出。与前述特定国家机关要求下的宪法解释提请方式不同，其他主体提请宪法解释并不必然启动正式的宪法解释程序，而是在全国人大常委会有关工作机构进行研究后，认为在必要时，才送至有关的专门委员会进行审查并提出意见。该条款赋予了其他主体提请宪法解释的权利，拓展了提请释宪的主体范围。同前述特定国家机关要求下的宪法解释提请相同，其他主体建议下的宪法解释提请属于事后的提请，且为不附随于个案审理程序的抽象性的宪法解释提请。

二、域外国家宪法解释提请方式制度

（一）立法机关释宪制下的宪法解释提请方式——以英国为例

英国虽然没有成文宪法典，但作为现代宪法的发源地，却有着独具特色的宪法解释制度。宪法解释旨在达到准确理解宪法条文含义的目的。在英国，宪法解释既可能出于审查议会立法的考虑，也可能是出于完善现有立法和依据宪法对具体案件进行裁决的需要。由于不成文宪法的实践，英国开始并不存在合宪性审查意义上的宪法解释，但《欧洲人权公约》的实施以及1998年《人权法案》的制定，使英国实际上已经形成宪法解释提请方式制度。可从以下两个方面来阐述英国的宪法解释提请方式：

第一，议会委员会的宪法解释提请方式。由于继承和发扬了光荣革命的遗产，英国始终奉行议会主权、议会至上的宪法原则。在英国，议会可以进行立法前审查。议会的立法前审查是一种合宪性审查，审查主体为议会，审查对象为政府法案，审查提请主体是议会所属的委员会，主要包括上议院委任权力与规制改革委员会、宪法委员会、行政立法性文件联合委员会、欧盟委员会，下议院欧洲审查委员会、人权联合委员会等委员会。[1] 由上述委员会对政府送交的法案进行审查，并提出审查意见，再由委员会提请议会大会进行辩论、审议和表决。[2] 所以，议会委员会的宪法解释提请属于事前的提请，也是抽象性的宪法解释提请。在英国，还存在着议会的立法后审查，顾名思义，是议会对法律生效后在实施过程中出现的违宪问题进行修改和废除的活动。议会在立法后

---

[1] 参见童建华：《英国违宪审查》，中国政法大学出版社，2011年，第77—87页。
[2] 参见童建华：《英国违宪审查》，中国政法大学出版社，2011年，第96—98页。

的审查过程中所开展的宪法解释是由法律委员会提请的，法律委员会的职责是接受并审查相关法律，对审查的法律提出审查意见和处理方案并向议会提出。[①] 故而，法律委员会的宪法解释提请属于事后的提请，同时也是抽象性的宪法解释提请。

第二，法院诉讼程序中的宪法解释提请方式。由于没有附随于具体案件，议会委员会提请的宪法解释仅是一种抽象性的解释，对公民基本权利的保护作用有限。随着《欧洲人权公约》的实施，英国议会于1998年制定了《人权法案》。按照《人权法案》第3条第1款的规定，法院具有审查法律合宪性并解释宪法的权力，可对侵犯公民基本权利的立法作出"不一致宣告"。同时，由于其是在案件诉讼程序中进行的，诉讼当事人可在诉讼程序中以书面方式向法院提出宪法解释的请求。这种提请发生在法律生效后和诉讼程序之中，故而属于事后的、具体的宪法解释提请。

从某种意义上讲，我国和英国实行的都是立法机关释宪制，英国的宪法解释提请制度对我国宪法解释提请制度的构建具有较为明显的参考价值。

（二）专门机关释宪制下的宪法解释提请方式——以法国、德国为例

1. 法国宪法委员会释宪制下的宪法解释提请方式

前文述及法国宪法构建了三类宪法解释程序，即强制性宪法解释程序、依申请宪法解释程序、合宪性先决宪法解释程序。在不同的宪法解释程序中，不仅提请主体不同，具体的提请方式也有差异。在强制性宪法解释程序中，议会须将其通过的组织法、内部规程等规范性文件在公布实施以前，提交宪法委员会审查其合宪性，这就免不了对相关宪法规范进行解释。而在依申请宪法解释程序中，总统、国民议会议长、总理和参议院议长等可以将议会通过的普通法律在公布实施以前，提请宪法委员会来审查其合宪性，这也会涉及相关宪法条款的解释。在强制性宪法解释程序和依申请宪法解释程序中，宪法解释是在合宪性审查程序中开始的，发生于规范性文件生效实施之前，且不是基于案件审理而提请，故其属于事前的和抽象性的宪法解释提请。

2008年法国修改宪法，增加了合宪性先决宪法解释程序，在这一程序中，

---

① 参见童建华：《英国违宪审查》，中国政法大学出版社，2011年，第125—134页。

宪法解释是诉讼当事人基于保护自身权利和自由的需要而提请的，诉讼当事人可以通过最高行政法院或者最高法院以书面方式向宪法委员会提出宪法解释的申请。在这种场合下，是诉讼当事人直接向宪法委员会提请宪法解释，最高行政法院或者最高法院不得对当事人的宪法解释提请进行前期审查判断，它们发挥的是"传声筒"的作用，即将当事人的宪法解释提请移送至宪法委员会。这种当事人直接向释宪机关提请宪法解释的机制，属于事后的、具体的和附随的宪法解释提请，类似于美国普通法院释宪制下的宪法解释提请方式。这种宪法解释提请方式为法国宪法解释的常态化运行提供了充足的动力，也对公民运用宪法解释程序保护自身权利和自由提供了制度性的激励。但与此同时，宪法解释提请的数量大幅度攀升，严重超出了宪法委员会的工作负荷。相应的过滤和筛选机制便应运而生，当事人的合宪性审查请求被认为属于程序上的抗辩，其是否被移送宪法委员会进行合宪性审查，需由普通法院先行判断。普通法院经审查认定属于案件重大、新颖，并且与基本权利的保护直接相关的情形，才能移送宪法委员会来进行宪法解释，普通法院在宪法解释提请问题上享有优先判断权和裁量权。故而，在合宪性先决宪法解释程序中，宪法解释是在案件诉讼程序中进行的，属于事后的和具体的宪法解释提请。

2. 德国宪法法院释宪制下的宪法解释提请方式

德国的宪法解释程序与合宪性审查程序存在诸多交集，作为宪法解释主体，德国联邦宪法法院往往是在合宪性审查中开展宪法解释活动的。德国宪法解释的提请方式也是依据解释案件场景的类型构建起来的。德国联邦宪法法院除了可以对自己管辖的案件主动开启宪法解释程序外，还可以根据其他主体的提请解释宪法。德国联邦宪法法院管辖的案件主要有以下四类：

（1）联邦国家法争议中的宪法解释提请方式。联邦国家法之争议即联邦与州或州与州之间的权利义务争议。联邦宪法法院可依据联邦政府或州政府的提请，对联邦与州或州与州之间的权限争议进行审查和裁决，在此过程中会涉及对基本法相关条款的解释。基于联邦国家法之争议而提请的宪法解释，涉及联邦与州或州与州之间的权利义务划分，具有争讼的性质，故属于附随的和具体的宪法解释提请，同时也是事后的宪法解释提请。

（2）机关争议中的宪法解释提请方式。对于联邦议会、联邦参议院、联邦政府、联邦总统等联邦最高机关之间的职权争议，与议员个体、议会内部党团以及政党就其基本权利保护而提起的宪法诉讼，由联邦宪法法院管辖。联邦宪法法院在审理上述宪法诉讼过程中，可根据相关主体的提请，对诉讼所涉及的基本法相关规范作出解释。与基于联邦国家法之争议而提请的宪法解释相同，在由机关争议引发的宪法诉讼程序中提请宪法解释，也属于附随的和具体的宪法解释提请，同时也是事后的宪法解释提请。

（3）规范审查中的宪法解释提请方式。德国联邦宪法法院的规范审查包括抽象规范审查和具体规范审查。抽象规范审查的宪法解释提请不以具体案件为依托，经由法定主体申请，对涉嫌违宪的法律或其他规范性文件进行合宪性审查，其中涉及宪法法院对相关宪法条文的解释。在抽象性规范审查的场合，宪法解释的提请不附随于具体案件，故属于独立的和抽象的宪法解释提请，同时也是事后的提请。

具体规范审查的宪法解释提请发生的场合为：普通法院在审理个案过程中，发现所需适用的法律法规涉嫌违宪，则须提交宪法法院进行合宪性审查。宪法法院在对该法律法规进行合宪性审查时，必然要对相关宪法条款进行解释后才能得出合宪与否的结论。具体规范审查程序中的宪法解释提请是在法律颁布实施之后，由普通法院以具体案件为依托而作出的，是一种典型的事后的、具体的宪法解释提请。

（4）宪法诉愿中的宪法解释提请方式。宪法诉愿程序中的宪法解释提请与普通法院以具体个案为依托的宪法解释提请较为相似。在基本权利受到国家公权力侵害时，任何人基于保护自身基本权利的考量，穷尽法律途径而仍得不到有效救济时，即可提起宪法诉愿，继而向宪法法院提请宪法解释。在宪法诉愿程序中，诉讼当事人可以书面形式向宪法法院提请释宪，这种附随于个案诉讼中而作出的宪法解释提请明显属于事后的、具体的和附随的宪法解释提请。

（三）普通法院释宪制下的宪法解释提请方式——以美国为例

美国联邦最高法院在司法审查过程中，必然会涉及对有关宪法条文的解释。美国宪法解释的提请是依附于司法程序进行的。换言之，美国联邦最高法院对于宪法的解释是在审理个案的过程中进行的，并无独立于具体诉讼程序之外的宪法解释提请。这决定了美国的宪法解释提请的事后性、附随性以及具体性。但并不是任何当事人的宪法解释提请，联邦宪法法院都当然和必然地会受理和回应。事实上，只有很少一部分宪法解释提请会得到联邦宪法法院的回应。据统计，在联邦最高法院每年接收的7000个左右的案件中，最终只有大约100个案件被受理，[①] 比例相当低。其原因在于，为了避免有限的宪法解释

---

① 参见张翔：《宪法释义学：原理·技术·实践》，法律出版社，2013年，第68页。

资源被浪费，提高宪法解释的权威性，美国联邦最高法院在长期的司法审查实践中总结形成了宪法解释提请的过滤和筛选机制，从而将绝大部分宪法解释提请堵在美国联邦最高法院的大门之外。

三、我国与域外国家宪法解释提请方式制度的比较

通过前文对我国和域外国家的宪法解释提请方式制度的介绍，可以发现，各国的宪法解释提请方式都深受其整体宪法解释体制的制约和影响，展现出不同的图景。

就目前我国的宪法解释提请方式制度而言，由于我国实行的是立法机关释宪制，宪法解释权专属于全国人大常委会，普通司法机关不得染指，这就决定了我国的宪法解释不会附随于个案而在具体诉讼程序中提请，只能提出抽象的宪法解释申请，故当前我国的宪法解释提请皆为抽象性的提请方式。在总体的抽象性提请方式下，存在着事前和事后两种提请方式，并且以事后提请为主。在我国现有的宪法解释提请框架下，只有立法批准过程中的宪法解释提请属于事前提请，其余皆为事后提请。特别值得一提的是，在我国，执政党可以采用"建议"这一方式提请全国人大常委会解释宪法，并且由于其领导地位必然会导致全国人大常委会启动宪法解释。

分析上述英、法、德、美等域外国家的宪法解释提请方式制度，我们会发现，宪法解释提请方式呈现出较为复杂的形态。上述国家的宪法解释提请方式除了美国是全然意义上的事后提请和具体提请，英、法、德三国都形成了事前提请和事后提请相结合的模式，并且总体上以事后提请为主。以美国为代表的普通法院释宪制下的宪法解释是在个案审理程序中开展的，其提请方式属于附随于个案审理的具体提请。而其余三国皆不同程度地呈现出抽象性的提请与具体性的提请相结合的状况。此外，上述域外国家在宪法解释实践中，释宪机关通过运用宪法解释技术，形成了一些宪法解释提请的过滤和筛选机制，以排除没有必要的宪法解释提请，减轻释宪主体的压力和负担，在一定程度上可以缓冲多数决的民主价值与反多数决的合宪性审查之间的矛盾。

对比观之，与我国的宪法解释提请方式制度相比，域外国家的宪法解释提请方式制度最明显的特点在于其具有附随于个案的具体的提请方式。而我国现行的宪法解释提请方式只有抽象性提请，无具体的宪法解释提请，在一定程度上影响了宪法解释制度作用的发挥。

第三节　域外宪法解释提请制度对我国的借鉴意义

在探讨如何健全我国释宪机制的时候，通过深入分析域外国家相关制度，我们可以从中获得一定的启示，为我国完善宪法解释提请制度提供经验。

一、域外宪法解释提请主体制度对我国的借鉴意义

在借鉴域外国家宪法解释提请主体制度的优势时，应当注意到，没有任何一种宪法解释提请主体制度是十全十美的，都会在宪法解释实践中不同程度地暴露出其缺点或局限。"欲戴王冠，必承其重"，世界上没有绝对完美的制度，人们在享受制度的福利时，也免不了要承受制度的局限。前述任何一种宪法解释提请主体制度都有其他制度所不具备的优势，也都难免存在其局限性。

在实行立法机关释宪制的国家，由于立法机关自己可主动解释宪法，大多未在宪法中直接规定宪法解释提请主体的范围和类型。正是由于提请主体不明，在一定程度上造成了宪法解释机制运转动力不足。专门机关释宪制采用抽象性宪法解释和具体性宪法解释相结合的复合型宪法解释模式，其释宪提请主体制度的优势在于，根据宪法解释事由来确定提请主体的类型，将宪法解释提请主体类型化，有利于保证宪法解释的统一性和有效性。但其弊端在于，不同类型的宪法解释提请案件的数量差距极大，易造成宪法解释资源的不合理配置和效率低下。在普通司法机关释宪制下，其宪法解释提请主体制度的最大优势即为提请主体范围的广泛性，为宪法解释机制的有效运转提供了内在动力。而其弊端则在于，由于提请主体范围过大，案件数量不断攀升，以致释宪机关不堪重负，不仅造成绝大多数释宪申请被拒，而且容易导致广泛争议，降低宪法解释的权威性。

我们在借鉴域外国家宪法解释提请主体制度时，必须本着实事求是的精神，谨慎冷静和全面客观地分析其优劣长短，避免盲目依循。只有在这样的前提下，才能在完善我国宪法解释提请主体制度的时候，最大限度地规避可能产生的缺陷和弊端。由于我国的宪法解释主体制度既有立法机关宪法解释主体制度的特点，又有一些类似于专门机关宪法解释主体制度之处，故在完善我国宪法解释提请主体制度时必须兼而考虑，博采众长。

英国在1998年《人权法案》制定之前，由于议会主权的长期盛行，提请

宪法解释的职责主要由议会的委员会来担负，宪法解释提请主体的范围较为狭窄。但在《人权法案》颁布实施后，诉讼当事人可在诉讼程序中作为宪法解释的提请主体出现，通过审理的法院提请宪法解释。这就赋予了诉讼当事人通过宪法解释寻求权利救济的权利，拓宽了宪法解释提请主体的范围，为宪法解释机制的常态化运作提供了源源不断的动力，解决了启动宪法解释程序动力不足的问题。

法国的宪法解释提请主体范围也不是一成不变的，而是随着社会变迁不断发展演进的。1958 年制定宪法时，并未将国民议会议员和参议院议员纳入提请释宪的主体范围，而是在 1975 年修宪时，才将 60 名以上的国民议会议员和 60 名以上的参议院议员确立为宪法解释的提请主体。而普通公民则是在 2008 年修宪时才被纳入提请释宪主体范围的。伴随着提请释宪主体范围的不断扩大，提请释宪的数量也与日俱增，以致宪法委员会不堪重负。据统计，1958 年到 1974 年提请启动宪法解释程序的共有 9 次，其中 3 次由参议院议长提出，6 次由总理提出。而从 2010 年到 2014 年，公民通过合宪性先决程序提请释宪的数量高达 381 件。① 据此可以明显发现，法国的宪法解释提请主体从以国家机关为主体转换为以普通公民为主体。合宪性先决程序为普通公民通过诉讼程序提请具体性宪法解释创造了制度空间。可以预见，公民作为宪法解释提请主体的主导力量将会愈加强劲。

在完善我国宪法解释提请主体制度时需要考虑的重点是，如何科学适当地确定宪法解释提请主体的范围，从而既能克服启动宪法解释程序的动力不足问题，又能克服因提请主体范围过于广泛而产生提请释宪泛滥的弊端。

首先，在抽象宪法解释的场合，应在现有提请释宪主体范围基础上，根据 2018 年修宪在国家机构中增加了监察委员会的实际，将国家监察委员会纳入提请释宪的主体范围之内。同时，亦应将港、澳特别行政区有关机关（如立法会）纳入宪法解释提请主体的范围之中，② 进一步完善宪法解释提请主体，在国家机关之间实现宪法解释提请权的合理分配和平衡。

其次，在具体宪法解释的场合，可以借鉴法国 2008 年修宪时增加的具体

---

① 参见王建学：《法国宪法解释机制的发展历史及基本趋势》，《人民法院报》2015 年 12 月 4 日，第 7 版。

② 胡锦光和韩大元教授认为，根据我国宪法的基本原则和相关法律规定，国家监察委员会可向全国人大常委会提出宪法解释的请求，即可作为宪法解释的提请主体。参见胡锦光、韩大元：《中国宪法》，法律出版社，2018 年，第 115 页。朱福惠教授和张晋邦认为，赋予特别行政区国家机关宪法解释提请权符合我国的宪法体制和宪法解释原理。参见朱福惠、张晋邦：《特别行政区宪法解释提请权的法理依据与实践动因》，《中南大学学报（社会科学版）》2018 年第 5 期。

宪法解释程序——合宪性先决程序，把公民或其他组织纳入提请释宪的主体范围。我国应在现行抽象释宪机制基础上，建立具体释宪机制，形成抽象释宪机制与具体释宪机制相结合的复合型释宪机制，从而在具体释宪机制下，为普通公民或其他组织基于个案通过诉讼程序提请释宪提供机会，这有助于解决当前单一的抽象性释宪机制下提请主体范围过窄和提请释宪动力不足的问题。[①]

二、域外宪法解释提请方式制度对我国的借鉴意义

通过前文分析可以发现，各国的宪法解释提请方式都深受其整体宪法解释体制的制约和影响。我们在借鉴域外国家的宪法解释提请方式制度时，不仅要注意其外在表现形式，更要考察其内在机理和实际功能如何，方能达到取长补短的效果。

普通法院释宪制下的宪法解释提请方式制度以美国为代表。美国实行的是全然意义上的附随性提请、事后提请和具体性提请，该制度虽然具有一定优势，如能够及时纠错和保护公民基本权利，但也弊端丛丛：由于释宪机关不能主动解释宪法，无法发挥宪法解释的预防性功能；宪法解释效力限于个案，不具有普遍效力；当法院认为法律法规因违宪而不予适用于案件时，由于该违宪法规仍然存在并继续有效，其他机关还可以适用该法规，从而导致宪法解释缺乏权威性，对宪法秩序的维护效果不佳。法国和德国是实行专门机关释宪制的代表性国家。而在专门机关负责解释宪法的制度背景下，形成了复合型的宪法解释提请方式制度，即事前提请与事后提请相结合、附随提请与单独提请相结合以及抽象性提请与具体性提请相结合。这种复合型的宪法解释提请方式制度吸收了事前提请的预防功能和事后提请的纠错功能，并且兼具抽象性提请的宪法秩序维持功能和具体性提请的基本权利保护功能，从理论上来说，这可算得上是一种比较完善的制度，但是在制度的实际运行中，也产生了一些弊端，如由于提请方式多样，宪法解释的提请过于便易，导致提请释宪的数量太多，在很大程度上降低了宪法解释对公民权利的保障功能。甚至有当事人为拖延诉讼而肆意提请宪法解释，造成宪法解释资源的无端浪费和普通法院案件审理的延

[①] 韩大元教授等草拟的《专家建议稿》规定了具体审查性宪法解释的请求主体为法院和当事人，以及个人请求宪法解释的条件限制。参见韩大元等:《中华人民共和国宪法解释程序法（专家建议稿）》及其说明，明德公法网，2021-11-14，http://www.calaw.cn/article/default.asp?id=10166。

滞。而英国在《人权法案》颁布施行后，形成了议会和法院共同负责且各有分工的宪法解释体制。在宪法解释提请方式制度上，形成了类似于德国和法国的复合型宪法解释提请方式制度，其优势和弊端也大致相似，故不再赘述。

我国的立法机关释宪制决定了我国现行宪法解释提请制度的抽象性提请方式，未给附随于个案的具体性提请方式留有制度空间，致使我国的宪法解释机制存在运行动力不足的问题。相比之下，域外国家的具体性提请方式为公民通过宪法解释程序寻求基本权利救济提供了制度激励。我们在借鉴域外国家的宪法解释提请方式制度时，要在确保全国人大常委会抽象宪法解释机制的前提下，充分释放现有宪法解释机制的制度效能，与此同时，应考虑如何在现有宪法解释制度的基础上，增添具体性的宪法解释提请方式，为我国宪法解释机制的长效、常态运转提供充足的动力。

我们认为，就完善我国的宪法解释提请方式制度而言，域外国家的宪法解释提请方式制度主要有以下两点可资借鉴：第一，将抽象性的宪法解释提请和具体性的宪法解释提请结合起来，充分发挥宪法解释维持国家机关之间的权力平衡和保护公民基本权利制度功能；第二，宪法解释提请的条件限制要科学合理，高低适宜。宪法是公民基本权利的保障书，现代宪法的根本目的在于保障公民的基本权利不受侵害。解释宪法是为了维护宪法秩序的稳定和谐，宪法解释的提请属于极为严肃的宪法活动，不可等闲视之。其提请门槛既不可过高，而让宪法解释提请的代价太大，导致宪法解释机制难以启动甚至无法启动；也不能过低，让宪法解释的提请过于频繁，甚至肆意提请释宪，降低宪法解释的权威性。

对此，韩大元教授等草拟的《专家建议稿》提出的方案可供参考。《专家建议稿》将宪法解释划分为预防性解释、抽象审查性解释和具体审查性解释三类，并且规定提请宪法解释需以书面形式即"宪法解释请求书"为之。

其中，预防性解释发生的场合为规范性文件制定之时，亦即规范性文件尚在制定过程中，尚未颁布和生效时，这属于事前的宪法解释。在此种情况下，为了避免正在制定的规范性文件发生违宪风险，制定机关可以书面方式直接向全国人大常委会提请解释宪法，无需经过其他国家机关层层递报或前期判断。

抽象审查性解释属于事后解释，其发生在规范性文件颁布实施之后。这又分为两种情况。第一种为特定国家机关或一定数量的全国人大代表，具体包括国务院、中央军事委员会、最高人民法院、最高人民检察院、全国人民代表大会各专门委员会和省、自治区、直辖市的人民代表大会常务委员会以及三十名以上全国人民代表大会的代表或者一个代表团，在行使职权过程中，发现或认为法律、行政法规、地方性法规、自治条例和单行条例、规章等规范性文件同宪法相抵触的，即可以书面方式直接向全国人大常委会提请解释宪法，无需其他前置程序限制。第二种情况为，上述特定国家机关以外的其他国家机关和社会团体、社会组织、企业事业组织以及公民若认为法律、行政法规、地方性法规、自治条例和单行条例、规章等规范性文件同宪法相抵触，可以书面方式向全国人大常委会提出解释宪法的建议，是否被受理或能否实质性地启动宪法解释程序，则有待全国人大常委会工作机构研究决定。这属于亟待建立的宪法解释提请方式。

而在具体审查性解释的场合，宪法解释的提请实际上附随于案件的诉讼程序之中。在此场合下，也存在两种情形：第一种是法院在审理具体案件过程中，认为所适用的法律、行政法规、地方性法规、自治条例和单行条例、规章等规范性文件同宪法相抵触，中止案件审理程序，层报最高人民法院，由最高人民法院最终审核和决定是否向全国人大常委会提请解释宪法；第二种是案件当事人认为所适用的法律、行政法规、地方性法规、自治条例和单行条例、规章等规范性文件同宪法相抵触，在诉讼过程中向法院提出书面申请，如果审理案件的法院研究认为存在与宪法抵触可能的，中止审理程序，并层报最高人民法院，由最高人民法院向全国人大常委会提请宪法解释。可见，在由法院提请释宪的场合下，在正式启动宪法解释之前，有一个最高人民法院判断和决定的环节，而在案件当事人提出的场合下，则需要案件审理法院和最高人民法院各自进行一次"是否抵触宪法"的判定，显然后者比前者的程序和环节更多，在这个意义上，也说明案件当事人发动有效宪法解释程序的概率更小。而在最高人民法院自己审理案件的过程中，最高人民法院认为存在"抵触宪法"的情形时，可径直向全国人大常委会提请解释宪法，直接启动宪法解释程序，无需当事人或其他法院提出释宪申请。

此外，在公民个人请求宪法解释的场合，需以书面形式提出申请。在公民的基本权利受到侵害，认为需要通过解释宪法保护其基本权利时，在具备了"穷尽所有法律途径仍得不到救济"的前提下，方可以向全国人大常委会提出宪法解释的申请。

第四章 宪法解释申请和受理制度比较与借鉴

释宪机关从事宪法解释活动,大体分为依职权主动解释和依申请被动解释两种情况。在依申请被动解释的情况下,宪法解释程序的启动是以有宪法解释提请权的主体向释宪机关提出释宪申请为前提的,但并非有提请权的主体向释宪机关提出的释宪申请都一定会被释宪机关受理。释宪机关在接到释宪申请之后,要依法对申请进行审查,只有符合法定条件和要求的释宪申请才会被受理。宪法解释申请与受理制度处于宪法解释程序机制的前置环节,是释宪机关进行正式宪法解释活动的前提和基础,不仅影响着宪法解释申请者的程序性权利,而且事关其实体权利的实现和维护,因此事关重大,有必要对其进行深入探究。本章主要对域外一些国家宪法解释的申请和受理制度进行比较分析,以期为健全我国宪法解释申请和受理制度提供可资借鉴的经验。

第一节 宪法解释申请制度比较

宪法解释申请制度是关于宪法解释申请者向释宪机关提出宪法解释申请的期限、形式和条件等内容的规程和准则。只有在法定期限内按照法定形式提出并符合法定条件的释宪申请,才会被释宪机关受理。

一、宪法解释申请的期限

宪法解释申请的期限是指申请者向释宪机关提出宪法解释申请的时间方面的限制和要求。域外一些国家在有关宪法解释程序机制的规定中,对提出宪法解释申请的期限作出了明确规定。各种不同的宪法解释申请,其提出的具体期限有所不同。这里对几个具有代表性的国家的相关制度进行梳理和分析,以期从中获得一些启示。

(一) 德国宪法解释的申请期限

德国宪法法院法第三章针对联邦宪法法院管辖范围内的各类案件规定了相应的申请期限：[①]

(1) 关于选举异议的申请期限。根据该法第 48 条规定，议员资格受到争议的议员，得自联邦众议院就选举效力或就丧失联邦众议院议员资格决议后 2 个月内向联邦宪法法院提出异议。

(2) 关于弹劾联邦总统的申请期限。按照第 49 条和第 50 条规定，有申请权的立法机关仅得于知悉提起弹劾总统的原因事实后，3 个月内提起弹劾，并根据国会两院之一的弹劾决议，由作出决议的众议院或参议院院长在 1 个月内寄送联邦宪法法院。

(3) 关于弹劾法官的申请期限。按照第 58 条规定，在诉讼程序中确认联邦法官因违背职务而有责任时，自诉讼程序终局确定时起，已经过 6 个月者，不得再提出弹劾申请。除上述规定情形外，如违背情事已经过 2 年，不得再提出弹劾申请。根据该条规定，对法官的弹劾申请，应自诉讼程序终局确定时起的 6 个月之内提出，法官违背职务的情事发生后超过 2 年，就不能再提出弹劾申请。

(4) 对于被赋予固有权利的当事人，因相对人的作为或不作为致使其基本法所赋予的权利及义务遭受侵害而向联邦宪法法院提出申请的期限。根据第 64 条规定，申请人应自知悉被指责的措施或不作为后 6 个月内提出申请。

(5) 就联邦及各州的权利和义务，尤其是就各州执行联邦法律和联邦实施监督权发生意见分歧而向联邦宪法法院提出申请的期限。按照第 69 条规定，应自发生意见分歧后 6 个月内提出申请。

(6) 因联邦和州之间、各州之间或一州内部发生其他公法争议，且无其他诉讼手段而向联邦宪法法院提出申请的期限。按照第 71 条规定，应自争议发生后 6 个月内提出申请。

(7) 经由州法委托联邦宪法法院裁决州内宪法争议的，向联邦宪法法院提出申请的期限。根据第 73 条规定，应自争议发生后 6 个月内提出。

(8) 法院认为裁判案件所依据的法律违反联邦宪法，以及就某一国际法规

[①] 不过，并非所有宪法解释案都有申请时间限制，例如：第 36 条关于褫夺基本权的申请和第 43 条关于宣告政党违宪的申请，都只规定了申请主体，并未规定申请的时间限制；第 76 条关于联邦法或邦法在形式上或实质上是否符合基本法提出的申请，也未规定提出申请的时限。

则是否构成联邦法的组成部分或者是否直接对个人产生权利义务,而向联邦宪法法院提出裁决申请的期限。根据第 80 条规定,其提出申请的期限为诉讼过程之中,即法院受理案件之后作出裁判之前。

(9) 关于宪法诉愿的申请期限。根据第 93 条第 1 款规定,认为公权力机关侵犯其个人基本权利而向联邦宪法法院提起宪法诉愿的期限,应在 1 个月内,并附具理由。其期间自完整的裁判书送达或以其他方式通知时起算,但以其系依有关程序法规定依职权为之者为限。其他情形,其期间自裁判宣示时起算,裁判不须宣示者,自依其他方式通知诉愿人起算;完整形式的裁判正本未交付诉愿人,诉愿人因此以书面或在书记处以言词作成记录,请求交付完整形式的裁判时,第一句的期间即为中断。其间中断至完整的裁判正本由法院交付诉愿人,或依职权或由参与程序的当事人送达于诉愿人时为止。第 93 条第 2 款规定,诉愿人非因自己的责任致不能遵守前述期限时,应准其申请回复原状,申请应于妨碍事由终止后 2 周内提出。第 93 条第 3 款规定,对于法律或对于无其他法律救济途径的机关行为提起诉愿时,仅能于法律生效后或机关行为作成后 1 年内提起。不过需要注意和讨论的是,若诉愿人针对的是立法不作为而提起宪法诉愿,其提请期限如何确定?如果诉愿人诉称,立法者的行为对于基本权利上的要求考虑不足或根本没有进行考虑的话,那么就适用 1 年的期限;但如果被诉的是立法上的完全的不作为,则只要不作为的行为仍然持续,宪法诉愿就不受期限的限制。①

(二) 法国宪法解释的申请期限

法国的宪法解释制度根据不同的申请内容规定了不同的申请期限。有些申请期限由宪法予以规定,有些申请期限则由宪法授权组织法予以规定。②

(1) 对组织法、法律提案和议会两院议事规程提请审查的申请期限。按照法国宪法第 61 条第 1 款规定,各项组织法应在公布之前提请审查,宪法第 11 条规定的法律提案应在提交公民投票之前提请审查,议会两院的议事规程应在实施之前提请审查。

(2) 对法律提请审查的申请期限。法国宪法第 10 条规定,总统应于法律

---

① 参见 [德] 克劳斯·施莱希、斯特凡·科里奥特:《德国联邦宪法法院:地位、程序与裁判》,刘飞译,法律出版社,2007 年,第 241 页。
② 法国宪法第 63 条规定,宪法委员会的组织及其运作、提请审查的程序,特别是争议提请审查的期限,由组织法予以规定。孙谦、韩大元主编:《世界各国宪法·欧洲卷》,中国检察出版社,2012 年,第 275 页。

最终通过并送交政府后 15 日内公布法律。[①] 根据该规定，在法律送交政府后的 15 日内，一经总统公布，就不得再对该法律提请宪法委员会进行合宪性审查。因此，对法律提请审查的申请期限为法律最终通过并送交政府之后，且在总统公布法律之前。

（3）对法律文件的内容是否具有行政立法属性提请审查的申请期限。根据法国宪法第 37 条第 2 款，在宪法生效实施后所制定的法律文件，经宪法委员会确认其内容具有行政立法性质，始得以行政命令进行修改。宪法和组织法都未规定总理将法律文件提交宪法委员会审查的具体申请期限，因此可以在法律文件颁布后随时提出审查申请。但从宪法的规定可以看出，若行政命令要修改法律文件的内容，必须事先将该法律文件提交宪法委员会审查，只有在宪法委员会审查确认该法律文件的内容具有行政立法性质之后，方能以行政命令修改法律文件的内容。

（4）对国际条约是否含有与宪法相抵触的条款提请审查的申请期限。法国宪法和《宪法委员会组织法》都未规定其具体期限，但 1992 年 9 月 2 日宪法委员会在"关于欧洲联盟条约"的裁决中指出："只要条约尚未被批准，有关主体就可以提请审查。"[②] 因此，在总统批准条约之前，总统、总理、两院任何一院的议长、60 名国民议会议员和 60 名参议员都可以对国际条约向宪法委员会提出审查申请。

（5）对法律提案或修正案提请审查的申请期限。根据宪法第 41 条，在立法过程中，如果法律提案或修正案不属于立法范围或与宪法第 38 条规定的授权内容相抵触，政府或相关议院的议长得对此提出异议。如果政府与议长的意见不一致，应提请宪法委员会裁决。按照该规定，政府或议会议长对于法律提案或修正案是否属于立法范围向宪法委员会提出审查申请的期限，应为立法过程之中，也就是在议会讨论完毕之前提出申请，如果议会已经讨论完毕则意味着立法过程结束，此时不得再提出审查申请。

（6）对选举争议提请审查的申请期限。法国宪法第 59 条规定，国民议会议员和参议员选举发生争议时，由宪法委员会裁定其合法性。《宪法委员会组织法》第 33 条规定了申请裁决的期限，即对国民议会议员和参议员选举异议向宪法委员会提出审查请求，应当在投票结果公布后的 10 天内进行。

（7）对总统行使紧急状态权提请审查的申请期限。法国宪法第 16 条规定

---

① 参见孙谦、韩大元主编：《世界各国宪法·欧洲卷》，中国检察出版社，2012 年，第 269 页。
② 宪法委员会第 92-312DC 号裁决。

了总统行使紧急状态权的条件,[①] 根据该条第6款规定,总统行使紧急状态权30日后,有关主体有权请求宪法委员会裁决总统行使紧急状态权是否符合宪法规定的条件,总统行使紧急状态权60日后或其后的任何时间,宪法委员会得主动进行审查并以同样方式作出决定。

(8) 当事人认为法律侵犯其宪法权利和自由提请审查的申请期限。根据法国宪法第61-1条规定的"合宪性先决程序",当事人在诉讼过程中,若认为一项法律构成对个人基本权利与自由的侵犯,可经最高行政法院或最高司法法院向宪法委员会提出审查申请。根据该规定,当事人提出审查申请的时间,应在法院诉讼过程中,而按照《宪法委员会组织法》第23-1条规定,该请求可以在第一次上诉时提出,也可以根据指令重新提出。[②] 可见,当事人在法院诉讼中对侵犯其宪法权利和自由的法律向宪法委员会提出审查申请的时间,可以是在一审诉讼过程中提出,也可以是在上诉时提出,如果第一次提出审查申请被原审法院或最高法院认为不符合条件,也可以根据法院的指令重新提出审查申请。此外,《宪法委员会组织法》第23-5条规定,最高行政法院或最高法院收到原审法院递交的当事人提出的审查申请后,对当事人提出的审查申请是否符合条件进行复审,对符合条件的审查申请应在3个月内转交宪法委员会进行合宪性审查。

(三) 俄罗斯宪法解释的申请期限

俄罗斯对于宪法解释申请的期限主要在宪法法院法中予以规定。

(1) 对国家机关的法律文件和协议提出审查的申请期限。俄罗斯宪法法院法第85条规定,对于国家权力机关制定的法律文件和国家权力机关之间的协议,申请人如果认为应该停止使用时,可以向联邦宪法法院提出审查申请。该条并没有规定提出审查申请的具体时间,只要申请人认为上述法律文件和协议应当停止使用,就可以随时提出审查申请。

(2) 对未生效的国际条约提出审查的申请期限。俄罗斯宪法法院法第89条规定,申请人认为未生效的国际条约违反俄罗斯宪法,有权向联邦宪法法院提出审查申请。据此,申请人对国际条约提出审查申请的期限为该国际条约签

[①] 即"当共和制度、国家独立、领土完整或国际条约义务的履行遭受严重而即刻的威胁,致使宪法所规定的公权力正常运作受到阻碍时,经咨询总理、议会两院议长和宪法委员会主席,总统得采取紧急措施。"参见法国宪法第16条第1款,孙谦、韩大元主编:《世界各国宪法·欧洲卷》,中国检察出版社,2012年,第270页。

[②] 参见吴天昊:《法国违宪审查制度》,中国政法大学出版社,2011年,第320-321页。

署之后、被批准生效之前。

（3）对国家权力机关之间的职权纠纷提请裁决的申请期限。根据俄罗斯宪法法院法第92条规定，国家权力机关之间发生职权争议后，有权向联邦宪法法院提出解决争议的申请，且没有规定具体的时间。可见，国家权力机关之间发生职权争议后，发生争议各方都有权随时向联邦宪法法院提出裁决申请。但该条还规定，在以下两种情况下，提请裁决的申请期限是1个月：①如果以前曾向有关国家权力机关提出过书面声明，指责该权力机关侵犯了申请人的职权范围，或指责其回避履行属于自己职权范围的职责，在收到书面声明后1个月内，声明中提到的侵权行为并未予以消除；②有关国家权力机关提出要联邦总统采用宪法第85条规定的调解程序解决争议，且请求提出1个月内总统没有运用这些调解程序，或这些程序未能使争议得到解决。

（4）公民对侵犯其宪法权利和自由的法律提请审查的申请期限。按照俄罗斯宪法法院法第96条规定，在具体案件中适用或应予适用的法律侵犯宪法权利和自由时，公民或公民联合体以及联邦法律规定的其他机关和人员有权向联邦宪法法院提出审查申请。根据该规定，对于侵犯公民宪法权利和自由的法律，应在具体案件的诉讼过程中提出审查申请。由于没有规定是在具体案件的何种审理阶段提出申请，因此，只要是在法院对具体案件进行审理期间，当事人都可以对案件适用或应予适用的法律提出审查申请，既可以在一审期间提出，也可以在上诉审期间提出。

（5）法院对法律提出合宪性审查的申请期限。根据俄罗斯宪法法院法第101条规定，在进行案件审理时，如果法院认为在案件中适用或应予适用的法律不符合联邦宪法，可以向联邦宪法法院提出对该法律的合宪性审查申请。因此，法院对法律提出合宪性审查申请的期限为，在对案件进行审理期间，即法院受理案件之后、作出裁判之前。俄罗斯宪法和宪法法院法都没有规定提出合宪性审查申请的法院类型和法院级别，因此包括普通法院和仲裁法院在内的任何一级法院在审理具体案件时，都有权对适用或应予适用的法律提出审查申请。①

（6）就对总统的指控是否符合规定程序提出询问的申请期限。俄罗斯宪法法院法第109条规定，对有关总统犯有叛国或其他严重罪行的指控是否符合规定程序的询问申请，应在国家杜马通过有关指控的决定之日起1个月内，向联

---

① 参见刘向文、韩冰、王圭宇：《俄罗斯联邦宪法司法制度研究》，法律出版社，2012年，第142—143页。

邦宪法法院提出。

（四）奥地利宪法解释的申请期限

奥地利宪法法院法对各类宪法解释案中的申请期限作出了较为详细的规定。

（1）对有关审计署权限的法律条文的解释发生争议时的申请期限。奥地利宪法法院法第36条之一第2项规定，审计署与宪法第121条规定的法定实体，[1] 就审计署权限的法律的解释发生争议时，得申请宪法法院裁判，申请须于争议发生后1年之内提出。

（2）与联邦、州、市镇或市镇联盟发生财产争议时的申请期限。奥地利宪法法院法第37条规定，凡与联邦、州、市镇或市镇联盟发生财产争议，且不能通过普通诉讼程序和行政机关决定获得解决的，向宪法法院提出裁决申请的期限为以联邦、州、市镇或市镇联盟为诉讼被告的诉讼过程之中。

（3）法院与行政机关发生权限争议时的申请期限。根据奥地利宪法法院法第42条第2项规定，法院与行政机关发生权限争议，向宪法法院提出裁决申请的期限为联邦或州的最高行政机关于职务上知悉权限争议之日后4周之内。

（4）法院之间发生权限争议时的申请期限。按照奥地利宪法法院法第43条第1项规定，行政法院与其他法院、行政法院与宪法法院、普通法院与其他法院发生权限争议，向宪法法院提出裁判申请的期限为权限争议发生之后，上述法院尚未就该案作出确定终局裁判之前。

（5）联邦与州之间、各州之间发生权限争议时的申请期限。根据奥地利宪法法院法第47条第2项规定，联邦与州之间，或各州之间就同一行政事项都主张有处分权或决定权而发生权限争议，向宪法法院提出裁决申请时，该申请应由提出申请的政府于职务上知悉权限争议之日结束后4周之内提出。此外，第48条还规定了参与诉讼者向宪法法院提出裁判申请的期限，即参与诉讼者有权请求行政机关或司法机关依法向宪法法院提出裁判申请，若行政机关或司法机关未依照该请求在4周内向宪法法院提出申请，则当事人有权于之后的4周内向宪法法院提出权限争议裁判之申请。

（6）对有关督察委员会权限的法律条文的解释发生分歧时的申请期限。奥地利宪法法院法第89条规定，督察委员会与联邦政府或联邦部长就有关督察

---

[1] 奥地利宪法第121条规定的法定实体包括联邦、各州、各市镇联盟、各市镇和其他法定实体。参见孙谦、韩大元主编：《世界各国宪法·欧洲卷》，中国检察出版社，2012年，第81页。

委员会权限的法律条文，发生解释上的意见分歧时，应于 4 周之内申请宪法法院裁决。此期间从联邦政府于职务上知悉以下情事之日起计算：督察委员会认为其有权限、或违背联邦政府的异议之故意的职务行为、或有管辖权的联邦部长认为其有权限以及继续已开始的职务行为或故意的职务行为之执行存在时。对于督察委员会，此期间以于职务上知悉联邦政府拒绝提出最终意见，或于其正执行有争议的职务因联邦政府知悉而受阻挠时起算。

（7）对法律提出合宪性审查的申请期限。关于就法律是否违宪而提请宪法法院审查，奥地利宪法法院法未规定具体的申请期限。但从宪法法院法第 62 条第三项的规定[①]来看，法院向宪法法院提出对法律的合宪性审查申请，应在案件审理过程之中，即法院受理案件之后，对案件作出判决之前。根据该项规定，法院提出合宪性审查申请后，在宪法法院对法律的合宪性作出裁判之前，法院只能对原审案件作出不受宪法法院裁判影响或非终局解决问题的裁判及处理，也就是说，对于原审案件受宪法法院裁判影响或终局解决的问题，法院必须在宪法法院得出合宪性裁判结论之后才能作出。

（8）对选举提出异议的申请期限。宪法法院法第 68 条规定，主张选举程序违法而向宪法法院提出异议申请，应于选举程序结束后 4 周内提起，但于相关选举法中已规定有审级救济者，应于最终审所作成之行政裁决送达后 4 周内提起。也就是说，若选举法未规定有审级救济，应在选举程序结束后 4 周内提出申请，但若相关选举法已规定了审级救济的，则必须在终审救济作出行政裁决之后的 4 周内提出申请。

（9）对特定国家领导人或国家机关公职人员提出弹劾的申请期限。宪法法院法第 80 条规定，对联邦最高机关和州最高机关的特定国家领导人或国家机关公职人员向宪法法院提出追究其宪法责任的指控的申请，应于被告离职之日起 1 年之内提出。对于奥地利宪法第 142 条第 2 款第（a）项至（h）项所规定的情形，从向有管辖权的民意代表机关申请提起弹劾之日起，至该民意代表机关就该申请做成决议时止，这段时间最长不得超过 6 个月，不列入前述 1 年的期间。

（10）因宪法权利受到侵害而提起诉讼的申请期限。根据奥地利宪法第 144 条和宪法法院法第 82 条规定，原告受宪法保护的权利因行政机关或独立

---

① 奥地利宪法法院法第 62 条第三项规定，法院申请撤销法律或法律之某部分，则于裁判宣示及送达前，法院就本案仅得为不受宪法法院裁判影响或非终局地解决问题的行为或裁判及处分，且以不得拖延者为限。

行政评议会的决定遭到侵害，或其权利因违法法令、违法法律（国家条约）重申令、违宪法律或违法的国家条约的适用遭到侵害，而对行政机关或独立行政评议会的决定向宪法法院提起诉讼的申请期限，仅得于穷尽行政救济程序后，最终审行政机关所作裁决送达起6周之内提起。

二、宪法解释申请的形式

宪法解释申请的形式是指释宪申请者向释宪机关提出宪法解释申请所采用的方式。从各国有关宪法解释的规定来看，基本都要求申请者以书面形式提出释宪申请，并对申请书应载明的内容作出了规定。

（一）以书面形式提出释宪申请

德国宪法法院法第23条规定，导入程序之申请，应以书面形式向联邦宪法法院提出。申请应附具理由与必要的证据方法。法国《宪法委员会组织法》第23-1条规定，公民在诉讼中认为法律侵犯其宪法权利和自由而提出合宪性审查申请，该申请应独立地以诉状形式作出。该法第34条规定，对国民议会议员和参议员选举产生异议而向宪法委员会提出的审查申请应当是书面的。俄罗斯宪法法院法第37条规定，向联邦宪法法院提出的案件审理请求需以书面形式寄出，并且要有负责人的签字。奥地利宪法法院法第15条规定，向宪法法院提出的申请，应以书面为之。申请书应叙明所据以向宪法法院提出申请之联邦宪法条文，陈述申请案件事实，以及特定的请求。

有的除了要求以书面形式提出释宪申请外，还针对申请释宪主体的不同，以及不同申请主体提出释宪申请的目的不一样，而对书面申请的名称作出了不同规定。如俄罗斯宪法法院法第36条规定：以询问书、申请书或者申诉书的形式向联邦宪法法院提出请求均可以作为联邦宪法法院审理的依据。"询问书"主要适用于以下情况：总统、联邦委员会或国家杜马的五分之一的议员、联邦政府、联邦最高法院、联邦各主体的立法和行政机关对有关国家权力机关制定的法律文件、国家权力机关之间签订的协议和未生效的国际条约是否符合宪法向联邦宪法法院提出的审查请求（俄罗斯宪法法院法第84条、第88条）；总统、联邦委员会和国家杜马、联邦政府以及联邦各主体立法机关向联邦宪法法院提出的对联邦宪法进行解释的请求（俄罗斯宪法法院法第105条）；法院在审理案件时，对在该案件中所适用或应予适用的法律向联邦宪法法院提出的合宪性审查申请。"申请书"适用于联邦国家权力机关、联邦主体国家权力机关、联邦最高国家权力机关之间发生职权争议后向联邦宪法法院提出有关解决争议的请求（俄罗斯宪法法院法第92条）。"申诉书"适用于公民或公民联合体以及其他机关和人员在具体案件中认为法院适用或应予适用的法律侵犯了其宪法权利和自由，向联邦宪法法院提出的控告（俄罗斯宪法法院法第96条）。

（二）申请书的其他形式要求

上述各国不仅要求宪法解释申请应以书面形式提出，而且规定了申请书的其他形式要求，对于不符合要求的申请会要求补正。

如德国宪法法院法第48条规定，在选举异议申请书上附议的其他选举权人，应亲手在申请书上签名；除签名外，并应记载签署人的出生年月日与主要住所之地址。第49条规定，对联邦总统提出弹劾申请，弹劾状应记载遭到弹劾的作为或不作为，证据方法及所违背的宪法或法律规定，弹劾状应记载联邦众议院以法定人数三分之二以上或联邦参议院以三分之二以上票数通过而提起弹劾的决议。

法国《宪法委员会组织法》第35条规定，对选举合法性提出审查申请的，申请书应当包含申请人姓名和身份情况，受质疑的获胜候选人的姓名和对其提出质疑的理由。申请人在申请中应当附加所有能支持其理由的文件材料。在特殊情况下，宪法委员会可以准许申请人额外的时间以准备文件。

俄罗斯宪法法院法第37条规定，向联邦宪法法院提出审查的申请书应包含以下内容：（1）申请书需要寄达的联邦宪法法院机关的具体名称；（2）申请人的名称（在公民的申请书中要写明公民的姓名和父称）、地址以及申请人的其他有关材料；（3）有关申请人的代理人及其职务的必要材料，法定代理人除外；（4）受质疑法令的颁布机关，以及参与有关职权范围争议的国家机关的名称和地址；（5）俄罗斯联邦宪法和本法律文件规定的有关向联邦宪法法院提出案件审理请求权利条款的内容；（6）需要予以审查的法令以及需要予以解释的俄罗斯联邦宪法有关条款的确切名称、编号，通过的日期、来源以及其他有关材料；（7）本法律文件规定的联邦宪法法院对案件审理请求进行审议的具体原则；（8）申请人对所提问题的看法以及作为法律依据引用的俄罗斯联邦宪法相应条款的具体内容；（9）向联邦宪法法院提出与询问书、申请书和申诉书有关的其他要求；（10）随案件审理申请书所附文件的清单。

根据俄罗斯宪法法院法第38条规定，随申请书需要附上以下文件：（1）需要予以审查与解释的法令和联邦宪法条款的原文；（2）表明有代理人职务的证明文件和其他凭证（法定代理人除外），以及表明作为代理人在联邦宪法法院发言权里的证明文件复印件;(3)缴纳国家费用的凭证;(4)用其他文字书写的所有文件和材料的俄文译本。该法还规定,随申请书可以附上建议参加联邦宪法法院会议的证人和鉴定人名单,以及其他文件和材料。

奥地利宪法法院法第15条第2项规定,申请书应叙明所据以向宪法法院提出申请的联邦宪法条文,陈述申请案件事实,以及特定的请求。第17条第4项还规定,申请书亦得包含法律意见之论述。第18条规定,申请书不符合本法第15条及第17条或本法所规定的其他形式要件,[①] 若其瑕疵得被排除,则宪法法院常任法官应发还该申请,并令申请人于一定期间内补正。

三、宪法解释申请的条件

宪法解释申请条件是宪法解释申请制度中十分重要的内容,指的是申请者向释宪机关提出宪法解释申请时必须具备的前提。是否符合相关条件直接影响着释宪申请的发展方向,决定着释宪申请能否被释宪机关所受理。

（一）德国宪法解释的申请条件

德国宪法解释程序机制较为完善,其宪法法院法对各种宪法解释的申请条件都有十分明确和详细的规定,宪法法院在受理释宪申请时,对一些不合法或理由不充分的申请,将予以驳回。[②]

(1) 选举异议的申请条件。德国宪法法院法第48条规定,选举权人、党团或十分之一以上的联邦众议院议员,对联邦众议院就选举效力或就丧失联邦众议院议员资格的决议,向联邦宪法法院提出选举异议的申请条件为,需要其异议已被联邦众议院驳回,并有100个选举权人附议。也就是说,选举异议必须先向联邦众议院提出,只有在该异议被联邦众议院驳回之后才能向联邦宪法法院提出申请,并且该异议须有100个选举权人附议,否则联邦宪法法院不会受理。

[①] 如奥地利宪法法院法第62条规定,对法律的合宪性提出审查申请者,申请应逐一陈述法律抵触宪法之疑义。凡主张其权利因法律违宪直接受侵害而提出申请者,亦应陈述该法律于无法院裁判或无裁决颁布下已对申请人发生效力之范围。参见胡骏:《奥地利宪法法院研究》,法律出版社,2012年,第275—276页。

[②] 德国宪法法院法第24条关于简易程序的规定,对于"不合法或显无理由之申请,法院得以一致同意之裁定驳回之"。第37条关于褫夺基本权的规定,"联邦宪法法院应予申请相对人在一定期间为陈述之机会之后决议,是否将申请以不合法或理由不充分驳回之,或继续进行审理"。

(2) 对总统和联邦法官提起弹劾的申请条件。德国基本法第 61 条规定对总统提出弹劾的条件为，就总统存在故意违反基本法或其他法律的行为，弹劾请求须经至少 1/4 的联邦众议院议员或 1/4 联邦参议员投票同意方可提出。弹劾决议须联邦众议院议员 2/3 的多数或联邦参议院表决票 2/3 的多数通过。德国宪法法院法第 58 条规定对联邦法官因违背职务提出弹劾的申请条件为，应从法院的诉讼程序终局确定时起提出，在诉讼程序终局确定之前，或因同一违背职务已提起正式惩戒程序者，在开始此项程序前，均不得提出弹劾申请。

(3) 当事人因权利义务遭受侵害而提出申请的条件。根据德国宪法法院法第 64 条规定，对于联邦最高权力机关或由基本法和某一联邦最高权力机关通过议事规程赋予固有权利的当事人[①]向联邦宪法法院提出申请的条件为，须因相对人的作为或不作为致使其基本法所赋予的权利或义务遭受侵害，或有遭受直接侵害之虞者，始得提出申请，且申请应记载因相对人被指责的措施或不作为致被违背的基本法规定。

(4) 对联邦法或州法提出审查申请的条件。德国宪法法院法第 76 条规定，对联邦法或州法是否符合基本法而向联邦宪法法院提出申请的条件为：一是因形式上或实质上抵触基本法而无效者；二是法院、行政机关、联邦或州机关，曾以该法抵触基本法而不予适用，但申请人认为有效者。联邦参议院、联邦政府或州民意代表机关，认为联邦法律未满足基本法第 72 条所定条件而无效时，[②] 始得提出申请。

(5) 法院对裁判所依据的法律提出审查申请的条件。根据德国宪法法院法第 80 条规定，法院认为裁判案件所依据的法律违反联邦宪法而向联邦宪法法院提出裁决申请的条件为，申请必须叙明理由，法院之裁判在何种程度内取决于这些法律规定的效力，以及这些法律与何种上级法律规范抵触，并且同时附具卷宗。

(6) 提起宪法诉愿的申请条件。德国宪法法院法第 90 条规定，提起宪法诉愿的条件包括以下几个方面：一是必须是诉愿人的基本权利受到侵害，即必

[①] 根据德国宪法法院法第 63 条规定，申请人或相对人限于：联邦总统、联邦众议院、联邦参议院、联邦政府及依基本法或依联邦众议院及联邦参议院处务规程被赋予固有权利之联邦众议院或联邦参议院之部分机关。

[②] 根据德国基本法第 72 条第 2 款规定，在第 74 条相关条款范围内，如为在联邦境内同等的生活关系或在全国利益下维护法治和经济的统一而有必要联邦法律规定，则联邦享有立法权。参见孙谦、韩大元主编：《世界各国宪法·欧洲卷》，中国检察出版社，2012 年，第 185 页。

须是基本法第93条第1款第4项之一和第4项之二所规定的基本权利,[1]而且这些基本权利受到的侵害必须是现实的和直接的损害。二是诉愿人所受到的侵害必须是来自公权力的侵害而不是来自私主体的侵害,而且该公权力的行为已经产生法律效力。三是诉愿人如有其他法律救济途径,仅于其他法律救济途径已用尽之时,始得提起宪法诉愿,但在未用尽其他法律救济途径前提起宪法诉愿,如具有普遍重要性,或因诉愿人如先遵循其他法律救济途径,将遭受重大或无法避免的损害时,也可提起宪法诉愿。此外,提起申请的诉愿人须具有基本权利能力和基本权利行为能力,其中基本权利行为能力依据诉愿人行使基本权利的实际上的前提条件即判断力,而不是依据法定的行为能力来判断;基本权利能力方面,除本国人外,外国人、政党、议员、乡镇、法人、大学和学院、宗教团体等都享有基本权利能力。[2]

(二) 法国宪法解释的申请条件

法国在2008年修宪之前,主要是抽象宪法解释,对于宪法解释的申请条件并没有特别具体的规定。宪法只规定了各种规范性文件提交宪法委员会审查的时间,如各组织法必须在公布前,宪法第11条规定的法律提案必须在提交公民投票前,议会两院议事规程必须在实施前,提交宪法委员会审查其合宪性。法律应当在公布前向宪法委员会提出审查申请,在公布之后则不能提出审查申请。因此,在2008年修宪之前,如果认为颁布之后的法律违反宪法,原则上不得提出审查申请。

但在特殊情况下也可以对已生效的法律进行审查。宪法委员会在1985年关于一项法国海外领地(新喀里多尼亚)紧急状态的法律的裁决中,宣布对已经颁布的法律也可以进行合宪性审查,但必须符合以下条件:(1)只能依据宪法第61条第2款提出审查申请;(2)只能在对该生效法律进行修订时才能提出审查申请;(3)"修订"是指对生效的法律的部分条款进行补充、修改的情况,如果是在为了实施前法而制定后法的情况下则不能提出审查申请;(4)宪法委员会之前未对该法进行过审查。只有在满足上述条件下,才能对已生效的

---

[1] 德国基本法第93条第1款第4项之一的内容是,任何人认为公权力机关侵犯个人基本权利或侵犯基本法第20条第4款、第33条、第38条、第101条、第103条和104条规定的权利时,而提起的宪法诉愿。第93条第2款第4项之二的内容是,乡镇和乡镇联合体依据基本法第28条的自治权受到法律侵害而提起的宪法诉愿。参见孙谦、韩大元主编:《世界各国宪法·欧洲卷》,中国检察出版社,2012年,第190页。

[2] 参见刘义:《德国宪法诉愿的双阶受理程序及其法理——兼论对我国立法第90条第2款的启示》,《浙江学刊》2012年第4期。

法律提出审查申请。①

在 2008 年修宪之后，法国增加了具体宪法解释。随之修改的法国《宪法法院组织法》明确规定了提出具体宪法解释的申请条件。该法第 23-2 条规定，当事人在具体案件中对法院适用或应予适用的法律向宪法委员会提出审查申请的条件包括三个方面：

（1）被挑战的条款适用于争议的解决，或者争议解决的程序，或者构成起诉的基础。

（2）它未曾被宪法委员会的一项裁决宣布整体或部分符合宪法，除非社会条件已经发生变化。

（3）涉及的问题具有重要性。

上述三个条件分别简称为相关性、新颖性和重要性，只有同时符合这三个条件，当事人提出的申请才能被宪法委员会受理。

（三）俄罗斯宪法解释的申请条件

俄罗斯宪法法院法较为详细地规定了各种宪法解释的申请条件。

（1）对国家权力机关的法律文件和国家权力机关之间的协议提出合宪性审查的申请条件。根据俄罗斯宪法法院法第 85 条规定，对这些法律文件与协议提出审查申请的条件有：①这些法律文件与协议的整体或部分内容违反了俄罗斯联邦宪法，应该停止适用；②或与此相反，联邦国家权力机关、联邦各主体最高国家权力机关及其负责人正式通过的决定中，以不符合联邦宪法为由表示不予执行的那些法律文件与协议并不违宪，应该予以适用；③联邦主体的法律文件所涉及的内容属于联邦国家权力机关管辖的职权范围或属于联邦国家权力机关与联邦主体国家权力机关共同管辖的职权范围。只有出现上述三种情况之一时，才能对这些法律文件和协议提出合宪性审查申请。

（2）对未生效的联邦国际条约提出合宪性审查的申请条件。根据第 89 条规定，在以下条件下，方能对未生效的联邦国际条约提出审查申请：①要求进行审查的国际条约应受俄罗斯联邦宪法、国家杜马批准的联邦法律或其他联邦国家权力机关有关规定的制约；②认为该未生效的联邦国际条约违反联邦宪法，不应予以生效并适用。

（3）对有关职权争议提请裁决的申请条件。根据第 93 条规定，对职权争议向联邦宪法法院提出解决争议的申请条件包括：①引起争议的职权范围是由

---

① 参见吴天昊：《法国违宪审查制度》，中国政法大学出版社，2011 年，第 161-162 页。

俄罗斯联邦宪法所确定的；②争议不涉及有关法院的管辖范围问题；③争议未能或不可能以其他方式予以解决；④申请人认为颁布某项法律文件与完成某项具有法律性质的行动，或回避颁布该法律文件与回避完成该行动都损害了联邦宪法确定的对国家权力机关之间职权范围的划分；⑤以前曾向联邦宪法第125条第3款中指出的国家权力机关提出过有关的书面声明，指责这些机关侵犯了宪法和其他协议确定的属于申请人的职权范围，或者指责他们回避履行属于自己职权范围的职责；⑥在有关国家权力机关提出要求联邦总统采用宪法第85条规定的调解程序解决争议的请求后1个月内，联邦总统没有运用这些调解程序，或者这些程序未能使争议得以解决。

（4）公民对在具体案件中适用或应予适用的法律提出审查的申请条件。根据第96条和第97条规定，公民或公民联合体以及联邦法律规定的其他机关和人员，向联邦宪法法院提出对法律进行审查的申请条件包括：①须针对具体案件中适用或应予适用的法律提出审查申请；②该法律构成对公民的宪法权利与自由的侵犯；③须是在法院及其他法律机关对具体案件进行审理时，该法律在案件中被适用或应予适用。这几个条件须同时具备，方能提出审查申请。

（5）法院对法律提出审查的申请条件。根据第101条和第102条，法院向联邦宪法法院提出对法律的审查申请，须同时符合以下两个条件：①法院在对案件进行审理之时；②该法律已经被适用，或者根据法院意见，应该在其审理的具体案件中适用。

（6）法定国家机关提出宪法解释的申请条件。按照第105条规定，联邦总统、联邦委员会、国家杜马、联邦政府以及联邦各主体立法权力机关有权向联邦宪法法院提出书面询问，请求对联邦宪法进行解释。这些法定国家机关向联邦宪法法院提出宪法解释的申请条件为，该法定国家机关在联邦宪法条款中发现了不确定性，即对联邦宪法条款的含义产生了疑义或理解上的分歧。

（四）奥地利宪法解释的申请条件

根据奥地利宪法和宪法法院法的规定，各种宪法解释的申请条件主要有以下几方面。

（1）对关于审计署权限的法令向宪法法院提请裁决的申请条件。根据宪法院法第 36 条之一的规定，审计署与宪法第 121 条规定的法定主体，① 就规定审计署权限的法令解释有争议，可向宪法法院提出裁决申请。此处的"争议"是指，法定主体就审计署权限的决算审查有明确的疑义，或就决算审查未获通过，或就审计署拒绝进行决算审查的特别情形。

（2）与联邦、州、市镇或市镇联盟发生财产争议，向宪法法院提请裁决的申请条件。按照宪法第 137 条规定，该争议不能通过普通法律程序或行政机关决定获得解决，也就是说，如果该争议能够通过普通法律程序或行政机关决定获得解决的，就不得向宪法法院提出裁决申请。

（3）对法院与行政机关的权限争议向宪法法院提出裁决的申请条件。根据宪法法院法第 42 条第 1 款规定，法院与行政机关就同一案件皆主张自己有权限或于事件中已自为裁判者（肯定的权限争议），得申请宪法法院就权限争议问题进行裁判，但已就本案为确定裁判者不在此限。也就是说，在该争议中，双方都主张自己有权限或已作出裁判，且尚未作出确定终局裁判时才能提出申请，如果已经作出确定终局裁判则不得再向宪法法院提出裁决申请。

（4）对法院之间发生权限争议向宪法法院提出裁决的申请条件。根据宪法法院法第 43 条第 1 款规定，法院与其他法院，或行政法院与宪法法院本身，或普通法院与其他法院，就同一案件皆主张有裁判权而产生争议时，宪法法院应加以裁判，但上述法院之一已就本案为确定裁判者不在此限。也就是说，须法院尚未就本案作出确定终局裁判，如果任一法院已经就本案作出确定终局裁判，则不得再向宪法法院提出裁判申请。

（5）对联邦与各州之间的权限争议向宪法法院提出裁决的申请条件。按照宪法法院法第 47 条第 1 款规定，各州之间，或州与联邦之间，因就同一行政事件都主张有处分权或决定权（肯定的权限争议）而产生权限争议时，有关的任一州政府都须申请宪法法院裁决。即是说，州与州之间、州与联邦之间都对某一行政事项主张有处分权而产生的权限争议，即肯定的权限争议，争议中的任何一政府都能向宪法法院提出裁决申请。但是，根据宪法法院法第 50 条第 1 款规定，州与州之间、州与联邦之间都对某一行政事项主张无处分权或决定权而产生争议，即否定的权限争议，则只有被驳回的当事人才能向宪法法院提出裁决申请。

---

① 奥地利宪法第 121 条规定，联邦、各州、各市镇联盟、各市镇和其他法定主体的财政管理活动，均接受审计署审查。参见孙谦、韩大元主编：《世界各国宪法·欧洲卷》，中国检察出版社，2012 年，第 81 页。

第四章　宪法解释申请和受理制度比较与借鉴

（6）个人权利受到违宪法律的侵害时对该法律提出审查的申请条件。根据宪法第 140 条和宪法法院法第 62 条第 1 款第 3 项规定，宪法法院应对声称其权利受到某项违宪法律直接侵害的任何个人的请求，就该法律是否违宪作出裁决，但如系根据司法判决或专门裁定使该项法律对该人生效者除外。也即是说，须由个人权利受到违宪法律的直接侵害方提出申请，且该法律并未因法院裁判或专门裁定对申请人发生效力，如果申请人的权利不是受到违宪法律的直接侵害，或者根据司法判决或专门裁定该项法律已对申请人发生效力的，都不得提出申请。

（7）提出撤销选举之诉的申请条件。根据宪法第 141 条和宪法法院法第 67 条规定，提出撤销州政府的选举之诉，须州议会所有议员十分之一申请，并且不得少于两位议员；提出撤销乡镇选举之诉，须乡镇代表机关所有代表十分之一申请，并且不得少于两位代表。撤销其他选举之诉，由选举人团体（政党）为之，选举人团体在诉请撤销选举之前，须及时向选举规则所规定的选举机关提出候选人名单，并且经由其送达代理人。

（8）对联邦及州最高机关提出弹劾的申请条件。按照宪法第 142 条及宪法法院法第 72 条规定，联邦最高机关或州最高机关存在公务上的违法行为，联邦参议院、众议院或州议会向宪法法院提出弹劾时，应转送有关经认证的作出起诉决定的会议记录的缮本；依宪法第 142 条第 2 款的规定，由联邦总理所提起的诉讼应附上联邦政府决定提起弹劾所根据经证明的部长会议的缮本。只有应决议提起指控之一个或多个代议机关的请求，联邦总统才能行使宪法第 65 条第 2 款第 3 项所规定的权力，①但如果决议提起指控的是联邦政府，则必须应联邦政府的请求才能行使上诉权力，而且在任何情况下均须征得被告人的同意。

（9）原告宪法权利受到侵害提起诉讼的申请条件。根据宪法第 144 条和宪法法院法第 82 条规定，原告的宪法权利因行政机关或独立行政评议会的决定遭到侵犯，或者其权利因某项违法法令、违法的法律（国家条约）重申令、违宪法律或违法国家条约的适用遭到侵害，而对行政机关或独立行政评议会的决定提出指控，须在穷尽所有行政救济程序之后提出申请。

---

①　奥地利宪法第 65 条第 2 款第 3 项规定，除本宪法其他条款赋予总统的权力外，总统还有权：……；（三）在个别案件中，对法院已作确定判决者予以赦免，减轻或改变法院宣判的处罚，恩免法律后果并宣告判决无效，撤销对履行公务时的犯罪行为的起诉。参见孙谦、韩大元主编：《世界各国宪法·欧洲卷》，中国检察出版社，2012 年，第 72 页。

四、宪法解释申请的撤回

一般而言，申请者向释宪机关提出宪法解释申请，都是由于存在对宪法条款的理解产生疑义，或者因某事项发生分歧或争议等情况，需要释宪机关予以澄清或作出裁决。但有时申请者提出申请之后，发生了提出申请时所没有意料到的新情况，致使其不愿意或不需要释宪机关予以答复或解决，在这种情况下，申请者能否撤回申请？对此，各国的规定和做法有所不同。

德国宪法法院法没有统一规定是否能够撤回释宪申请，只在个别条款中规定允许撤回申请。如该法第52条规定，对联邦总统的弹劾案得于宣示判决前经原申请之立法机关决议后撤回，决议须经有联邦众议院法定人数过半数或联邦参议院过半数票的同意。弹劾案因申请之立法机关的院长将决议文正本寄送联邦宪法法院而撤回。弹劾总统于1个月内对此提出异议时，其撤回无效。此外，该法第48条关于选举审查的规定虽然没有明示能否撤回选举审查申请，但在联邦宪法法院的实践中是允许撤回选举审查申请的。不过，由于这是一个客观程序，在其涉及公共利益的情况下，联邦宪法法院也可以在选举审查申请被撤回之后仍然作出其裁判。①

在法国，宪法和《宪法委员会组织法》都没有对宪法解释申请的撤回作出明确规定。实践中，宪法委员会认为，对各种规范的合宪性审查属于客观诉讼，一旦提交宪法委员会就不得撤回。例如，在1996年12月30日"关于1997年财政法"的裁决之前，一些参议员迫于各方压力，纷纷向宪法委员会寄信或发传真要求撤回审查请求，但宪法委员会认为，在审查确认没有事实错误、欺诈或意思表示瑕疵后撤回申请并不等于放弃诉权；传真需要以附有回执的信件形式加以确认。但是，对于有关选举的裁决申请则允许申请人撤回请求。②

俄罗斯宪法法院法第44条对撤回释宪申请作了统一规定："审理请求的请求人可以在联邦宪法法院会议进行审理之前撤回审理请求。在这种情况下，将终止对该案件的诉讼程序。"也就是说，在俄罗斯，申请人提出申请之后，只要在联邦宪法法院会议进行审理之前，都可以撤回申请。申请人撤回申请后，

---

① 转引自［德］克劳斯·施莱希、斯特凡·科里奥特：《德国联邦宪法法院：地位、程序与裁判》，刘飞译，法律出版社，2007年，第340页。

② 参见吴天昊：《法国违宪审查制度》，中国政法大学出版社，2011年，第207页。

联邦宪法法院终止对该案件的审理程序。

奥地利宪法法院法没有对撤回释宪申请进行统一规定，但在个别条款中规定了申请者应撤回申请的情形。如第 57 条第 4 款和 62 条第 4 款规定，法院（独立行政评议会、联邦招标办公室）申请审查行政命令、法律后，无须再适用该行政命令、法律者，应立即撤回该申请。①

第二节 宪法解释受理制度比较

申请人向释宪机关提出释宪申请后，释宪机关要对其申请进行登记和审查，只有经过审查被认定符合要求和条件的申请才能够被受理。宪法解释受理制度就是释宪机关接受并同意申请人提出的释宪申请的相关规程和准则。一般而言，只要是符合宪法解释申请条件和申请书形式要求的申请，都会被释宪机关受理；不符合申请条件和申请书形式要求的申请，将会被驳回。域外国家宪法解释受理制度各有特点，大都在规定了申请条件和申请书形式要求后，没有再另行规定具体的受理制度，不过有的国家针对某种特定的释宪申请单独规定了相应的受理制度。

一、德国宪法解释受理制度

德国宪法法院法第 24 条规定，不合法或显然无理由的申请，法院得以一致同意之裁定驳回，裁定无需附具理由。其中，"不合法"的含义容易理解，但"显然无理由"指的是什么呢？从联邦宪法法院的实践及其判例来看，构成"显然无理由"的申请主要包括以下几种情况：(1) 申请人所举被侵害权利的内容，经过查实并且对该项宪法权利按照正常的评价和解释之后，申请人并没有该项权利的内容。(2) 在申请中所指责的因某项决议而遭受侵害的宪法权利，实际上只是与该项决议之前的程序有关，而并未受到该项决议的影响。(3) 申请人对于被侵害的宪法权利，没有按照现有的诉讼方式，依据法律途径请求救济。(4) 申请中所指责的违反宪法的事项已经通过诉讼程序得到纠正。② 凡有上述情况之一的申请，联邦宪法法院就会一致裁定予以驳回。此处

---

① 参见胡骏：《奥地利宪法法院研究》，法律出版社，2012 年，第 274、276 页。
② 参见刘兆兴：《德国联邦宪法法院总论》，法律出版社，1998 年，第 104 页。

的"一致裁定",指的是对于申请人所提出的申请,实际参与审查该申请的所有法官的同意,即参与审查该申请的法官在作出决定之时必须表态同意驳回,不得弃权。①

德国宪法法院法除了第24条规定外,没有再对受理制度作统一规定。但德国宪法法院法对宪法诉愿受理制度进行了较为具体的规定。之所以要对宪法诉愿受理制度作出专门规定,是为了设置"宪法诉愿程序的准入性限制"或"船闸系统",防止联邦宪法法院被海量的宪法诉愿"淹没"。②

德国宪法法院法第93条之一第1款明确规定,宪法诉愿在裁判前须经受理。该条第2款规定,宪法诉愿应予受理:(1)如其具有重大的宪法意义;(2)其将有助于贯彻第90条第1款所提及的权利;③(3)如宪法诉愿人将因驳回申请遭受特别重大的损害时,亦同。这里明确规定了宪法诉愿受理标准包括的三个方面:其一是宪法诉愿"具有重大的宪法意义",这是指宪法诉愿必须提出了宪法上的重要问题,必须给予联邦宪法法院以在法的特定领域明确解释基本权利的意义,并为所有三种国家权力的将来行为方式确定基本模式的机会。当宪法诉愿提出的宪法问题是不能直接从基本法中得到答案的、在宪法法院的判例中尚未明确的,或由于法律关系的改变而有必要重新对其进行解释并且对于其解释具有超出于个案之外的利益时,联邦宪法法院即认为满足了具有重大的宪法意义这一考虑的标准。④ 其二是宪法诉愿"将有助于贯彻第90条之一所提及的权利"。其三是"如宪法诉愿人将因驳回申请遭受特别重大的损害"。后面这两个标准"体现了宪法诉愿在客观法和主观法方面的功能,即对个人提供法律保护"⑤。凡符合上述三个受理标准的宪法诉愿申请,宪法法院"应予受理",即对此类宪法诉愿申请宪法法院有予以受理的义务。

根据第93条之二规定,小组得拒绝受理宪法诉愿,在第93条之三的情形,亦得就宪法诉愿自为裁判。其余情形,由法庭决定受理与否。⑥ 根据该条

---

① 参见刘兆兴:《德国联邦宪法法院总论》,法律出版社,1998年,第104—105页。
② 参见[德]克劳斯·施莱希、斯特凡·科里奥特:《德国联邦宪法法院:地位、程序与裁判》,刘飞译,法律出版社,2007年,第259页。
③ 德国宪法法院法第90条第1款规定的权利包括:基本权利或在基本法第20条第4款、第33条、第38条、第101条、第103条及第104条所规定的权利。
④ 参见[德]克劳斯·施莱希、斯特凡·科里奥特:《德国联邦宪法法院:地位、程序与裁判》,刘飞译,法律出版社,2007年,第263—264页。
⑤ 参见[德]克劳斯·施莱希、斯特凡·科里奥特:《德国联邦宪法法院:地位、程序与裁判》,刘飞译,法律出版社,2007年,第264页。
⑥ 根据德国宪法法院法第14和第15条之一规定,联邦宪法法院分为两个庭,每个庭在事务年度期间各分成数个小组,每一小组由三位法官组成。

规定，由 3 位法官组成的小组可以在前置审查中，以不符合前述第 93 条之一所规定的三个受理标准为由，以意见一致的裁定拒绝受理宪法诉愿。

第 93 条之三规定，假使具备第 93 条之一第 2 款第 2 项的要件，判断宪法诉愿有无理由的宪法问题已经联邦宪法法院裁判，且此诉愿显然有理由者，小组得认定宪法诉愿有理由。也就是说，如果宪法诉愿具备第 93 条之一第 2 款第 2 项的要件（其将有助于贯彻第 90 条第 1 款所提及的权利，如宪法诉愿人将因驳回申请遭受特别重大的损害时），联邦宪法法院以前对于宪法诉愿有无理由的宪法问题已经作出裁判，且宪法诉愿明显有理由的，由 3 位法官组成的小组就得认定该宪法诉愿有理由，必须受理该申请。

按照德国宪法法院法第 24 条和第 93 条之四的规定，对于宪法诉愿受理所作的裁定，不经言词审理程序，对之不得再为争执，而且拒绝受理宪法诉愿不须附理由。

需要注意的是，拒绝受理的裁定并不是对实体问题作出的裁判。对于未予受理的宪法诉愿而言，宪法诉愿是未被作出裁判的，拒绝受理实际上就是拒绝对实体问题作出裁判。因此，拒绝受理的裁定不具有实体法上的法律效力，也不具有德国宪法法院法第 31 条所规定的拘束力。[①] 这使得其区别于德国宪法法院法第 24 条规定的一致同意的驳回，后者是具有完全意义的法院裁判，只有先受理了宪法诉愿才能作出这样的裁判。就不予受理的裁定而言，小组仅仅是对宪法诉愿进行前置审查。[②]

德国通过对宪法诉愿设立受理标准的方式，意图为防止联邦宪法法院被"淹没"设置一道"阀门"，但最终并未达到预期效果。对联邦宪法法院而言，明确受理标准和拒绝受理的情形，能够在一定程度上缓解其压力，但事实上并不能有效防止联邦宪法法院被"淹没"。对宪法诉愿人而言，由于拒绝受理裁定不需附理由，加之程序上未经言词审理而是径直进行书面裁定，申请人对拒绝受理的裁定不得再为争执，失去了申诉的机会，缺乏公开性和透明性，容易导致滥权。故从相关人角度来看，受理程序类似于一个"博彩游戏"，受理程序因此而饱受争议。[③]

[①] 德国宪法法院法第 31 条规定，联邦宪法法院之裁判，拘束联邦及各邦之宪法机关及所有法院与官署。
[②] 参见［德］克劳斯·施莱希、斯特凡·科里奥特：《德国联邦宪法法院：地位、程序与裁判》，刘飞译，法律出版社，2007 年，第 272 页。
[③] 参见［德］克劳斯·施莱希、斯特凡·科里奥特：《德国联邦宪法法院：地位、程序与裁判》，刘飞译，法律出版社，2007 年，第 259 页。

二、法国宪法解释受理制度

法国《宪法委员会组织法》在规定各种释宪申请的相应条件之外，没有对宪法解释受理制度作统一的规定。一般而言，只要符合相应的申请条件和申请书的形式要求，释宪申请都会被宪法委员会受理。但是，在该法第二章"合宪性的先决问题"中，对宪法委员会受理最高行政法院或最高法院转交的有关合宪性问题的申请单独作出了具体规定。

根据法国《宪法委员会组织法》第23－2条规定，最高行政法院或者最高法院转交的事项须满足以下条件：

（1）被挑战的条款适用于争议的解决，或者争议解决的程序，或者构成起诉的基础。

（2）它未曾被宪法委员会的一项裁决宣布整体或部分符合宪法，除非社会条件已经发生变化。

（3）涉及的问题具有重要性。

在任何情况下，宪法委员会在受理挑战法律合宪性的情况时，一方面要考虑宪法保障的权利和自由，另一方面要考虑法国参加的国际条约，主要根据最高行政法院或者最高法院转交的宪法问题作出决定。[①]

由此可知，法国在具体案件中通过规定合宪性先决程序，一方面为当事人权利保障创造了机会，另一方面也为当事人提出法律合宪性审查申请设置了一道门槛，只有符合上述条件的申请才会被宪法委员会受理。

法国合宪性先决程序是在原有"事先审查"基础上增加的一种"事后审查"机制。在最初的改革方案中，曾考虑由最初受理案件的法院直接向宪法委员会提起审查请求，不过最终的文本是设立了"过滤机制"，即由最高行政法规或者最高法院作为"调节法院"，向宪法委员会转交当事人提出的申请。这样的设计可以避免宪法委员会受到超出其工作能力的大量案件的困扰。[②]

在设置由最高行政法院或者最高法院转交合宪性审查的过滤机制基础上，还对当事人提出审查请求设置了上述三个方面的条件，这三个条件简称为"相关性""新颖性""严重性"。"相关性"要求当事人只能针对适用于本案的法律提出审查申请，不得针对与本案无关的其他法律提出申请。"新颖性"要求当

[①] 参见吴天昊：《法国违宪审查制度》，中国政法大学出版社，2012年，第321页。
[②] 参见吴天昊：《法国违宪审查制度》，中国政法大学出版社，2012年，第203页。

事人提出审查的法律过去未曾被宪法委员会宣布为合宪。作为例外，即使法律过去被宣布为合宪，如果后来社会情况发生了变化，当事人也可以再次对其提出审查申请。"重要性"要求当事人提出审查申请的法律问题具有严重性，如涉及国家机关职权范围或对公民权利具有重大影响等。之所以要设置这些条件，主要是为了确保下级法院将真正有意义的宪法问题通过最高行政法院或者最高法院层转给宪法委员会，一方面避免当事人滥用合宪性先决程序，另一方面可以防止大量的合宪性审查申请递交到宪法委员会，在减轻宪法委员会负担的同时，提高合宪性审查质量。

此外，法国《宪法委员会组织法》第六章规定了宪法委员会对选举合法性审查申请进行审查的程序。其第33条、34条和35条规定了对国民议会议员和参议院选举合法性提出审查申请的条件和形式要求。第38条第2款规定，宪法委员会可以不经过对抗答辩而作出提供理由的裁决，驳回不符条件的申请或者对选举结果明显没有造成影响的申请。由此可见，宪法委员会在受理选举合法性审查申请时，除了要求符合申请条件外，还要求申请必须对选举结果造成影响。不符合条件和对选举结果明显没有造成影响的申请，将会被驳回，且驳回裁决不需经过对抗答辩程序。但与德国宪法法院拒绝受理宪法诉愿不附理由不同，法国宪法委员会驳回选举合法性审查申请的裁决应附具理由，相对而言，法国宪法委员会驳回选举合法性审查申请的裁决更具有透明性和公信力。

三、奥地利宪法解释受理制度

如前文所述，奥地利宪法和宪法法院法相关条款对宪法解释的申请条件和形式要求作了相应规定，在这之外，奥地利还对宪法解释受理制度作了一般性规定。根据奥地利宪法法院法第19条第3款规定，具有下列情形的申请会被驳回而不予受理：（1）宪法法院明显无管辖权；（2）延误法定期限；（3）因形式要件欠缺未补正时；（4）因案件已判决确定；（5）当事人适格欠缺。该条还规定，驳回申请，不经其他程序，亦不经事先审理，径以非公开开庭作出裁定。[①]

奥地利不仅对宪法解释受理制度作了一般性规定，还单独对某些释宪申请的受理问题作出特别规定。按照奥地利宪法第141条第1款第5项规定，对一般代议制机关、欧洲议会、受托行使执行权的市镇机关或法定职业代表机构的

---

① 参见胡骏：《奥地利宪法法院研究》，法律出版社，2012年，第259—260页。

规章制定机关（代表机关）中席位丧失的异议（请求），可以以选举程序违法或法律预先设定的其他理由提出。如果选举程序经证实确系违法并已影响选举结果，则宪法法院应支持此项异议。这里规定了宪法法院受理选举异议之诉的标准，即有证据证明选举程序违法，且该违法已经对选举结果造成影响。为此，奥地利宪法法院法第70条第1款具体规定了提出选举异议之诉的条件和宪法法院的受理义务：已证明主张之选举程序违法且对选举结果有影响者，宪法法院应受理依本法第67条所提起之选举撤销申请。① 也就是说，只要申请人所主张的选举程序违法有证据予以证明，宪法法院就有受理申请人所提起的选举撤销申请的义务。

此外，奥地利宪法第144条第2款规定，如果宪法法院认为原告没有胜诉的合理可能性，或认为不能期望通过裁决解决宪法问题，则其可以在诉讼进行之前即决定驳回原告的听审请求。根据该条规定，凡原告声称其受宪法保障的权利因行政机关或独立行政评议会的决定受到侵害，或其权利因适用违法的行政命令、法律（国家条约）重申令、违宪法律或违法国家条约遭受侵害，而向宪法法院提出指控时，宪法法院对该申请的受理标准为，原告有胜诉的合理可能性，或者能通过宪法法院的裁决解决有关宪法问题，否则宪法法院将会在进行诉讼之前驳回原告的听审申请。但该条同时规定，如果所涉案件被第133条的规定排除在行政法院管辖范围之外，② 则宪法法院不得驳回原告的听审请求。也即是说，如果原告提出的申请被宪法第133条的规定排除在行政法院管辖范围之外，即使该申请没有胜诉的合理可能性，或者不能通过宪法法院的裁决解决有关宪法问题，宪法法院也不能在进行诉讼之前径直驳回申请，而应当予以受理，待审理之后才能作出相应裁决。

四、俄罗斯宪法解释受理制度

俄罗斯宪法法院法在明确规定宪法解释的申请条件和形式要求之外，还对宪法解释受理制度作出了较为详细的规定。

---

① 奥地利宪法法院法第67条规定，联邦总统、一般民意代表机构、欧洲议会、法定职业代表有制定章程权限之机关、乡镇（包括区）有执行权限之机关，得因主张选举程序违法而提起撤销选举之诉。参见胡骏：《奥地利宪法法院研究》，法律出版社，2012年，第278页。

② 奥地利宪法第133条规定，下列案件不属于行政法院的管辖范围：（一）由宪法法院管辖的事项；（二）由联邦法律公报1974年第444号废除；（三）专利事务；（四）应由合议制机关作出终局裁决的事项。

俄罗斯宪法法院法第六章对宪法解释受理制度作了一般性规定。其第 40 条规定，提交联邦宪法法院的申请必须进行登记。在下列情况下，联邦宪法法院秘书处将通知申请人，说明其申请书不符合本法要求：

（1）要求审理的案件明显不属于联邦宪法法院管辖的范围；
（2）申请书的格式不符合本法的要求；
（3）由不适当的机关和个人发来的申请书；
（4）未经本法特别规定而不缴纳国家费用。

申请人对本条第 2 款第 2、4 项指出的不足作出补救后，有权向联邦宪法法院重新提出审理申请。

该条规定的是联邦宪法法院秘书处在对申请书进行登记后的初步审查。不过秘书处无权对是否受理申请的问题作出决定，只能把相关事实通知申请人。若申请书符合条件或申请人对不符合条件的申请书进行补正后，联邦宪法法院院长应委托 1 名或者几名法官对申请书进行预先审议。第 42 条规定，在预先审议后 1 个月内，联邦宪法法院全体会议对审理申请的受理问题作出决定。

根据第 43 条规定，联邦宪法法院在以下情况下拒绝受理案件审理申请：

（1）申请书提出的问题不属于联邦宪法法院的职权范围；
（2）案件审理的申请书不符合本法的要求；
（3）联邦宪法法院对案件审理申请书中提出的问题曾作出至今仍有效的决定。

从上述条款可知，俄罗斯宪法解释受理的一般标准包括：申请人提出的释宪申请属于联邦宪法法院的职权范围，申请书符合法定要求，申请书中提出的问题未曾被联邦宪法法院作出过至今仍有效的决定。在规定这三个一般标准之外，如前文所述，俄罗斯宪法法院法第三编还分别规定了各类宪法解释的具体申请条件。这表明，在俄罗斯，释宪申请只要达到予以受理的三个一般标准，并同时符合各类宪法解释的具体申请条件，就会被联邦宪法法院受理。

第三节 域外宪法解释申请和受理制度对我国的借鉴意义

从前文对域外一些国家宪法解释申请和受理制度的调查和梳理中，我们发现，这些国家都对相关制度作出了较为具体的规定。尽管各国的相关规定可能在某些方面存在一些差异，但通过颁布专门的法律对宪法解释申请和受理制度予以明确规定是共通的做法。探讨域外宪法解释申请和受理制度的做法和有益经验，对于完善我国宪法解释申请和受理制度无疑具有一定的参考价值和借鉴意义。

一、域外宪法解释申请制度对我国的借鉴意义

宪法解释申请制度是释宪机关从事宪法解释活动的发动装置，不仅关乎释宪活动能否顺利开启，而且事关合宪性审查工作能否正常进行，进而在很大程度上直接影响着宪法实施的质效。正因为如此，前述域外国家都对宪法解释申请制度所涉及的申请期限、申请形式和申请条件等内容作出了十分详细的规定，为释宪机关开展宪法解释活动提供了明确的规范依据和具体的行动指南。

（一）域外宪法解释申请期限对我国的借鉴意义

由于申请者向释宪机关提出宪法解释的事由不同，各种不同宪法解释事由的申请期限就不一样，因此，域外国家对申请者因不同事由提出的释宪申请规定了相应的申请期限。

1. 对法规范合宪性问题提请审查的申请期限

通过对前述国家的探析可知，申请者对于法规范合宪性问题提出审查的时间，绝大多数国家都是规定在法规范颁布实施之后的适用过程中提出。只有极少数国家规定某些法规范必须在颁布实施之前提出，这属于事前审查，如法国宪法明确规定各项组织法应在公布之前、某些法律提案应在提交公民投票之前、议会两院的议事规则应在实施之前提请宪法委员会对其进行合宪性审查。其他国家几乎都是规定在法规范公布后的实施过程中，有关组织或者个人有权对其提出审查申请，这属于事后审查。

对于法规合宪性提出事后审查的时间期限，又因提出审查的主体不同，各国的规定有所差异。其中，国家机关对法规范的合宪性问题提出抽象审查申请时，并无具体时间期限的限制，如德国、俄罗斯、奥地利等，只要有权提出审查申请的主体认为有关法律规范不符合宪法时，都可以随时向宪法审查机关提出审查申请。但法院或当事人在诉讼中认为具体案件所适用或应予适用的法律不符合宪法，对该法律的合宪性问题向宪法审查机关提出具体审查申请时，要求在诉讼过程中提出，即应在法院受理案件后、宣告判决前提出，如德国、俄罗斯、奥地利。需要提请注意的是，有的国家是法院有权在诉讼中对案件适用

第四章　宪法解释申请和受理制度比较与借鉴

的法律的合宪性提出审查申请，当事人无权提出申请，而有的国家则相反。[①]但无论如何，这些国家的法院在受理案件之前或案件审结之后、当事人在提起诉讼之前和诉讼结束之后，都不能对法规范的合宪性提出审查申请。

我国目前尚无专门针对法规范合宪性问题提出审查申请的相关文件，对就法规范合宪性问题提出审查的申请期限更无明文规定。根据立法法第110条规定，国务院、中央军事委员会、国家监察委员会、最高人民法院、最高人民检察院和各省、自治区、直辖市的人大常委会认为行政法规、地方性法规、自治条例和单行条例同宪法或者法律相抵触，或者存在合宪性、合法性问题的，可以向全国人大常委会书面提出进行审查的要求。这里只规定了国家机关对法规范合宪性问题提出抽象审查的主体、形式和对象，没有规定提出审查的时间期限，这与域外国家对国家机关就法规范的合宪性问题提出抽象审查无期限规定的做法相一致，即申请者可以随时向释宪机关提出审查申请。

按照前文关于我国抽象宪法解释事由的观点，我们认为，对于全国人大常委会对法规范主动进行审查的情况，如在对行政法规、地方性法规、自治条例和单行条例进行备案时，全国人大常委会可以在备案的过程中对这些法规范进行合宪性审查。对于全国人大常委会对法规范进行被动审查的情况，如有权对法律法规等规范性文件提请审查的机关发现法律法规等规范性文件不符合宪法而提出审查申请，[②]特定国家机关或国家领导人发现中央国家机关与地方国家机关行使职权不符合宪法规定而提出审查申请，以及中央党内法规审查机关认为党内法规与宪法相抵触而提出审查申请，都可以随时向宪法审查机关提出审查申请，不受时间期限的限制。如前所述，关于法定国家机关对法规范的合宪性提出抽象审查申请的期限，并无具体时间方面的限制，这是域外国家通行的经验和做法，但更重要的是，由于对法规范提出抽象审查申请，往往是在国家机关履行职务过程中发现了法规范存在合宪性问题，而发现法规范合宪性问题的时间本身带有不确定性，加之对法规范的抽象审查不会涉及具体的案件和特定的相对方，故既不可能也无必要设定提请审查的申请期限。

[①] 如在德国，法院有权在诉讼中对案件所适用的法律的合宪性提出审查申请，当事人无权提出；而法国是当事人有权在诉讼中对案件适用的法律的合宪性提出审查申请，法院无权提出；但在俄罗斯，法院和当事人都可以在诉讼中对案件适用的法律提出审查申请。可参见第二章第二节"宪法解释事由制度比较"中的相关内容。

[②] 全国人大常委会、国务院、国家监察委员会、中央军事委员会、最高人民法院、最高人民检察院和省、自治区、直辖市的人大常委会对法律、行政法规、监察法规、地方性法规、自治条例、单行条例、经济特区法规、最高人民法院和最高人民检察院的司法解释、行政规章和地方政府规章是否符合宪法提出审查要求。

我国与域外国家不同的是，在域外国家，大多规定了法院或当事人在诉讼中对于具体案件适用或应予适用的法律的合宪性问题，有权向宪法审查机关提出具体审查申请，而我国并无此类规定，法院和当事人都无权在诉讼中对具体案件适用或应予适用的法律的合宪性问题向宪法审查机关提出审查申请。如前所述，在域外一些国家，如德国，虽然当事人无权在诉讼中对案件所适用的法律提出审查申请，但如果认为其基本权利受到侵害，可以在用尽所有法律救济程序之后，在终局裁判文书送达后1个月内向宪法审查机关提出申请。

针对我国宪法解释程序机制中缺乏具体审查机制的问题，多位学者提出，应先由审理案件的法院将具体案件中适用的存在合宪性问题的法规范，提交至最高人民法院，再由最高人民法院将该法规范向全国人大常委会提出合宪性审查要求。① 我们认为，健全的宪法解释程序机制应当包括抽象宪法解释程序机制和具体宪法解释程序机制，其中，抽象宪法解释程序机制中对申请者提请审查的期限不需要作特别规定，只要法定的有审查提请权的主体认为有关法规范存在合宪性问题，都可以随时向宪法和法律委员会提出审查要求。

当前需要探讨具体宪法解释程序机制中申请者提请审查的申请期限问题。按照前文我们提出的关于我国宪法解释范围和事由制度的构想，借鉴域外相关经验，我们认为，我国具体宪法解释程序机制中对法规范提请审查的时间期限分别为：（1）法院在审理具体案件中认为案件所适用或应予适用的法规范存在合宪性问题的，可以在诉讼过程中提出审查申请，在受理案件之前或案件审结之后，不能提出合宪性审查申请。② （2）对特定国家领导人和特定国家机关工作人员的公务行为追究宪法责任的，应在发现相关事实情况后6个月之内提出申请。

之所以把申请期限设定为6个月，而不是更短或更长的时间，是因为6个月是一个比较合理的期限，太短或太长都会影响被申请者正常履行职务。如果期限太短，会由于国家机关事务繁杂而来不及准备；如果期限太长，又会对国家领导人和国家工作人员行使职权的稳定性带来不利。

---

① 如林来梵教授提出应建立"合宪性审查问题优先移送"制度，参见林来梵：《合宪性审查的宪法政策论思考》，《法律科学（西北政法大学学报）》2018年第2期。李忠夏教授亦持类似观点，主张"建立全国人大常委会与最高法院的联动机制和二元双轨的合宪性审查模式，赋予最高人民法院提请合宪性审查的筛选权和决定权"。参见李忠夏：《合宪性审查制度的中国道路与功能展开》，《法学研究》2019年第6期。

② 需要注意的是，按照我们前文提出的观点，各级人民法院和当事人都不能直接向宪法和法律委员会提出审查申请，而应先将申请提交至最高人民法院，在最高人民法院经审查认为有必要时，再转交全国人大常委会进行审查。

2. 对国家机关权限争议提请审查的申请期限

国家机关的职权和职责范围是宪法规定的重要内容，各国家机关只能在宪法赋予的权限范围内活动，不能僭越其应有的权限范围。从前文的分析可知，如果国家机关之间发生了权限争议，大多数国家都规定了申请者应于一定期限内向宪法审查机关提出裁决申请。

德国宪法法院法对国家机关之间发生的各种权限争议，明确规定了向宪法法院提请裁决的申请期限。联邦宪法法院把这些国家机关之间发生的争议称为"宪法争议",[①] 包括：联邦最高机关或其他依基本法被赋予固有权利的机关，因其权利义务范围发生争议；对联邦及州的权利义务，尤其是州在执行联邦法及联邦在行使监督权时所发生的分歧；联邦和州之间、各州之间或一州内部发生的其他公法争议。德国宪法法院法明确规定了就上述国家机关权限争议提请联邦宪法法院裁决的申请期限，该法第64条、69条及第71条分别规定，申请应自知悉情况后或争议发生后6个月内提出。根据俄罗斯宪法法院法规定，国家权力机关之间发生职权争议后，发生争议的国家权力机关应当在向有关国家权力机关提出书面声明或者向总统提出采用调解程序的请求后1个月内，向联邦宪法法院提出解决争议的申请。按照奥地利宪法法院法规定，机关之间发生权限争议的，申请者应于职务上知悉权限争议之日后4周内向宪法法院提出裁决申请。[②]

我国目前尚未对国家机关之间的权限争议作出专门规定。宪法明确规定了各国家机关的职权和职责，在"依法治国首先是依宪治国、依法执政首先是依宪执政"的法治国家建设背景下，要求所有国家机关必须在宪法法律规定的权限范围内行使权力，恪守其权力界限。而在国家机关行使职权过程中，由于对宪法法律规定理解上的分歧等原因，国家机关之间会不可避免地产生权限争议。

根据前文我们提出的我国抽象宪法解释事由的观点，中央国家机关之间、中央国家机关与地方国家机关之间、地方国家机关相互之间行使职权发生争议

---

① 参见［德］克劳斯·施莱希、斯特凡·科里奥特：《德国联邦宪法法院：地位、程序与裁判》，刘飞译，法律出版社，2007年，第90页。
② 法院与行政机关发生权限争议，向宪法法院提出裁决申请的期限为，联邦或州的最高行政机关于职务上知悉权限争议之日后4周之内向宪法法院提出申请。联邦与州之间，或各州相互之间就同一行政事项都主张有处分权或决定权而发生权限争议，向宪法法院提出裁决申请时，该申请应由提出申请的政府于职务上知悉权限争议之日结束后4周之内提出。

的事项，属于抽象宪法解释范围。借鉴域外国家机关之间发生权限争议时向宪法审查机关提请裁决的申请期限的规定，我们认为，在我国的上述国家机关之间发生权限争议时，应在争议发生后2个月内向宪法和法律委员会提出裁决申请。把国家机关权限争议的申请期限设定为2个月，是考虑到如果申请期限过短，可能会使争议双方失去通过协商解决争议的机会；如果申请期限过长，又会降低国家机关的工作效率，影响其正常行使职权。

3. 对公民宪法权利和自由受到侵害提请审查的申请期限

公民宪法权利和自由受到侵害时能否以及何时可以向宪法审查机关提出审查申请以获得救济，各国规定有所不同。有的国家规定，当事人认为法律侵犯其宪法权利和自由，可以在诉讼中对该法律的合宪性向宪法审查机关提出审查申请，如法国和俄罗斯；而有的国家规定，当事人在诉讼中不能向宪法审查机关提出审查申请，只能在用尽所有法律救济途径，法院作出终局裁判后才能提出申请，如德国、奥地利。在不同国家，提出申请的期限也不一样。

按照法国的"合宪性先决程序"，当事人在法院诉讼过程中，若认为法院适用的法律构成对其基本权利与自由的侵犯，可经最高行政法院或最高法院向宪法委员会提出审查申请。当事人提出审查申请的时间，可以是在一审的诉讼过程中，也可以是在上诉审的诉讼过程中。最高行政法院或最高法院在收到原审法院递交的当事人提出的申请后对其进行审核，对于符合条件的申请，应在3个月内转交宪法委员会进行合宪性审查。按照俄罗斯宪法法院法规定，公民或公民联合体认为具体案件中适用或应予适用的法律侵犯其宪法权利和自由的，可以在一审或上诉审的诉讼过程中，向联邦宪法法院提出审查申请。

根据德国宪法法院法规定，公民认为公权力机关侵犯其个人基本权利，应在用尽其他法律救济途径后提起宪法诉愿，提起宪法诉愿的期限为1个月，自裁判书送达或以其他方式通知时起算；在奥地利，原告的宪法权利因行政机关或独立行政评议会的决定遭到侵害，或其权利因违法法令、违宪法律或违法的国家条约的适用遭到侵害，而对行政机关或独立行政评议会的决定向宪法法院提起诉讼的申请期限，得于穷尽行政救济程序后，最终审行政机关所为的裁决送达起6周之内提起。

从上述可知，各国对公民因宪法权利和自由受到侵犯向宪法审查机关提出申请的时间点和申请期限的规定大相径庭。法国和俄罗斯都是在诉讼过程中提出，德国是终审裁判送达后1个月内提出，奥地利是终审裁判送达后6周内提出。法国之所以允许当事人在诉讼过程中对法律的合宪性提出审查申请，是由于法国在 2008 年修宪之前只有抽象审查机制,没有具体审查机制,2008 年修宪时增加了具体审查机制以弥补此前的缺陷。法国和俄罗斯都允许当事人在诉讼过程中直接提出审查申请,这能够为当事人的宪法权利和自由提供更加及时的保护,有助于防止法院适用违宪的法律作出裁判对当事人权利和自由带来可能的侵害。而德国、奥地利允许当事人在终局裁判后提出审查申请,但两国的申请期限不一样,是基于各种考虑。德国规定 1 个月的申请期限,主要是为了防止宪法诉愿的数量大增给联邦宪法法院带来巨大负担,故规定在裁判书送达之日起 1 个月之后便不得提起宪法诉愿,从而达到减轻联邦宪法法院负担的目的。

借鉴域外国家相关经验,我们认为,我国公民、法人或其他组织的宪法基本权利和自由遭受国家公权力侵犯的,可以在用尽所有法律救济途径后,在 3 个月之内提出审查申请。之所以规定 3 个月的申请期限,主要是从当事人权利保障和办案质效两方面考虑:一方面,如果期限太短,错过了期限,当事人就丧失了获得救济的机会;另一方面,如果期限太长,可能会因案件数量增加或由于时过境迁导致情势变迁,从而影响办案质效。因此,3 个月是相对合理的期限。

4. 对国家公职人员提出弹劾的申请期限

对国家公职人员提出弹劾申请,是对存在违背职务行为的特定国家领导人或其他国家公职人员向宪法审查机关提出罢免其职务的请求。严格依宪依法履行职务是国家领导人和国家公职人员的义务,当出现违背义务的行为而有责任时,前述域外国家都规定了对其提请罢免的申请期限。如德国宪法法院法规定,有申请权的立法机关在知悉提起弹劾总统的原因事实后,3 个月内提起弹劾,并根据国会两院之一的弹劾决议,由作出决议的议会的议长在 1 个月内寄送联邦宪法法院。在诉讼程序中确认联邦法官因违背职务而有责任时,自诉讼程序终局确定时起,6 个月之内提起弹劾,但法官违背职务情事已经过 2 年的,不得再提起弹劾。奥地利宪法法院法规定,对联邦最高机关和州最高机关的特定国家领导人和国家机关公职人员向宪法法院提出追究其宪法责任指控的申请,应于被告离职之日起 1 年之内提出。其他情形,从向有管辖权的民意代表机关申请提起弹劾之日起,至该民意代表机关就该申请作出决议时止,最长不超过 6 个月,不列入前述 1 年的期间。在俄罗斯,对有关总统犯有叛国或其他严重罪行的指控是否符合规定程序的询问申请,应在国家杜马通过有关指控的决定之日起 1 个月内,向联邦宪法法院提出。

按照前文关于宪法解释事由的观点，在我国，有提请权的主体对国家领导人和特定国家机关工作人员违背职务的行为向全国人大常委会提出追究宪法责任，应在知悉违背职务行为的事实之日起 3 个月之内提出申请。之所以设定 3 个月的申请期限，是基于两方面的考虑：如果期限太长，不仅会影响被提请审查者正常履行职务，对其日常工作造成不利，也可能造成提出申请的数量增加，加重全国人大常委会的负担；反之，如果期限太短，可能造成有权提出申请的主体准备工作不足，降低申请的质量。综合来看，3 个月是较为合理的期限。

（二）域外宪法解释申请形式和申请条件对我国的借鉴意义

从前文对域外国家宪法解释申请制度的探析可知，各国都对宪法解释的申请形式和申请条件作了明确的规定，只有符合法定申请形式和申请条件的释宪申请，才会被宪法审查机关受理。

1. 域外宪法解释申请形式对我国的借鉴意义

以书面形式向宪法审查机关提出审查申请，几乎是德国、法国、俄罗斯、奥地利等域外国家对宪法解释申请形式的共同规定。在有的国家，除了规定书面申请形式外，还根据提请审查的主体及申请内容上的差异，把书面申请分为询问书、申请书、申诉书等不同的类型。如按照俄罗斯宪法法院法第 36 条规定：以询问书、申请书或者申诉书的形式向联邦宪法法院提出请求均可以作为联邦宪法法院审理的依据。其中"询问书"主要适用于有提请权的主体对法律文件、国家权力机关之间的协议和未生效的国际条约是否符合宪法提出的审查请求，有提请权的主体提出的对宪法进行解释的请求，法院对审理案件时所适用的法律提出的审查请求。"申请书"主要适用于国家权力机关之间因职权争议而提出的请求。"申诉书"则适用于公民在具体案件中对法院所适用的法律提出的控告。

此外，各国不仅规定必须以书面形式提请申请，还对书面申请应记载的内容和申请书的格式作出了明确的要求。尤其是俄罗斯，对申请书必须包含的内容规定得十分具体，当申请书中缺乏某些内容时，如果缺乏的这些内容是可以补正的，宪法审查机关会发还申请书，并要求申请者在一定期限内予以补正，否则将不予受理。

借鉴域外国家的经验，我国在完善宪法解释程序机制的时候，应明确规定，宪法解释申请必须以书面形式提出，并规定申请书应当包括的基本内容，对于不符合规定的申请,要求申请者限期补正,对于不予补正的,裁定不予受理。申请书的内容应当包括:申请者的基本信息,有代理人的,还应包括代理人的基本信息;申请内容;申请的相关事实理由及相关证据材料。如系对法规范进行合宪性审查提出申请的、对国家机关之间发生权限争议提出申请的、对公民宪法权利和自由遭受侵犯提出申请的,应在申请书中附上法规范的具体条款及内容,涉及的具体宪法条款及内容。

2. 域外宪法解释申请条件对我国的借鉴意义

设立宪法解释申请条件的作用在于,对申请者而言,不仅可以给申请者提供规范指引,还能够防止申请者滥用申请权;对释宪机关而言,一方面为其甄别释宪申请是否恰当提供了标准,另一方面还可以让释宪机关从纷繁杂乱的申请中解脱出来,专注于符合要求的释宪申请,有助于减轻释宪机关的负担。

通过对域外一些国家宪法解释申请制度的探析,我们发现,这些国家对宪法解释申请条件的规定各有特色。

首先,从关于宪法解释申请条件的规定方式上看。前述域外国家对宪法解释申请条件的规定方式主要有以下几种特点:有的国家并无单独或专门的关于宪法解释申请条件的条款规定,而是分散或隐含在宪法或者有关宪法实施的法律或宪法审查机关的审查程序中,如德国、奥地利;有的国家则在有关宪法实施法律中设有专门的条款规定了提出宪法解释申请的条件,如俄罗斯,其宪法法院法第三编明确规定了各类案件允许提出申请的条件;还有的国家虽然不是对每种案件都规定了申请条件,但对某些特别案件规定了申请条件,如法国没有对宪法解释申请条件作出详细规定,但其《宪法委员会组织法》第23-2条则明确规定了当事人在具体案件中对法院适用的法律提出合宪性审查申请的条件。

其次,从各类宪法解释案件申请条件的具体内容上看。一是国家机关对法规范的合宪性提出审查的申请条件,德国和俄罗斯的规定较为全面和具体。在德国,认为联邦法或州法因形式上或者实质上抵触基本法的,都可以将其作为提出审查申请的条件;在俄罗斯,法律文件和协议的整体或部分内容违反联邦宪法,都可以作为提出审查申请的条件。其他国家关于国家机关对法规范的合宪性提出审查的申请条件,要么未作规定,要么规定得很简单,如奥地利未规定对法规范提出合宪性审查的申请条件,有关国家机关只要认为法律违反宪法即可提出申请审查。二是公民提出审查的申请条件,德国、奥地利要求公民必须在用尽其他法律救济途径后才能提出申请,而法国和俄罗斯都规定可以在诉讼过程中对法律的合宪性提出审查申请。不过，法国对当事人在诉讼中对法院适用的法律提出审查申请的规定比俄罗斯的规定更加严格，法国要求相关性、新颖性和重要性三个条件必须同时具备，而在这三个条件中，俄罗斯只有相关性要求，并无新颖性和重要性的要求。三是权限争议的申请条件，德国规定的是联邦与各州之间、各州相互之间以及一州内部发生的公法争议，仅在基本法第93条第1款第4项中规定"且无其他诉讼手段"作为申请条件，并无其他要求。而俄罗斯宪法法院法第93条从引起争议的职权范围、管辖范围、是否有其他解决方式等角度对权限争议的申请条件作了十分详细的规定。奥地利在关于权限争议申请条件的规定方面，其特点在于虽然区分了法院之间的争议、法院与行政机关之间的争议、联邦与各州之间的权限争议，但并未对申请条件作出明确规定，其中对于法院之间的权限争议、法院与行政机关之间的权限争议，只规定了"已就本案为确定裁判者不在此限"，并无其他要求，而对于联邦与各州之间权限争议的申请条件更是未作任何限制，仅区分了肯定性和否定性的权限争议两种类型而已。

通过深入分析可知，域外国家对宪法解释申请条件的规定可说是千差万别，但其共通之处在于，都以某种方式对申请条件提出一定的限制性要求，或体现在宪法之中，或明确规定在有关宪法实施的法律之中，或隐含在宪法审查机关的审查程序之中。

我们认为，在健全我国宪法解释程序机制时，应对宪法解释申请条件予以适当规定。我国宪法中不存在关于宪法解释申请条件的内容，因此，我国宪法解释申请条件只能通过有关宪法实施的法律或者宪法解释程序的规定予以明确。这里在借鉴域外经验的基础上，对我国释宪申请的基本条件提出如下观点：一是对法规范提出审查申请，应以法规范文件整体或其部分内容与宪法相抵触为申请条件，[①] 具体可包括法规范的立法范围或其原则精神与宪法相抵触，法规范的某些条款的内容与宪法相抵触等。二是对公民提出的宪法解释申请，按照我们前文提出的我国宪法解释范围和事由制度的构想，应以宪法权利和自由遭受公权力侵犯和穷尽其他法律救济途径为条件，若是遭受非公权力的侵犯或未穷尽其他法律救济途径，均不得提出申请。三是对国家机关之间权限争议的宪法解释申请，应以国家机关行使职权为条件，不得对与行使职权无关的内容提出申请。

---

① 关于法规范与宪法相抵触的标准问题，可参见王旭：《合宪性审查中"相抵触"标准之建构》，《中外法学》2021年第6期。

二、域外宪法解释受理制度对我国的借鉴意义

宪法解释机关受理申请者提出的释宪申请，是宪法解释程序机制中不可或缺的内容和重要环节。前文对域外国家宪法解释受理制度的梳理和分析，对于健全我国宪法解释受理制度具有一定的借鉴意义和参考价值。

从前面的分析可知，宪法解释受理制度涉及多方面的内容，在健全我国宪法解释受理制度时，必须对各方面内容作出详细规定，方能为宪法解释机关受理释宪申请提供明确的规范依据和行动指南。

（一）从规定模式来看

在前文总结的域外国家宪法解释受理制度的规定模式中，法国和德国采取不作一般性规定，只对个别申请的受理作特别规定的模式。这种模式能够为释宪机关受理个别有特别规定的申请提供准确的依据，但由于缺乏宪法解释受理制度的一般性规定，对于其他未作规定的申请如何受理没有可供遵循的规则，因此，这种模式不能对宪法解释机关受理释宪申请提供详细和全面的规则和指南。俄罗斯实行的是只对宪法解释受理制度作一般性规定，不对个别申请的受理作特别规定的模式。这种模式能够对宪法解释受理提供一体化的指引，但由于没有对受理某些申请时可能存在的特殊情况作出个别性规定，故在出现特殊情况时不能为释宪机关提供有针对性的受理规则。奥地利采取既对宪法解释受理制度作一般性规定，又对某些申请的受理进行特别规定的模式。这种模式与其他两种模式相比而言具有较大的优势，由于其把宪法解释受理的普遍性与特殊性结合起来，不仅能够为宪法解释机关受理释宪申请提供一般性的规范依据，而且能为受理某些申请时可能存在的特殊情况提供有针对性的个别指引，因此，这种受理制度有助于克服因缺乏个别特殊情况的受理规则给释宪机关带来的困惑，能够为释宪机关提供全面的受理依据和规范指引。

有鉴于此，我们认为，在健全我国宪法解释受理制度时，在规定模式上，应该采取一般性规定与特殊性规定相结合的模式，既对宪法解释受理的普遍性问题作出一般规定，同时又针对个别特殊情况的受理作出特别规定。具体而言，一般性规定的内容应包括以下两个方面：（1）宪法解释申请必须合法，申请书必须符合要求；（2）列举出不予受理的具体情形，如不属于宪法和法律委员会管辖范围、超越申请期限、不符合申请形式、不符合申请条件等。

特殊性规定是在一般性规定之外，对于个别释宪申请的受理作出具有特殊

要求的规定，我们认为，应对以下几种释宪申请的受理作出特别规定：（1）在抽象宪法解释事由中，其他国家机关、社会团体、企业事业组织以及公民对法律、行政法规、监察法规、地方性法规、自治条例、单行条例、经济特区法规、最高人民法院和最高人民检察院的司法解释、行政规章和地方政府规章是否符合宪法向全国人大常委会提出审查建议时，为减轻全国人大常委会法工委的负担，应对该审查建议的受理作出特别规定，明确规定对审查建议不予受理的情形，如审查建议不具有宪法意义、建议审查的内容以前曾作出过解释决定等。（2）在具体宪法解释事由中，公民、法人或其他组织因宪法权利和自由遭受公权力侵犯而提出审查申请时，明确规定受理的要求，如审查申请的内容具有重大的宪法意义、如果驳回申请将使申请者遭受特别重大的损害等。

（二）从规定类型来看

域外国家对宪法解释受理的规定有两种类型，即肯定式和否定式。其中，德国和法国采取肯定式，俄罗斯、奥地利采取否定式。肯定式的优势在于能够从正面为释宪机关提供明确的受理标准，对不符合标准的申请不予受理，但德国和法国的肯定式规定都只对某种释宪申请的受理规定了受理标准，并未对所有释宪申请规定受理标准，因此，这种肯定式的规定并不能为释宪机关提供全面而具体的受理依据。采取否定式规定的国家列举了不予受理或不符合要求的具体情形，对具有列举情形之一的释宪申请不予受理，并规定申请者对不符合要求的申请有补正的机会。否定式的优势在于可以从反面为释宪机关不予受理释宪申请提供具体的规范依据，但如果释宪申请出现了列举范围之外的情形，释宪机关的成员之间对是否应当受理产生争议时，则不能提供有效的处理规则。由此可见，单独采取否定式或者肯定式中的一种类型，都存在不可避免的弊端。

有鉴于此，我们认为，我国在宪法解释受理的规定类型方面，应当采取肯定式与否定式相结合的方式。在肯定式规定中明确应当受理的标准，在否定式规定中列举不予受理的具体情形。其中，肯定式规定中应当受理的标准包括：（1）宪法解释申请合法，包括释宪申请的内容合法和程序合法；（2）申请书的内容和格式符合要求；[①]（3）公民、法人或其他组织的宪法权利和自由因遭受公权力侵犯而提出审查申请时，审查申请的内容具有重大的宪法意义，驳回申

[①] 关于释宪申请的申请书内容和格式，可由全国人大常委会法工委制定并统一发布申请书应当包含的内容和必须符合的具体格式。

请将会使申请者遭受特别重大的损害。否定式规定中不予受理的情形包括：(1) 申请的内容不属于宪法和法律委员会的受理范围；(2) 申请人缺乏提出申请的主体资格；(3) 超越法定的申请期限；(4) 其他国家机关、社会团体、企事业组织以及公民对法律法规等规范性文件提出审查建议时，审查建议不具有宪法意义，或以前曾对建议审查的内容作出过解释决定。

（三）从拒绝受理是否附理由来看

对于不符合条件的申请，释宪机关不予受理是否应附理由，各个国家有不同的做法，如德国联邦宪法法院裁定驳回申请不需附具理由，法国宪法委员会裁定驳回申请应提供理由，而俄罗斯、奥地利则没有明确规定宪法审查机关裁定不受理是否应附具理由。无论驳回申请是否附具理由，这些国家都规定了驳回申请无须经对抗答辩等其他程序，宪法审查机关可以一致同意径直裁定不予受理。

我们认为，对于申请者提出的释宪申请，我国宪法审查机关在对申请书进行审查之后，如果作出不予受理的裁定，应当附具理由。这是由于：

首先，不予受理裁定是具有法律效力的裁定，可能对当事人的权利产生实际影响，尤其是申请者的宪法权利和自由遭受公权力侵犯后提出的审查申请，不予受理裁定可能对其实体权利产生影响。因此，为了增强不予受理裁定的说服力和公信力，增强其透明度，不予受理裁定应当提供理由。

其次，按照前文我们提出的观点，我国宪法解释受理制度应当从正面规定应予受理的情形，并从反面规定不予受理的情形。既然相关规则有明文规定，为不符合规定的申请或具有不予受理情形的申请提供了不予受理的法律依据，那么，宪法和法律委员会在作出不予受理裁定时，应当根据这些规定在裁决书中指出不予受理的具体依据是什么。

（四）从申请者是否有补正机会来看

如果申请者提出的申请不符合法定要求，是径直驳回申请，还是应当通知申请者予以补正？对于这个问题，从前述分析可知，有的国家未作明确规定，有的国家则规定在申请不符合要求时，若其瑕疵能够得以排除，申请者就有补正机会，但否定了某些情形下的补正机会，如在俄罗斯，不属于联邦宪法法院管辖范围的申请以及对不适当的机关和个人发出的申请，申请者没有补正机会。

我们认为，在我国宪法解释受理制度中，对于申请者提出的申请不符合要求时是否有补正机会的问题,不能一概而论,应分情况区别而定。对于某些不符合要求的申请,径直裁定驳回,申请者没有补正机会,但是如果申请书中的瑕疵是可以排除的,则应当给予申请者补正机会。其中,申请者没有补正机会的情形包括前述采取否定式列举的不予受理的几种情形,即申请的内容不属于宪法和法律委员会的受理范围、申请人缺乏主体资格、超越法定的申请期限、对法律法规等规范性文件提出的审查建议不具有宪法意义或以前曾对建议审查的内容作出过解释决定。申请者有补正机会的情形包括:(1)申请书包含的内容不全面;(2)申请书的格式不符合要求;(3)提出申请的程序不符合规定;(4)其他缺乏相关辅证材料的情形。对于存在这些情形之一的申请,宪法和法律委员会秘书处应当通知申请者在一定期限按照要求予以补正。如果申请者在规定期限内补正并符合要求的,应裁定予以受理;如果申请者在规定期限内没有补正,或者补正超过规定期限的,应当裁定不予受理。

(五) 从释宪申请是否缴纳受理费来看

申请者提出释宪申请时,是否需要缴纳受理费?域外国家对该问题的规定是视申请的主体而定。如根据德国宪法法院法第34条第1款规定,联邦宪法法院之程序免费。但根据第2款规定,宪法诉愿,依基本法第41条第2项规定提起的异议,[①] 或申请发布假处分有滥用情形时,联邦宪法法院得课以最高五千德国马克的规费。[②] 俄罗斯宪法法院法第39条第1款规定,向联邦宪法法院提出案件审理请求需缴纳国家费用。该条第3款规定,法院的询问书、请求解释联邦宪法的询问书、由未参与争议的联邦总统提出的有关解决职权争议的申请书,以及要求对联邦总统犯有叛国罪和其他重罪的指控符合法定程序予以确认的询问书,不需要缴纳国家费用。[③] 第4款规定,请求未被受理的,所缴纳的国家费用予以退还。

对于申请者是否应当缴纳受理费的问题,我们认为,应当根据具体情况而定。(1)不缴纳受理费的情形:有提请权的国家机关对法规范提出合宪性审查申请的,国家机关之间发生权限争议而提出申请的,其他国家机关、社会团

---

① 德国基本法第41条第2项规定,不服联邦议院决定的,可向联邦宪法法院提起诉愿。

② 德国宪法法院法第34条之一规定,申请褫夺基本权利、弹劾总统或法官经认为无理由者,应赔偿相对人或被弹劾人必要之费用支出,包括因诉讼防御所生费用。宪法诉愿经认为有理由的,应偿还诉愿人必要之费用支出的全部或一部。其余情形,联邦宪法法院得命偿还费用支出之全部或一部。

③ 该条规定,询问书、申请书和法定的申诉书需要缴纳相当于15倍最低工资标准的税;公民的申诉书需要缴纳相当于1倍最低工资标准的税。同时规定,考虑到公民的收入状况,联邦宪法法院可以通过内部决定免除该公民需要缴纳的国家费用或降低部分税额。

体、企事业单位或公民对法律法规等规范性文件提出审查建议的。在这三种情形中，前面两种情形属于国家机关行使职权的行为，自然不应当缴纳受理费。第三种情形虽然不是行使职权的行为，但为了调动其他国家机关、社会团体、企事业组织和公民的积极性，及时发现违宪的法律法规等规范性文件，维护国家法治的统一性，应当鼓励他们积极提出审查建议，因此其提出的审查建议不应当缴纳受理费。（2）缴纳受理费的情形：对公民宪法权利和自由遭受侵犯而提出申请的，应当缴纳一定的受理费。这种情形之所以应当缴纳受理费，一是因为公民是为自身利益占用公共资源，二是缴纳受理费能够在一定程度上防止公民滥用这种申请权的情况发生。当然，如果申请被驳回，或者申请者撤回申请的，则应当退还其缴纳的受理费。

第五章　宪法解释审议和表决制度比较与借鉴

宪法解释审议和表决是整个宪法解释程序机制中最关键的环节，对于宪法解释的结果有着直接的和决定性的意义。审议和表决是两个独立的环节，其中审议环节是宪法审查机关对申请者提出的释宪申请进行审理和评议的过程，通过这个审议过程酝酿并形成初步的判断意见；表决环节则是根据审议环节形成的判断意见进行投票决定，并根据投票结果形成最终的裁判结论。本章旨在对域外国家宪法解释审议和表决制度进行深入分析，分析和探讨其中的制度机理和价值意蕴，以期为健全我国宪法解释程序机制提供智识参考。

第一节　宪法解释审议的基本原则

由于在宪法解释审议过程中要对宪法解释结果形成初步判断意见，因此这个审议过程对释宪结论的产生具有重要的影响作用。为确保最终宪法解释结论的正确性，有必要对宪法解释的审议过程设置一些基本原则。宪法解释审议的基本原则就是宪法解释机关在对释宪申请进行审议的过程中所必须遵循的基本准则。通过对域外国家宪法解释审议制度的深入分析，我们发现，域外国家宪法解释审议的基本原则既存在共有的基本原则，也存在个别国家所实行的具有独特性的基本原则。

一、域外多数国家共有的宪法解释审议基本原则

由于宪法解释涉及对作为国家根本法的宪法的解释和适用，不仅事关宪法实施的有效性，而且对于国家机关、社会组织和公民个人等都会产生一系列重大影响，因此释宪机关的释宪行为不容有任何的偏差和纰漏。为此，各个国家都注重对宪法解释审议活动予以严格规范，在有关宪法解释的法律中规定了释

第五章　宪法解释审议和表决制度比较与借鉴

宪机关必须遵循的基本原则，其中有些是绝大多数国家所共有的基本原则。

（一）公开原则

公开原则是绝大多数国家宪法解释审议的基本原则，这一原则意味着宪法解释审议过程对外公开，允许旁听和媒体报道。如根据德国宪法法院法第17条规定，联邦宪法法院关于审理公开，准用《德国法院组织法》第14章至第16章的规定。按照公开原则，在联邦宪法法院审议过程中，允许与本案无关的人进入法庭旁听。联邦宪法法院审理的是宪法性质的案件，涉及法律法规的合宪性问题，或者联邦与各州之间、各州相互之间的权限争议问题等，这些问题都具有较强的政治性，对这些案件的审议采取公开原则，具有广泛的意义，使进入法庭的旁听者更能了解关系国家及公民权益的重要事务。但根据《德国法院组织法》有关审理公开性原则的规定，并非所有审议过程都实行公开，有两种情况不公开：一是没必要公开，如在运用书面审理及评议的程序中就没有公开的必要；二是不能公开，联邦宪法法院审议中遇到公开就会直接或间接危害公共利益或泄露构架机密的情况时，就不能公开。[①] 此外，根据德国联邦宪法法院法第17条之一第1款规定，与《德国法院组织法》第169条第2款规定不同，为公开转播或公表其内容之目的所为的录音、电视与电台的摄录与录影，仅限于下述情况始得为之：（1）言词辩论程序，至法院确认当事人到场时为止；（2）公开宣示其裁判。第17条之一第2款规定，为保障当事人或第三人值得保护的利益，或程序的正常进行，联邦宪法法院得全部或部分禁止第一项的摄录或转播或要求其遵守一定的规则。

根据俄罗斯宪法第123条，法院审理案件一律公开进行，只有在联邦法律规定的情况下，才可以对案件进行不公开审理。俄罗斯宪法法院法第5条规定，公开性是联邦宪法法院工作的基本原则。该法在第4章"宪法诉讼程序的原则"中的第31条具体规定了公开性原则："俄罗斯联邦宪法法院在宪法会议上对案件进行公开审理。只有在本法律规定的情况下才能进行非公开会议。无论公开会议还是非公开会议，通过的决定均要予以公布。"第54条更是详细规定了公开原则的适用：除本法另有规定外，联邦宪法法院会议一律公开举行，出席者有权当场确定会议的议程。经联邦宪法法院的许可，还可以对会议进行

[①] 参见刘兆兴：《德国联邦宪法法院总论》，法律出版社，1998年，第88页。

影像、图片拍摄,电视录像或广播、电视的现场直播。[①]第55条规定了非公开会议的具体情形,即为保守受法律保护的机密,保障公民的安全,捍卫社会道德,必要时联邦法院可以宣布进行非公开会议。

奥地利宪法法院法第19条第1款规定,除本法第10条、第36条、第92条及第93条连结92条之外,宪法法院公开审理,且应传唤申请人、相对人及其他关系人到场。[②]第22条规定,宪法法院院长发布审理有关事项。审理应事先于公布栏发布,并且事先登载于《维也纳公报》上。[③]但在公开审理原则之下,如果出现法定情形时不得公开审议,如第19条第3款规定,下列情形不经其他程序,亦不经事先审理,径以非公开开庭裁定:(1)已经《联邦宪法》第144条第2款不为受理时;(2)因下列情形驳回申请时,即宪法法院显然无管辖权、延误法定期间、因形式要件欠缺未补正时、因案件已判决确定、当事人适格欠缺;(3)因撤回申请或未合法起诉而停止诉讼程序时。根据第19条第5款规定了强制执行宪法法院裁判的申请,以及关于诉讼程序停止时诉讼费用确定的申请,也通过秘密审议的方式作出裁定。[④]根据第77条,审理联邦及各州最高机关公职人员弹劾案时,得因危害国家安全而排除公开审议。[⑤]此外,根据奥地利宪法法院法第12条第6款,宪法法院法官是否有不得参与法庭审查的事由,由宪法法院以非公开开庭裁判之。根据该法第30条规定,联邦宪法法院的评议及表决不公开。[⑥]

(二) 言词原则

言词原则意味着宪法审查机关在审理宪法案件时,案件当事人和其他参与者可以通过口头陈述自己的观点,并与对方进行辩论,这是公开原则的必要条件和必经形式。域外许多国家都在宪法解释程序机制的相关法律中明确规定了言词原则。

---

① 该条还规定,到会者必须尊重宪法法院及其通过的规章制度和程序,服从会议执行院长关于遵守会议秩序的命令。法院警卫负责维持联邦宪法法院会议的秩序,所有会议参加者必须听从指挥。对扰乱会议秩序或不服从执行院长命令,经警告仍不改过者,可以将其驱逐出会议厅,经联邦宪法法院同意,会议执行院长可以将故意扰乱会议秩序、妨碍会议正常进行的旁听者驱逐出会议厅。联邦宪法法院有权指认扰乱会议秩序或不服从会议执行院长命令的人,对其进行10倍最低工资标准的罚款。
② 参见胡骏:《奥地利宪法法院研究》,法律出版社,2012年,第259页。
③ 参见胡骏:《奥地利宪法法院研究》,法律出版社,2012年,第261页。
④ 参见胡骏:《奥地利宪法法院研究》,法律出版社,2012年,第259—260页。
⑤ 参见胡骏:《奥地利宪法法院研究》,法律出版社,2012年,第284页。
⑥ 参见胡骏:《奥地利宪法法院研究》,法律出版社,2012年,第264页。

第五章 宪法解释审议和表决制度比较与借鉴

德国宪法法院法第25条第1款规定，除有其他特别规定外，联邦宪法法院应基于言词审理而为裁判，但全体当事人均明示舍弃时，不在此限。为落实言词原则，德国宪法法院法规定了当事人享有陈述意见的权利，如根据第77条规定，在联邦政府、州政府或联邦众议院四分之一的议员提起的抽象规范审查中，应赋予联邦众议院、联邦参议院、联邦政府及各州民意代表机关与政府，在一定期间内陈述意见的机会。第82条第3款规定，在法院提起的具体规范审查中，联邦宪法法院给予提出申请的法院的诉讼当事人陈述意见的机会，联邦宪法法院应通知其参加言词审理，并给予在场的诉讼代理人发言权。第94条规定，在宪法诉愿中指责联邦或各州宪法机关之作为或不作为时，联邦宪法法院应给予各机关在一定期间内有陈述意见之机会。作为或不作为系由部长或由联邦或州官署所为时，应给予管辖部长有陈述意见之机会。宪法诉愿系针对法院裁判所为时，应给予因该裁判受利益者陈述意见的机会。德国"宪法诉讼中的言词审理成了一种与各个领域的重要政治力量进行的公开对话，其目的是维护或续造宪法"[①]。不过，在宪法诉愿中，联邦宪法法院可以自行决定不进行言词审理，除非参与的宪法机构坚持要进行言词审理。根据德国宪法法院法第94条第5款规定，言词辩论如不能期待有助于程序之进行，或有权表示意见且参加诉讼之宪法机关放弃言词辩论时，联邦宪法法院得不举行言词辩论。[②]

尽管德国规定了在全体当事人明示舍弃言词审理时，联邦宪法法院可以不经言词审理即作出判决，但根据德国宪法法院法规定，在审理有些案件时不允许当事人放弃言词审理，这些案件包括：①褫夺基本权的案件（第38条第2款）；②政党违宪案（第45条）；③弹劾总统案（第55条第1款）；④弹劾法官案（第58条第1款）。联邦宪法法院在审理这几类案件时，必须经过言词审理才能作出判决。此外，根据该法第32条第3款规定，对于准许或不准假处分的裁定提出抗告时，联邦宪法法院对该抗告的裁判，也应经言词辩论之后才能作出。

俄罗斯宪法法院法第32条规定，在俄罗斯联邦宪法法院会议上对案件的

---

① [德] 克劳斯·施莱希、斯特凡·科里奥特：《德国联邦宪法法院：地位、程序与裁判》，刘飞译，法律出版社，2007年，第71页。

② 言词原则虽然是《德国联邦宪法法院法》规定的一个基本原则，但从联邦宪法法院所审理过的案件来看，经过言词辩论后法院作出判决的案件与未经这一阶段而作出判决的案件相比，只占很少的部分。直到1990年为止，联邦宪法法院已汇编了78卷《联邦宪法法院判例汇编》，收录2253个判例，其中只有很少的判例在审理时经过言词辩论。参见刘兆兴：《德国联邦宪法法院总论》，法律出版社，1998年，第111页。

审理以口头陈述的方式进行。在审理案件过程中，要听取各方当事人的陈述以及鉴定人和证人的证词，宣读已掌握的文件。[①] 在法庭调查时，双方当事人都有权对其立场作出解释，同时也必须回答另一方的提问，回答法官和鉴定人的提问，这都体现了审议过程中的言词原则。

奥地利宪法法院法第 19 条第 1 款规定，除本法第 10 条、第 36 条之四、第 92 条及第 93 条连结 92 条之外，宪法法院在言词审理后径行裁判，言词审理时，应传唤申请人、相对人及其他关系人到场。在言词原则之外，该法还规定了言词原则的例外情形，其第 19 条第 4 款规定了非言词审理的情形，即若从宪法法院诉讼程序当事人之诉状及向宪法法院呈递之文书卷宗得认口头陈述无益于法律事实之进一步澄清，宪法法院得进行非言词审理。此外，下列情形得依常任法官之申请，不经言词辩论，以非公开开庭审理：①因宪法上所保障之权利显然未受到侵害而驳回诉讼程序时；②迄今为止之宪法法院裁判已足以阐明法律案件裁判中之法律问题；③为撤销违法之行政命令、关于法律（国家条约）再次公布之违法公告、违宪之法律或违法之国家条约而提起诉讼时，宪法法院应受理。[②]

（三）回避原则

回避原则作为保障法院裁判案件客观公正的基本要求，在宪法审查案件中也得到广泛适用。域外许多国家都规定了宪法审查机关裁判宪法案件时应坚持回避原则。德国宪法法院法第 18 条和第 19 条分别规定了联邦宪法法院法官自行回避和依申请回避两种类型。[③] 自行回避就是法官在具有法定情形时主动退出案件的审理活动。根据第 18 条第 1 款规定，联邦宪法法院法官有下列情形之一者，应自行回避而不得执行法官职务：(1) 法官或其配偶或前配偶、现为或曾为其生活伴侣者、直系血亲或姻亲、三亲等内旁系血亲或二亲等内旁系血

[①] 该条第 2 款规定，在联邦宪法法院会议上可以不宣读那些只有法官和当事人才能了解的文件，或已在会议上说明的文件。

[②] 胡骏：《奥地利宪法法院研究》，法律出版社，2012 年，第 260 页。

[③] 德国联邦宪法法院法官的回避依据德国《民事诉讼法》第 41 条的规定，该条除了规定与《德国联邦宪法法院法》第 18 规定相同内容之外，还规定法官具有下列情形之一，必须回避：法官与当事人之间有共同权利人、共同义务人或偿还义务人的关系；在该案件中，法官现在受任为或曾经受任为当事人一方的诉讼代理人或辅佐人，现在或曾经具有为当事人一方的法定代理人的权限；在该案件中，法官曾经作为证人或鉴定人而受讯问；在当事人提出不服的案件中，法官曾参与其前审或仲裁程序中的裁判。可见，德国《民事诉讼法》规定的回避制度更加详细具体。参见刘兆兴：《德国联邦宪法法院总论》，法律出版社，1998 年，第 106 页。

亲为案件当事人者；（2）法官曾依职权或在业务上参与该案件之处理者。该条第 2 款规定，基于家庭状态、职业、出生、政党属性或类似的一般观点，与案件审理的结果有所关联者，不得认为系案件当事人。该条第 3 款规定，第 1 款第 2 项所指的参与处理，不包括下列事项：（1）参与立法程序；（2）对于诉讼事件有重要性之法律问题发表学术上之意见者。①

依申请回避就是当事人认为法官具有不公正审理案件的可能时，申请联邦宪法法院法官回避。德国宪法法院法第 19 条规定了依申请回避，其第 1 款规定，联邦宪法法院法官有偏颇之虞而被申请回避时，由联邦宪法法院决定之，于此，被申请回避之法官不得参与，票数相同时，由主席决定之。其第 2 款规定，申请回避应附理由。被申请回避的法官就此应表示意见。言词辩论开始后申请回避，不予受理。该条第 3 款规定，未被申请回避的法官自认有偏颇之虞时，准用第 1 款的规定。该条第 4 款规定，联邦宪法法院就法官之自行回避或申请回避认为有理由者，应以抽签方式决定由他庭一法官为代理人。二庭之庭长不得被指定为代理人。②

俄罗斯宪法法院法第 56 条规定了回避原则。该条第 1 款规定，在下列情况下，法官将被禁止参加案件审理：（1）该法官从前由于职责原因参与了被审议法律文件的通过；（2）由于该法官与当事者双方的代表有亲属或夫妻关系，其在该件裁决中的客观性受到了质疑。该条第 2 款规定，有与本条第 1 款相同情形的联邦宪法法院法官应该在案件审理之前提出回避。第 3 款规定，宪法法院法官被禁止参加案件审理，应在联邦宪法法院听取法官陈述后，由到会法官多数通过的有事实根据的决定来决定。宪法诉讼案件的参加者以及俄罗斯联邦宪法法院的其他法官都有权提出法官的回避问题。

奥地利宪法法院法第 12 条第 2 款至第 5 款规定了法官回避原则。根据规定，法官回避的情形包括以下几种：（1）依本法所规定的有关诉讼法，法官可

---

① 有学者认为，法官在任职之前对与本案有重要关系的法律问题发表的专家或学术性意见在何种程度上会成为担心其不公正的原因？这是一个值得探讨的问题。学术性意见本身不是不公正的理由。但情况不同的是，当职业或者学术活动"目的就在于支持一位程序参与人"时，如出具一份法律意见书或者"当法官为一个联邦宪法法院以前案件参与人的委托人就宪法问题发表意见而且其在以前案件中所坚持的法律观点在本案中也具有重要意义时"。如果法官在以前的程序中做过代理，并且在其代理范围内提出了与本案的裁判有重要关系的法律意见的话，可以认为法官个人或者事务上与本案标的的关系过于密切，故而对其不公正的担心是有理由的。参见［德］克劳斯·施莱希、斯特凡·科里奥特：《德国联邦宪法法院：地位、程序与裁判》，刘飞译，法律出版社，2007 年，第 77 页。

② "在有着刚性代理规则规定的情况下，回避申请可能会被用于操纵审判庭的组成，而抽签程序则是应对回避申请的方法。"参见［德］克劳斯·施莱希、斯特凡·科里奥特：《德国联邦宪法法院：地位、程序与裁判》，刘飞译，法律出版社，2007 年，第 77 页。

能有不得执行职务的情形。(2) 就系属于宪法法院的案件,宪法法院法官曾参与行政程序中行政裁决之颁布。(3) 宪法法院法官曾参与选举机关之决定者,就同一事件不得参与宪法法院关于选举撤销之审理及裁判。(4) 宪法法院正式法官或候补法官于颁布行政命令或公布法律(国家条约)时,曾隶属于联邦政府或有关的州政府者,不得参与该行政命令合法性之审查。宪法法院法官于制定法律时,曾隶属于制定该法律之立法机关者,不得参与该法律合宪性之审查。宪法法院法官于表决法律案时,曾隶属于国会者,亦不得参与该联邦法律合宪性之审查。于国家条约合法性之审查,若系涉及奥地利宪法第 50 条第 1 款核准、修正的或补充的依奥地利宪法第 16 条第 1 款规定的国家条约,曾隶属于联邦政府或有关的州政府者,以及曾隶属于制定该法律之立法机关者,或曾隶属于国会者,不得参与该国家条约合法性之审查。(5) 行政命令之合法性审查、法律(国家条约)公告之合法性审查、法律之合宪性审查或国家条约之合法性审查,系根据法院(包括独立行政庭、行政当局)之申请者,宪法法院正式法官或候补法官若同时隶属于提出申请之法院(包括独立行政庭、行政当局),则不得参与审查。根据该条第 6 款规定,宪法法院法官是否有不得参与的事由,由宪法法院非公开开庭裁判之。

(四) 合议制原则

合议制是提高法院裁判质量和保障案件正确处理的一种集体审判制度,可以避免一人裁判的不足,该制度已成为当今各国法院裁判案件的基本原则之一。合议制原则的核心要义是由多名法官对案件进行集体裁判,这种原则在宪法审查案件中也得到各个国家的采用。根据德国宪法法院法第 15 条规定,须有 6 名以上法官出席始得为之决议。一庭因紧急情况不能作成决议时,由庭长命依抽签方式就另一庭法官决定代理人选,至达决议之最低人数止。如果该庭不符合作成决议的要求,则应于不足人数后重为评议。[①] 第 15 条之一规定,两庭在事务年度期间分成数个小组,每一小组由三位法官组成。

法国宪法第 56 条规定,宪法委员会的成员为 9 名,任期 9 年,不得连任。宪法委员会主席由共和国总统任命,在表决时若赞成票与反对票相同,主席有决定性的投票权。《宪法委员会组织法》第 14 条规定,宪法委员会作出裁决和

[①] 德国联邦宪法法院由两个庭组成,两个庭的地位、审判权的行使方面完全平等,没有主次之分,两个庭的任何一个庭都可以代表联邦宪法法院,这就是德国联邦宪法法院所具有的"双胞胎法院"的独特性。参见刘兆兴:《德国联邦宪法法院总论》,法律出版社,1998 年,第 38 页。

意见时应当至少有 7 名委员出席，除非有记入档案的不可抗力发生。其第 31 条规定，当政府根据宪法第 7 条的规定向宪法委员会提出请求宣告总统无法行使职权时，宪法委员会应当由其成员的绝对多数作出裁定。根据该法第 36 条规定，在审查选举争议案件时，宪法委员会内部分成 3 个小组，每组由通过抽签产生的 3 名委员组成。第 38 条规定了宪法委员会小组审查选举争议案件，该案件应当在委员会全体成员前进行审议。这些都是合议制原则在审查案件中的体现和运用。

根据俄罗斯宪法法院法第 4 条规定，俄罗斯联邦宪法法院由联邦委员会根据联邦总统的提名而任命的 19 名法官组成。第 20 条规定，俄罗斯联邦宪法法院在联邦宪法法院全体会议和两院会议上对案件进行审议与审理。俄罗斯联邦宪法法院由分别包括 10 名与 9 名法官的两个院组成。第 30 条规定的集体领导制原则也就是合议制原则，根据该条规定，审议案件、研究问题及通过与其有关的决议均由联邦宪法法院以集体领导的方式进行，只有参加宪法法院审理案件会议的法官才有权通过决定。联邦宪法法院全体会议只有在 2/3 以上法官出席、两院会议只有在 3/4 以上法官出席的情况下才有权通过决定。①

奥地利宪法法院在实践中发展出一种每季度一次的会期制，即通常在每年 3 月、6 月、10 月及 12 月各开会 3 周审理相关案件，并以院会作出裁判。② 按照奥地利宪法法院法第 1 条规定，宪法法院的院会由院长 1 人、副院长 1 人、法官 12 人及候补法官 6 人组成。该法第 6 条规定，宪法法院每次之审理，应邀请副院长及全体宪法法院法官出席。宪法法院法官无法出席时，应邀请候补法官出席。第 7 条规定，宪法法院于主席及至少 8 名有投票权法官出席时，始得为裁判。

二、个别国家特有的宪法解释审议基本原则

除了上述共有的宪法解释审议基本原则外，一些国家还基于自身的政治和法律文化传统以及特定的理念，规定了具有独特性的宪法解释原则，这些具有独特性的原则是其他国家宪法解释审议基本原则中所没有的。

（一）德国联邦宪法法院的"职权调查原则"

根据德国宪法法院法第 26 条规定，联邦宪法法院为探求真实而调查必要

---

① 根据该条第 3 款规定，在确定会议法定人数时，被停止参加案件审议和被中止职务的法官除外。
② 参见胡骏：《奥地利宪法法院研究》，法律出版社，2012 年，第 145-146 页。

的证据，为此，其得于言词审理程序外指定庭员一人调查证据，或就特定事实及人员嘱托其他法院调查证据，这就是职权调查原则的体现和运用。根据该法第 33 条第 2 款的特别规定，联邦宪法法院得以一个有既判力的判决，依职权调查真实后所确定的事实，作为其裁判的基础。这样，在联邦宪法法院的诉讼程序中适用的是无限的调查原则，其有权独立进行关于案件事实的正确性和完整性的事实调查。① 联邦宪法法院有权调查当事人提出的证据的真实性，也可以调查当事人未提出的证据或者证据方法，特别是就某项特定的事实内容所必要的证据方法，诸如公私文件、物件、行为、机关实施的措施等，更要进行周密的调查，以证实涉及案件的证据的真实性。联邦宪法法院有权命令申请人提供证据方法，当事人有义务向联邦宪法法院提供。②

尽管德国联邦宪法法院在审查案件中拥有广泛的调查权力，但这种调查权力并非无限制地调取任何资料，而是必须以维护国家安全为前提，这是德国宪法法院法第 26 条第 2 款的明确要求，即文件之使用不符合国家安全时，法院得以 2/3 的多数决裁定就各该文件不予调阅。

（二）德国联邦宪法法院的"强制代理原则"

德国联邦宪法法院除了实行前述"职权调查原则"外，还采取了一种"强制代理原则"。根据德国宪法法院法第 22 条第 1 句规定，当事人在诉讼程序之任何阶段均得由欧盟成员国、欧洲经济区域协议缔约国或瑞士之律师或其等所设立或认可的大学的法律教师，且具有担任法官职务之资格者代理之；在联邦宪法法院举行言词辩论时，当事人应由上述人员代理。这里规定的就是德国特有的"强制代理原则"。按照该规定，在联邦宪法法院举行言词辩论阶段，当事人必须委托律师或大学的法律教师代理进行言词辩论，而不能由当事人自己进行言词辩论。不过，在言词辩论之外的其他阶段，当事人可以委托律师或大学法律教师代理所有诉讼活动，也可以不委托而由自己进行诉讼活动。

之所以在言词辩论阶段实行"强制代理原则"，是因为律师和大学的法律教师是专门的法律工作者和法律研究人员，他们具有比当事人更丰富的法律专业知识，理解法律规范含义的能力比当事人更强，能够对法律是否合宪提出比

---

① 参见［德］克劳斯·施莱希、斯特凡·科里奥特：《德国联邦宪法法院：地位、程序与裁判》，刘飞译，法律出版社，2007 年，第 67 页。
② 参见刘兆兴：《德国联邦宪法法院总论》，法律出版社，1998 年，第 113 页。此外，根据《德国联邦宪法法院法》第 27 条规定，所有的法院及行政机关均应予联邦宪法法院以司法及职务协助，如联邦宪法法院要求先前相关程序的卷宗，前述机关应即向其提出。

较深刻和独到的观点和见解。因此在言词辩论阶段必须由律师或大学法律教师代理,这不仅能够为联邦宪法法院提供有益的参考意见,而且能够提高诉讼效率。

需要注意的是,"强制代理原则"不仅不适用于当事人在言词辩论之外的诉讼阶段,而且其他宪法机关在整个诉讼阶段都不适用"强制代理原则"。根据德国宪法法院法第22条第2句规定,立法机关以及在宪法或处务规程中被赋予固有权利之该立法机关的组成部分,① 得由其成员代理之。该条第3句规定,联邦、各州或其宪法机关,亦得由具有担任法官资格或依国家考试有担任高级行政职务资格的公务员代理之。由于这些宪法机关都具有联邦基本法所赋予的权限,议会两院的议事规程也规定了它们相应的权限,因此,它们在宪法诉讼案件中不仅可以自己作为当事人,而且可以委托具备上述条件的人员担任诉讼代理人,而不必委托律师或大学法律教师代理诉讼活动。

(三) 法国宪法委员会的"秘密审原则"

法国宪法委员会宪法解释审议所采取的原则与其他国家不同。在其他国家,一般都把公开原则和言词原则作为宪法解释审议的基本原则,而法国却把"秘密审原则"作为基本原则。宪法解释所涉及的各种素材、资料和具体证据从不公开,进行报告的宪法委员会成员的姓名、报告的方式也从不公开,宪法委员会成员对宪法解释的审议记录也属于保密范围。② 例如,按照法国《宪法委员会组织法》第18条至第20条规定,当宪法委员会收到根据法国宪法第54条或第61条第2款的规定提出的对国际条约或法律进行违宪审查的请求时,并不像德国联邦宪法法院在进行抽象规范审查时那样,要赋予规范制定机关在一定期间内陈述意见的机会,法国宪法委员会只是将违宪审查的信息通知共和国总统、总理和议会两院议长,然后由宪法委员会的一名委员作为报告人,宪法委员会径直根据报告人的报告对国际条约或法律的合宪性作出裁决,不过,宪法委员会应当对其裁决说明理由,该裁决应在政府公报上公布。法国宪法委员会的审查活动都不能向外界公布,也不能有任何听众,从宪法委员会

---

① 所谓立法机关主要是指:联邦立法机关为联邦议院和联邦参议院;州的立法机关为州议会。所谓在宪法或处务规程中被赋予固有权利之该立法机关的组成部分,主要包括:1. 在联邦议院有联邦议院议长、联邦议院各委员会、联邦议院党团小组,以及联邦议院达到法定人数的议员;2. 联邦参议院有联邦参议院议长、联邦参议院主席团、联邦参议院内的两个州的代表、联邦参议院各委员会,以及联邦参议院达到法定人数的议员;3. 联邦议院和联邦参议院共同组成的调解委员会。参见刘兆兴:《德国联邦宪法法院总论》,法律出版社,1998年,第97—98页。

② 参见王建学:《法国式合宪性审查的历史变迁》,法律出版社,2018年,第152页。

受理审查请求开始一直到它作出裁决为止，所有的活动原则上都是秘密进行的。作出裁决时持赞成或反对意见的委员比例原则上是保密的，不过在一些重要的裁决中，这些数字会向媒体公开。宪法委员会之所以要坚持秘密审查原则，是因为它希望据此来减少外部的干扰和压力，以保证委员会的独立性和裁决的权威性。①

（四）法国宪法委员会的"书面审原则"

法国宪法委员会除了采取"秘密审原则"外，还把"书面审"作为宪法解释审议的基本原则。宪法委员会的审查活动很少使用口头的报告和辩论的方式进行，例如根据法国《宪法委员会组织法》第39条规定，在宪法委员会审查选举异议的案件中，宪法委员会在通知选举活动受到指控的议员或其候补者后，给予其一定的期限到秘书处核实文件，然后提出书面的意见，但不会给予其口头陈述意见的机会。根据该法第42条规定，在宪法委员会的报告人向证人收集证词之后，报告人只对证词作记录并通告相关人员，当事人也只能在3天内提出其书面意见，并不给予当事人口头辩论的机会，更不允许当事人与证人进行质证。尽管宪法委员会不排斥非正式的口头交换意见，特别是通过电话等途径，但这些内容不能作为官方文件，不具有法律效力。②

值得注意的是，上述"秘密审原则"和"书面审原则"，是法国2008年修宪之前宪法委员会宪法解释审议的基本原则。在2008年修宪之后，这种做法有所改变，因为2008年新增的合宪性先决程序已朝着公开透明的方向转变。在合宪性先决程序中，宪法委员会采取公开原则和言词原则，允许当事人陈述和律师辩论。根据2008年修宪时增加的第61-1条规定，当事人在法院诉讼过程中，认为适用于案件的法律构成对其基本权利和自由的侵犯，有权提出对该法律进行合宪性审查的申请。根据该项宪法条款，2010年新修改的《宪法委员会组织法》第23-8条规定，宪法委员会受理当事人对法律提出的合宪性审查案件时，应立即通知共和国总统、总理和议会两院议长，上述人员可以就合宪性的先决问题向宪法委员会发表意见。第23-10条规定，宪法委员会在审议法律合宪性先决问题的过程中，应给予当事各方陈述各自意见的机会，并且听证应公开举行，除非有宪法委员会的议事规则界定的例外情况。

---

① 参见吴天昊：《法国违宪审查制度》，中国政法大学出版社，2011年，第212—213页。
② 参见吴天昊：《法国违宪审查制度》，中国政法大学出版社，2011年，第212页。

第五章　宪法解释审议和表决制度比较与借鉴

（五）俄罗斯联邦宪法法院的"独立性原则"

在俄罗斯宪法法院法第四章"宪法诉讼程序的原则"所规定的各种原则中，除了与其他国家共有的原则，如公开原则、合议制原则外，还规定了其他国家所没有的"独立性原则"。该法第29条规定，俄罗斯联邦宪法法院法官具有独立性，在行使职权时只服从俄罗斯联邦宪法和本法。俄罗斯联邦宪法法院法官在其活动中只表示个人的意见，不代表任何国家与社会机关，政党和运动，国家、社会及其他性质的企业，各机构和组织，负责人员，国家与地区的教育部门，以及民族和社会其他团体等。俄罗斯联邦宪法法院决定和其他法令应反映法官与俄罗斯联邦宪法相一致的，不具有任何政治倾向和法律立场。俄罗斯联邦宪法法院法官应在其自由意志不受外界影响的条件下作出决定。他们无权征询或获得任何人关于对进行预先审议或联邦宪法法院正在审议的问题的意见。为此，俄罗斯宪法法院法第13-19条作出了一系列的规定，以保障联邦宪法法院法官的独立性，如在任职期间不得撤销其职务，关于中止和剥夺法官职权的程序规定，向法官提供物质的和社会的以及与其崇高地位相符合的安全保障、社会保障和物质保障等。[①]

（六）俄罗斯联邦宪法法院的"会议不间断原则"

俄罗斯联邦宪法法院不仅实行独立性原则，还采取一个具有独特性的基本原则，即"会议不间断原则"。根据俄罗斯宪法法院法第20条规定，俄罗斯联邦宪法法院在联邦宪法法院全体会议上和两院会议上对案件进行审议与审理。俄罗斯宪法法院法第34条第1款规定，联邦宪法法院会议对每一个案件的审理不得间断，休息时间、诉讼参与人为准备继续进行审理所必需的时间，以及为排除阻碍会议正常进行的行为所用的时间除外。俄罗斯联邦宪法法院的"会议不间断原则"，并不是指宪法法院法官审理一个案件，从开庭到审理结束并作出裁决，一直不休息。[②] 根据俄罗斯宪法法院法第34条第2款规定，对全

---

① 此外，俄罗斯宪法法院法第6条还规定了对联邦宪法法院活动的保障措施，即联邦宪法法院在组织、财政和物质技术方面独立于其他任何机关。联邦宪法法院的经费由联邦预算提供，并且应能保障其充分独立地实现宪法诉讼程序。为保障俄罗斯联邦宪法法院的活动，联邦预算每年应单独预留出供俄罗斯联邦宪法法院独自使用的资金。俄罗斯联邦宪法法院的支出预算不能少于上一财政年度。俄罗斯联邦宪法法院独立自主地为自己的活动提供情报和干部方面的保障。与俄罗斯联邦宪法法院活动有关的权力、组织、财政、情报、物质技术、干部以及本法律文件确定的其他条件均不得加以限制。

② 参见刘向文、韩冰、王圭宇：《俄罗斯联邦宪法司法制度研究》，法律出版社，2012年，第151页。

体会议审议的案件作出决定前，或者提出推迟审理此案件的决定之前，联邦宪法法院全体会议不得审议其他案件。该条第 3 款规定，对两院会议审议的案件作出决定之前，或者提出推迟审理此案的决定之前，联邦宪法法院两院会议不得审理法律文件确定的由两院会议负责审理的其他案件。该条第 4 款规定，对联邦宪法法院全体会议审议的案件作出决定之前，两院会议可以受理其他案件；对两院会议审议的案件作出决定之前，联邦宪法法院全体会议可以受理其他案件。

第二节 宪法解释的审议程序比较

宪法解释审议程序指的是释宪机关从事宪法解释的步骤和方式。各个国家释宪机关职权范围的广泛性和差异性，决定了宪法解释审议程序的多样性和复杂性。不仅在不同的国家由于宪法解释范围不同会导致宪法解释审议程序的多样性，而且即使在同一国家，由于宪法解释案件的不同也会导致宪法解释审议程序的复杂性。这里拟通过对域外国家宪法解释审议程序进行比较分析，探寻其中的奥妙和内在规律，以期为完善我国宪法解释审议程序提供一定的经验。

一、德国宪法解释审议程序

德国是较早专门颁布宪法解释程序法的国家，其 1951 年颁布的宪法法院法为联邦宪法法院审议和裁决宪法案件提供了十分明确和详细的程序规则和活动依据。以下根据不同的案件类型分别介绍和分析德国的宪法解释审议程序。

（一）德国抽象的规范审议程序

规范审查的理论基础是凯尔森的规范等级体系理论，按照这种理论，一个较低级的规范之所以有效，是由于它是按照另一个较高级的规范所创制的，而这个较高级的规范又是按照另一个更高级的规范所创制的，更高级的规范则是以一个最高级的规范为基础，这个最高级的规范便是整个法律秩序效力的最高

第五章 宪法解释审议和表决制度比较与借鉴

理由。[①] 在一个国家内，这个最高级的规范就是宪法。由于高级规范与低级规范之间是可能存在冲突的，这种冲突也可能发生在宪法和法律之间，因此需要对法律等低级规范是否与宪法等高级规范相抵触进行审查。规范审查就是指对法律等规范性文件是否与宪法等上级规范相抵触而进行的审查。根据是否涉及具体的案件和法律适用，可把规范审查分为抽象的规范审查和具体的规范审查。抽象的规范审查就是不涉及具体的案件和法律适用的规范审查。这里介绍的是德国联邦宪法法院的抽象规范审议程序，主要是德国联邦宪法法院审议联邦法律和州法律是否符合联邦宪法的审议程序。

根据德国基本法第93条第1款第2项规定，就联邦法律或州法律与基本法在形式上或实质上是否一致产生分歧或疑问时，联邦政府、州政府或联邦议院1/4议员有权请求联邦宪法法院裁判。第93条第2a项规定，就某项法律是否符合基本法第72条第2款的条件产生分歧时，联邦参议院、州政府或州代议机关有权请求联邦宪法法院裁判。德国宪法法院法第13条关于联邦宪法法院管辖范围的规定中，第6项和第6a项对联邦基本法的上述内容进一步作出了明确规定。[②] 按照前述规范等级体系理论，州法律不得抵触效力较高的联邦法律，联邦法律或州法律不得抵触具有最高效力的联邦基本法。抽象规范审查的目的，就是维护各效力等级的法律规范之间的一致性和法律的合宪性，以捍卫作为宪法的具有最高法律效力的联邦基本法的权威性。由于这是一种抽象的规范审查，其审查目的并不是出于保护当事人自身的主观权利，而是法定的国家公共机关出于维护客观法秩序的利益所提出对有关法律合宪性进行的审查。因此，从抽象规范审议程序的开始、持续过程及其程序的终结，不再体现出申请人的职权和义务，而只是属于联邦宪法法院的职权范围，联邦宪法法院开始抽象规范审查程序之后，完全是遵循公益性原则决定程序的进行和终结。[③]

由于抽象的规范审议程序是审查联邦法律或州法律是否与联邦基本法相一致，而与申请人的个人利益无关，申请人把联邦法律或州法律是否合宪的问题提交到联邦宪法法院，这是一个客观的、用以审查和确认相关法律是否有效的

---

① 参见〔奥〕凯尔森：《法与国家的一般理论》，沈宗灵译，中国大百科全书出版社，1996年，第141页。

② 其中第6项规定，对于联邦法律或州法在形式上或实质上是否符合基本法，或州法是否符合其他联邦法律，发生争议或疑义，经联邦政府、州政府、或联邦众议院1/4的议员提出申请。第6a项规定，对于法律是否符合基本法第72条第2项的要件所发生的争议，经联邦参议院、州政府或州民意代表机关提出申请。

③ 参见刘兆兴：《德国联邦宪法法院总论》，法律出版社，1998年，第188页。

程序，因此，联邦宪法法院认为，如果其继续进行程序符合公共利益的话，即使是申请人撤回其申请，联邦宪法法院还是可以继续作出实体裁判。[①]

在德国抽象的规范审议程序中，只有申请人是程序的参与人，没有被申请人参与，申请人拥有宪法解释程序中的全部程序权利，如德国宪法法院法第20条规定的阅览卷宗的权利、第25条第1款规定的要求言词审理的权利、参与证据调查即向证人和鉴定人发问的权利等。第77条明文规定，联邦宪法法院在进行抽象的规范审查时，应赋予联邦众议院、联邦参议院、联邦政府以及各州政府民意代表机关与政府，在一定期间内陈述意见的机会。根据该规定，上述各宪法机关都有权指派代表，直接参与到联邦宪法法院的审查程序之中，阐述其对正在被审查的法律的观点和看法。联邦宪法法院在审议被提请的联邦法律或州法律是否合宪的过程中，必须听取这些宪法机关的陈述意见。联邦宪法法院应当通过言词辩论，允许这些宪法机关行使陈述意见的权利，且只有在听取各方的意见后，才能作出被审查法律合宪与否的裁判。不过，言词辩论程序不是必经环节，因为按照规定，上述宪法机关的陈述权和辩论权是可以放弃的，根据德国宪法法院法第25条规定，它们有权自行决定是否参加言词辩论，如果它们在联邦宪法法院确定的期间内没有行使陈述权和辩论权，联邦宪法法院就可以省去言词辩论程序。

此外，在联邦宪法法院审议法律合宪性的程序中，上述各宪法机关具有要求听证权。要求听证权是指某宪法机关要求在由另一宪法机关提起申请的抽象规范审查程序中表示法律见解的权利。可见，这种要求听证权只能在非由自己提起申请的规范审查程序中行使，因为在直接由自己提起申请的抽象规范审查程序中的宪法机关，已经具有法定的参与该审查程序的陈述权和听询权，故不需再有要求听证权了。[②]

（二）德国具体的规范审议程序

按照前文以是否涉及具体的案件和法律适用为标准，规范审查分为抽象规范审查和具体规范审查，此处探讨的具体规范审查就是涉及具体的案件和法律适用的规范审查。

具体的规范审议程序的重要功能是，以对宪法问题做出具有普遍约束力的

[①] 参见［德］克劳斯·施莱希、斯特凡·科里奥特：《德国联邦宪法法院：地位、程序与裁判》，刘飞译，法律出版社，2007年，第135页。

[②] 参见刘兆兴：《德国联邦宪法法院总论》，法律出版社，1998年，第188页。

第五章 宪法解释审议和表决制度比较与借鉴

宣告的方式,避免法院做出有分歧的裁判,避免法的不安定与法律的分裂。[①] 因此,法院在审理具体案件过程中,如果确信案件适用的法律违反宪法,[②] 应中止审理程序,直接请求联邦宪法法院对法律的合宪性作出裁判,这是德国基本法第 100 条第 1 款明文规定的。[③] 德国宪法法院法第 80 条第 2 款规定,法院申请联邦宪法法院对法律的合宪性进行裁判时,必须叙明理由,即法院的审理在何种程度内取决于这些法律规定的效力,以及这些法律与何种上级法律规范抵触,[④] 并同时附具卷宗。

总体而言,联邦宪法法院的具体规范审议程序与抽象规范审议程序基本相同。德国宪法法院法第 82 条第 1 款规定,第 77 至 79 条的规定准用之,并于该条第 2 款规定,第 77 条所规定的宪法机关,得在任何诉讼程序时参加。也就是说,联邦宪法法院对抽象规范的审议程序也适用于其对具体规范的审议程序,比如联邦宪法法院应给予联邦议院、联邦政府、州政府或州民意代表机关有在一定期间内陈述意见的机会。但具体的规范审议程序中有着抽象的规范审议程序所没有的一些特殊规定。

德国宪法法院法第 82 条第 3 款规定,联邦宪法法院给予提出申请的法院的诉讼当事人陈述意见的机会;联邦宪法法院应通知其参加言词审理,并给予在场的诉讼代理人发言权。因此,联邦宪法法院在具体规范审议程序中,原审诉讼案件的当事人有权参与诉讼程序,并有权发表意见。让当事人参与具体规范审议程序,有助于使联邦宪法法院更清楚地调查案件事实并作出准确的判断。当事人不仅有权自己参与具体规范审议程序,而且根据德国宪法法院法第 22 条规定,当事人还有权聘请诉讼代理人。根据前述"强制代理原则",在言词审理环节,当事人必须聘请诉讼代理人,联邦宪法法院应当给予诉讼代理人发言权。

具体的规范审议程序还有一个与抽象的规范审议程序不同的特殊之处,体现在德国宪法法院法第 82 条第 4 款的规定,联邦宪法法院得请求联邦法院或州最高等级法院,报告该院向来如何且基于何种考虑解释发生争执的基本法,是否或如何曾在其判决中适用过效力发生争执之法律规定,以及如何裁判有关

[①] 参见 [德] 克劳斯·施莱希、斯特凡·科里奥特:《德国联邦宪法法院:地位、程序与裁判》,刘飞译,法律出版社,2007 年,第 152—153 页。
[②] 法院必须是"确信"法律违反宪法,而不是对法律是否违反宪法有疑惑或者不清楚。
[③] 参见孙谦、韩大元主编:《世界各国宪法·欧洲卷》,中国检察出版社,2012 年,第 191 页。
[④] 关于法律违反宪法必须达到"确信"的程度,以及法律对于法院裁判案件的"重要性",可参见 [德] 克劳斯·施莱希、斯特凡·科里奥特:《德国联邦宪法法院:地位、程序与裁判》,刘飞译,法律出版社,2007 年,第 160—177 页。

的法律问题。联邦宪法法院更得请求上述法院，对于裁判有重要关系之法律问题陈述其所持意见。联邦宪法法院应将已表示之意见，通知有陈述意见权利之人。

按照第 82 条第 4 款的上述规定，首先，联邦宪法法院在具体规范审议程序中，应向联邦法院或州最高等级法院提出请求（或咨询）；其次，联邦法院或州最高等级法院收到联邦宪法法院的请求（或咨询）后，应向联邦宪法法院报告自己以前是如何和基于何种考虑解释发生争执的基本法的，并报告自己过去是否或如何在其判决中适用过效力发生争执的法律规定，还应报告自己如何裁判有关的法律问题；最后，联邦宪法法院应将联邦法院或州最高等级法院所表示的上述意见，通知具有陈述意见的权利人，这是为了让具有陈述意见的权利人知晓联邦法院或州最高等级法院的意见后，便于为自己进行辩护，也便于联邦宪法法院在从这种辩论中获取更多的信息后作出更为准确的裁判。

另外，需要注意的是，在具体的规范审议程序中，虽然原审案件的诉讼当事人也要参与联邦宪法法院的审理程序，但联邦宪法法院的裁判对象是联邦法或州的法律，[①] 目的是通过对法律的合宪性审查来判断该法律的效力问题。联邦宪法法院不能审理和裁判原审法院的诉讼案件，不涉及当事人的权利义务，也不会替代原审法院对原诉讼案件进行审理和裁判。原审法院应根据联邦宪法法院关于法律效力的审查结果，恢复其当初提出审查申请时暂停的诉讼程序，继续对案件进行审理，并作出相应的判决。

（三）德国机关争议的审议程序

机关争议是指不同的国家机关之间发生的有关权利义务或权限范围等方面的争议，包括联邦一级的各机关之间、联邦与州的机关之间以及一州内部各机关之间发生的争议。根据德国基本法和宪法法院法规定，机关争议属于联邦宪法法院的裁决范围。虽然机关争议中发生争议的主体不同，但联邦宪法法院对机关争议的审议程序基本相同，只是个别争议的审议程序略有差异。

1. 联邦机关争议的审议程序

根据德国基本法第 93 条第 1 款第 1 项规定，联邦最高机关、或由基本法

[①] 联邦宪法法院具体的规范审查对象只限于联邦法律和州法律，法规、规章和命令不是具体的规范审查的对象，对于这些规范，其他法院在审理案件过程中附带性地对其进行审查，并决定其是否适用于具体案件，因而不列入联邦宪法法院的具体规范审查对象之内。

和依联邦最高机关处务规程被赋予固有权利的其他当事人，因其权利义务范围发生争议涉及对基本法的解释时，联邦宪法法院有权对该争议进行裁判。按照德国宪法法院法第64条规定，机关争议的申请人向联邦宪法法院提出申请须满足一定条件，即因相对人的作为或不作为致使其基本法所赋予的权利及义务遭受侵害，或有遭受直接侵害之虞。

联邦宪法法院对于符合条件的申请在受理之后进行审议，在审议时，要将受理机关争议的事实分别通知联邦总统、联邦参议院、联邦众议院和联邦政府，并根据案情和审议需要，在言词辩论程序中许可第三人到庭陈述法律意见。德国宪法法院法第65条规定，第63条规定的其他申请人，如裁判对于划分其权限具有重要性时，得于诉讼程序的任何阶段，参与到申请人或相对人一方。按照该条规定，当某申请人提起机关争议案之后，如果该案的裁判划分权限对于其他申请权人具有重要意义时，则其他申请权人就可以随时加入该申请人一方或加入相对人一方之中，以便在审议程序中支持其加入的一方。其他申请权人之所以要加入机关争议的审议程序，是因为本案所争议的权利义务，以及裁判对权限的划分对于申请权人而言具有重要意义，将会影响到申请权人的权利义务，也就是说，申请权人与本案当事人中所参与的一方具有共同的利害关系。[1]

德国宪法法院法第66条规定，联邦宪法法院得将系属的数程序合并，或将合并的案件分离，这就是并案审议和分案审议程序。对于在本质上相同或近似的机关争议案件，其诉讼标的等方面具有密切的关联性，因此可以将数个这类案件合并审议；相反，为了更具体、精确地得出裁判结论，对于合并的案件则可以分开审议。

需要注意的是，言词审理不是审议联邦机关争议的必经程序。根据德国宪法法院法第66条之一规定，在该法第13条第5项合并调查委员会法第2条第3项所定者，以及在调查委员会法第18条第3项的程序，或该程序合并调查委员会法第19条、第23条第2项所定者时，联邦宪法法院得不经言词审理程序而为裁判。联邦情报工作之国会监督法第14条配合该法第63条所为申请，亦同。也就是说，对于该条规定的机关争议案件，联邦宪法法院无需经过言词审理，而仅通过书面审议的方式作出裁判。

---

[1] 参见刘兆兴：《德国联邦宪法法院总论》，法律出版社，1998年，第254页。

2. 联邦与州机关争议的审议程序

德国基本法第93条第1款第3项规定，联邦和各州的权利和义务，尤其是就各州执行联邦法律或联邦实施监督权发生意见分歧的，联邦宪法法院有权对其进行裁判。第93条第1款第4项规定，联邦和各州之间、各州之间、一个州内部发生的其他公法争议，且无其他诉讼手段的，联邦宪法法院对此类争议有权进行裁判。德国宪法法院法第13条第7项和第8项对此进一步予以明确规定，并在该法第68-72条规定了此类案件的具体审议程序。

按照德国基本法第84条第4款规定，联邦宪法法院在开始联邦与州机关争议的审议程序之前，有一个"前置程序"。该条款明确规定，联邦政府认为各州执行联邦法律时有误，但各州未予纠正的，联邦参议院根据联邦政府或各州的提议，做出决议确认该州的行为是否违法。对联邦参议院的决议不服的，可向联邦宪法法院提出申诉。也就是说，当联邦政府发现州政府执行联邦法律有瑕疵时，联邦政府要求州政府纠正而州政府未予纠正，此时，联邦政府和州政府均有权向联邦参议院提请确认州政府的执法行为是否有瑕疵，联邦参议院根据该提请做出州政府违法与否的决议。如果联邦政府或州政府对联邦参议院的确认决议不服，才能再向联邦宪法法院对联邦参议院的确认决议提出审查申请。需注意的是，联邦与州机关争议的"前置程序"是仅限于联邦宪法法院对联邦参议院确认州政府执行联邦法律的行为是否违法所做的决议进行审议时才采用的程序，联邦宪法法院对其他联邦与州机关争议的审议程序，就不必经过这样的前置程序，而是直接向联邦宪法法院提起审查申请。

虽然联邦与州之间的争议是一种对抗程序而非对立程序，是作为具有独立宪法地位的联邦宪法机关与州宪法机关之间的争议，但联邦与州机关争议的审议程序整体上同前述联邦机关争议的审议程序是相同的。对此，德国宪法法院法第69条"程序规定的准用"明确规定，本法第64条至67条之规定，准用之。按照这种规定，联邦与州机关之间因发生争议而申请联邦宪法法院裁决，它们之间争议的标的是相对人的作为或不作为，以致基本法所赋予的权利义务遭受侵害，或有遭受侵害之虞。联邦宪法法院接受符合条件的申请后，应将此受理事实通知联邦总统、联邦参议院、联邦众议院和联邦政府。如果联邦宪法法院的裁判关于权限的划分对其他申请权人具有重要性，则其他申请权人得于诉讼程序的任何阶段，参与到申请人一方或相对人一方。

根据德国宪法法院法第75条"一般程序规定的准用"之规定，当州法院将一州内的宪法争议的裁判权转移给联邦宪法法院时，联邦宪法法院对一州内机关争议案件的审议程序,准用该法第二章的一般规定。也就是说,联邦宪法法院对一州内机关争议案件的审议程序,适用公开审议、言词辩论、回避等程序性规定。

(四)德国弹劾总统和法官的审议程序

弹劾是由国家专门机关对享有特殊职权的国家公职人员的违法失职行为追究法律责任的活动。德国的弹劾案件包括弹劾总统和弹劾法官两种。

1. 弹劾总统的审议程序

根据德国基本法第 61 条规定,联邦议院或联邦参议院就联邦总统故意违反基本法或其他法律的行为,可向联邦宪法法院提出弹劾请求。弹劾请求需经至少 1/4 的联邦议院议员或 1/4 联邦参议院投票同意方可提出。弹劾决议需经联邦议院议员 2/3 的多数或联邦参议院表决票 2/3 的多数通过。弹劾需由一个弹劾机关授权的人代理。德国宪法法院法第 49 条至第 55 条详细规定了弹劾联邦总统的审议程序。

根据德国宪法法院法第 51 条规定,联邦宪法法院受理弹劾总统案之后,不因联邦总统的辞职、去职,或联邦议院的解散或任期届满而受到影响。该法第 52 条第 1 款规定,在联邦宪法法院对总统的弹劾案宣判之前,提出弹劾申请的立法机关可以撤回申请,撤回决议需经该立法机关法定人数过半数票的同意。但为了抑制申请机关滥用弹劾权和维护联邦总统的尊严,该条第 3 款规定,如果被弹劾的总统在 1 个月内对弹劾的撤回决议表示异议,则撤回决议不能发生效力。联邦宪法法院在受理总统弹劾申请之后,应以假处分停止联邦总统职权之行使。

德国宪法法院法第 54 条对弹劾总统案的审议程序规定了一个预审程序。根据该条规定,联邦宪法法院为准备言词辩论,得先行调查;先行调查是经弹劾案的代理人或联邦总统的请求而进行的。第 54 条第 2 款规定,先行调查应由非审理本案法庭的法官为之。根据德国宪法法院法第 14 条规定,联邦总统弹劾案由联邦宪法法院第 2 庭管辖,因此,按照先行调查与正式审议分开进行的规定,预审程序中的先行调查应由第 1 庭的法官进行,在第 1 庭法官调查结束后再把调查结果移送第 2 庭进行正式的审议程序。

言词原则适用于总统弹劾案的审议程序。德国宪法法院法第 55 条详细规定了法庭对总统弹劾案的审议程序:(1)联邦宪法法院在正式审议总统弹劾案时应通知总统,在通知的时候应告诉总统,如其无故不到庭或无正当理由而提前离开，联邦宪法法院将在总统缺席的情况下进行审议；(2) 联邦宪法法院在进入正式审议程序时，先由提出弹劾申请的立法机关的代理人进行陈述，代理人应陈述提出弹劾总统的意旨，即弹劾总统的事实、理由和法律依据；(3) 代理人陈述完毕后，联邦宪法法院应给予总统对立法机关提出的弹劾案进行答辩的机会，总统陈述自己是否存在违法失职行为的理由和见解；(4) 在代理人陈述和总统答辩完毕之后，法庭再次开展证据调查程序；(5) 证据调查结束后，法庭听取提出弹劾的立法机关代理人的申请和总统的辩护意见；(6) 法庭在听取代理人申请和总统辩护后，总统有最后发言权，对代理人的申请提出自己最后的观点和辩护意见。

2. 弹劾法官的审议程序

根据德国基本法第 98 条第 2 款规定，联邦法官在履行公务时或在履行公务之外，违反基本法原则或者州宪法秩序的，联邦宪法法院可以根据联邦议院以 2/3 的多数通过决议的请求，将该法官调任其他职务或命其退休。若法官属故意违法的，则可予以免职。德国宪法法院法第 58 至第 62 条详细规定了联邦宪法法院对弹劾法官案的审议程序。

按照德国宪法法院法第 58 规定，联邦宪法法院对联邦法官弹劾案件的审议程序，准用第 49 条至第 55 条规定的对联邦总统的审议程序，包括在受理联邦法官弹劾申请后，以假处分停止法官职权之行使，并在第 1 庭法官先行调查的预审程序之后，第 2 庭法官正式开始对法官弹劾案的审议程序，即代理人陈述、被弹劾的法官发表意见、言词辩论、最后陈述等环节。

在法官弹劾案的审议程序中，还涉及其他相关程序性问题，即惩戒程序的停止。德国宪法法院法第 60 条规定，弹劾案件系属于联邦宪法法院期间，对于因同一事实而系属于惩戒法院的案件应予停止。也就是说，在联邦宪法法院受理联邦法官弹劾案之后，惩戒法院对该法官同一事实进行的惩戒程序应当停止。当联邦宪法法院通过对该法官的审议程序作出宣告其撤职，或调任法官以外的职务、强制退休时，惩戒程序应当停止，在其他情形即未宣告该法官撤职、调任法官以外的职务、强制退休，惩戒法院进行惩戒程序。

关于对州法官弹劾案的审议程序，根据德国基本法第 98 条第 5 款规定，对各州法官，各州可制定类似于第 98 条第 2 款的规定。① 德国宪法法院法第

---

① 需要注意的是，根据基本法第 98 条第 5 款第 3 句规定，对州法官弹劾案的裁判权，由联邦宪法法院管辖。

第五章　宪法解释审议和表决制度比较与借鉴

62 条规定，如果继续有效的州宪法未做其他规定，且州法律对州法官亦规定有与基本法第 98 条第 2 款相当的内容时，上述弹劾联邦法官的审议程序则适用于弹劾州法官的审议程序。

（五）德国褫夺基本权和政党违宪的审议程序

德国基本法第 18 条规定，滥用观点表达自由，特别是出版自由以及滥用教学自由，集会自由，结社自由，通信、邮政和电信秘密，财产权和避难权来攻击自由民主基本秩序的人，丧失相应的基本权利。基本权利的丧失和丧失程度由联邦宪法法院宣布。第 21 条第 2 款规定，如政党的宗旨或政党拥护者的行为有意破坏或推翻自由民主的基本秩序，或有意危害德国的生存，则该政党违反宪法。政党违宪与否由联邦宪法法院裁判。德国宪法法院法第 36 条至第 42 条规定了褫夺基本权利案的审议程序，第 43 条至第 47 条规定了政党违宪案的审议程序。按照第 47 条规定，联邦宪法法院对政党违宪案的审议程序准用褫夺基本权案的审议程序，因此此处将这两种案件的审议程序放在一起进行介绍和探讨。

依照第 37 条和第 45 条规定，联邦宪法法院收到申请人提出的申请后，[1]先有一个前置程序。前置程序就是联邦宪法法院给予被提出申请的相对人在一定期限陈述意见的机会，[2] 根据情况判断申请是否合法或是否有理由，然后再决定是否驳回申请，或继续进行审理。前置程序的实质就是通过相对人的陈述判断申请人提出的申请是否符合提请条件，也给申请相对人提供答辩的准备时间。此外，根据第 38 条规定，联邦宪法法院收到申请人提出的申请后，应依刑事诉讼法的规定对相对人进行扣押或搜查。

在前置程序结束后，如果联邦宪法法院认为申请人提出的审查申请合法并有理由而受理案件，便可开始对案件进行正式的审议。在进入正式审议程序时，根据第 38 条第 2 款规定，联邦宪法法院为准备言词辩论，应先进行预审程序。[3] 预审程序就是由第 1 庭进行的先行调查，目的是全面了解案件事实、

---

[1]　按照德国宪法法院法第 36 条规定，提起褫夺基本权的申请人包括联邦议院、联邦政府和各州政府；第 43 条规定，提起政党违宪的申请人包括联邦议院、联邦参议院和联邦政府。
[2]　根据德国宪法法院法第 44 条规定，政党违宪案中，被提请审查的政党应依法律规定，必要时依章程规定决定其代理人。有权代理人未能确定或不存在或自联邦宪法法院收到申请后已变更者，即以最后实际领导党务活动以致被申请违宪者为代理人。因此，政党违宪案中陈述意见的相对人是该政党的代理人。
[3]　第 38 条第 2 款规定，联邦宪法法院为准备言词辩论，得命先行调查。先行调查应由非审理本案法庭之法官为之。

搜集材料，以确保得出客观公正的裁判结果。预审程序的进行是与正式审议程序分开的，因此，第一庭先行调查结束后应将调查结果移送第2庭，由第2庭进行正式的审议程序。在正式审议程序中，申请人陈述其申请的内容及事实和理由，然后被申请的相对人（被申请褫夺基本权的人及政党的代理人）陈述其意见和观点，双方陈述完毕后进入辩论环节。联邦宪法法院根据先行调查的结果，以及双方在审议程序中的陈述和辩论，对案件作出裁判。

（六）德国宪法诉愿的审议程序

宪法诉愿不是普通法院或行政法院的补充性的法律救济，而是公民被赋予的用于对抗公权力对其基本权利造成侵犯时采用的特别的法律救济方式。也就是说，宪法诉愿不是诉讼法意义上的法律手段，而是一种特别的法律救济手段。[①]

德国基本法第93条第1款第4a项和第4b项对宪法诉愿制度只做了原则性规定，[②] 德国宪法法院法第90条至第95条详细规定了宪法诉愿的提起、受理和审议程序，这里仅对宪法诉愿的审议程序进行介绍。

宪法诉愿审议程序主要规定在宪法法院法第94条之中。宪法诉愿的标的是公权力行为（包括行政行为、司法行为和立法行为），诉愿人之所以提请宪法诉愿，是认为公权力行为侵害了其受宪法保护的基本权利。联邦宪法法院在对宪法诉愿进行审议时，关键是要判断公权力行为是否违法侵害了诉愿人的基本权利。为此，在宪法诉愿审议程序中，联邦宪法法院首先要通过法庭调查去判断被指责的公权力机关所实施的行为或所采取的措施是否侵害了诉愿人的基本权利。当事人陈述和言词辩论是法庭调查的关键环节，陈述权和辩论权也是当事人参与审议程序时所享有的重要权利。在正式审议阶段，宪法诉愿人先陈述自己的宪法基本权利遭受公权力侵害的事实，"诉愿人必须主张并且能够主张，其自己的、现实的和直接的受基本权利保护的法律地位受到了损害。"[③] 在宪法诉愿人陈述完毕后，再由有关的宪法机关进行陈述。

[①] 因此，宪法诉愿不具有延迟效力，诉愿人宪法诉愿的提出，不能阻止法院裁判的生效和执行，只有当联邦宪法法院作出裁判时才具有这种可能性和效力。参见［德］克劳斯·施莱希、斯特凡·科里奥特：《德国联邦宪法法院：地位、程序与裁判》，刘飞译，法律出版社，2007年，第198—200页。

[②] 其中第4a项是关于个人、法人或团体的宪法诉愿，第4b项是关于地方（乡镇或乡镇联合体）自治的宪法诉愿。

[③] ［德］克劳斯·施莱希、斯特凡·科里奥特：《德国联邦宪法法院：地位、程序与裁判》，刘飞译，法律出版社，2007年，第231页。

根据德国宪法法院法第 94 条规定，联邦宪法法院在对宪法诉愿案件进行审议时，应当给予如下宪法机关以陈述权：（1）宪法诉愿中指责联邦或各州宪法机关作为或不作为时，应给予各宪法机关在一定期间内陈述意见的机会；（2）作为或不作为系由部长或联邦或州官署所为时，应给予管辖部长陈述意见的机会；（3）宪法诉愿系针对法院裁判所为时，应给予因该裁判受利益者陈述意见的机会；（4）直接或间接对某项法律提起宪法诉愿时，准用本法第 77 条的规定，即应给予联邦议院、联邦参议院、联邦政府及各州民意代表机关或州政府，在一定期间内陈述意见的机会。前述宪法机关在对自己实施的行为或采取的措施的合法性和正当性进行陈述之后，再由诉愿人与参加诉讼的宪法机关就公权力行为是否违法和是否侵害诉愿人的基本权利进行言词辩论。

不过，按照第 94 条第 5 款第 2 句规定，言词辩论并非必经环节，因为联邦宪法法院和参加诉讼的有言词辩论权的宪法机关都可以放弃言词辩论。根据该规定，如不能期待有助于程序的进行，或有权表示意见且参加诉讼的宪法机关放弃言词辩论时，联邦宪法法院得不举行言词辩论。也就是说，言词辩论可以在以下两种情况下被取消：一是联邦宪法法院认为言词辩论无助于审议程序的进行时，主动取消言词辩论；二是有权表示意见且参加诉讼的宪法机关自行放弃言词辩论时，联邦宪法法院被动取消言词辩论。

二、法国宪法解释审议程序

法国宪法解释审议程序主要规定在《宪法委员会组织法》中，该法内容简洁，总共仅有 61 条，涉及宪法解释审议程序的条文更少，只对几种主要的审议程序做了较为简单的规定。以下对法国宪法解释中抽象的规范审议程序、具体的规范审议程序和选举争议的审议程序进行介绍和探讨。

（一）法国抽象的规范审议程序

根据法国宪法第 54 条和第 61 条规定，[1] 法国抽象的规范审查主要是宪法

---

[1] 法国宪法第 54 条规定，基于总统、总理、议会任何一院的议长、60 名国民议员或 60 名参议员的提请，宪法委员会如宣告国际条约含有与宪法相抵触的条款，则该条约只有在对宪法进行修改后才得批准或认可。第 61 条第 1 款规定，各组织法在公布前，宪法第 11 条规定的法律在提交公民投票前（即涉及公权力组织、国家经济、社会或环境政策与促进公共服务的改革，或授权批准国际条约，虽与宪法不相抵触但将影响现行制度运行的法律草案），以及议会两院议事规程在实施前，均需提请宪法委员会审查并就合宪性作出宣告。第 61 条第 2 款规定，基于相同目的，法律在公布前得由总统、总理、国民议会议长、参议院议长、60 名国民议会议员或 60 名参议员向宪法委员会提请审查。

委员会对批准前的国际条约、公布前的议会组织法及议会议事规程（或议事规程的修正案）、公布前的法律所进行的合宪性审查。由此可知，法国抽象的规范审查与前述德国抽象的规范审查虽然在审查对象上都是抽象规范，但它们在审查的时间点上有所不同，德国抽象的规范审查是在法规范已经公布生效之后进行的审查，而法国抽象的规范审查则是在法规范公布生效之前进行的审查，这也是法国抽象的规范审查与其他大多数国家抽象的规范审查相比而呈现出的独特之处。

如果以是否强制性审查为标准，我们可以把法国抽象的规范审查分为两类：一类是强制性审查，包括对议会制定的组织法和议会议事规程的审查；另一类是非强制性审查，包括对国际条约和法律的审查。根据法国宪法第 46 条第 5 款规定，组织法须经过宪法委员会宣告与宪法不抵触方可公布，第 61 条第 1 款也规定了各组织法在公布前、议会两院议事规程在实施前，都须提请宪法委员会审查并就其合宪性作出宣告。组织法制定后由总理提交宪法委员会审查，议会议事规程制定后由制定该议事规程的议会的议长提交宪法委员会审查。由于组织法和议会议事规程都是强制性审查，没有申请人，故宪法委员会收到提交的组织法和议会议事规程审查申请之后，在对其进行审议的过程中没有相对方，宪法委员会按照接收到的文件材料，以及自己对宪法的解释结论作为标准，对审查对象作出合宪性判断，因而这种审议程序主要是书面审查程序。

第二类抽象的规范审查与第一类不同的是，在第二类审查中存在相对方，因为第二类抽象的规范审查不是强制性审查，宪法委员会的审查须以申请人提出申请为前提。法国《宪法委员会组织法》第 18 条第 2 款规定，当宪法委员会收到根据宪法第 54 条或第 61 条第 2 款的规定提出的违宪审查请求，必须立即通知共和国总统、总理和议会两院议长。两院议长应当将此信息通报所属议会的议员。也就是说，当宪法委员会收到对国际条约和法律进行合宪性审查的申请之后，必须把其收到审查申请的事实通知总统、总理和议会两院的议长，两院议长应当将收到宪法委员会通知的信息通报所属议会的议员，其目的是让总统、总理、议会两院知晓宪法委员会将对国际条约和法律进行合宪性审查，便于他们做好相关准备。根据《宪法委员会组织法》第 19 条规定，宪法委员会在对上述抽象规范进行审议时，应当由宪法委员会的一名委员作为报告人进行。报告人由宪法委员会主席选定，报告人有权开展必要的调查活动。报告人在经过必要调查之后，向宪法委员会提交调查报告。宪法委员会根据报告人提交的调查报告，对所要审议的国际条约和法律的合宪性进行审议和表决。

（二）法国具体的规范审议程序

如前文所述，法国具体的规范审查是在 2008 年修宪之后才出现的一种合宪性审查制度，被称为"合宪性先决程序"。[①] 根据该项修宪内容进行修改的《宪法委员会组织法》对具体的规范审查程序作出了相应规定。按照《宪法委员会组织法》第 23-2 条和第 23-3 条关于适用于最高行政法院或最高法院以下法院的相关规定，如果最高行政法院或最高法院认为当事人提出的申请符合条件，即转交宪法委员会，此时受理案件的法院应当中止审理，等待宪法委员会的裁决。[②] 根据第 23-5 条第 4 款关于适用于最高行政法院或最高法院的规定，当宪法委员会受理案件之后，最高行政法院或者最高法院应当中止审理，直至宪法委员会作出裁决。从上述规定可知，宪法委员会受理具体的规范审查申请之后，审理案件的法院都应中止审理，[③] 待宪法委员会对相关法律的合宪性先决问题作出裁决之后，再恢复案件的审理，进而根据宪法委员会的裁决结论作出相应裁判。根据规定，下级法院在办案过程中，如果当事人对案件适用的法律提出合宪性审查申请，该申请应层转至最高行政法院或最高法院，这种制度设计的目的，就是让最高行政法院和最高法院的审查作为宪法委员会合宪性审查的"过滤机制"，其益处主要有两个方面：一是使宪法委员会能够免于受到普通诉讼程序中提交的合宪性审查申请的过度冲击；二是使最高行政法院和最高法院参与到宪法委员会的判例法的形成与审议过程中。[④]

《宪法委员会组织法》第 23-8 条规定，宪法委员会受理案件时，应立即通知共和国总统、总理和议会两院议长，上述人员可以就合宪性的先决问题发表意见。如果新喀里多尼亚的某一条款成为合宪性先决问题的对象，那么宪法委员会同时还要告知新喀里多尼亚政府首脑、议会两院议长。从该规定可知，具体的规范审议程序与前述抽象的规范审议程序不同，具体的规范审议程序是

[①] 根据 2008 年新增修的宪法第 61-1 条规定，法院在受理诉讼过程中，如认为一项立法构成对基本权利和自由的侵犯，得由最高行政法院或最高法院提请宪法委员会进行审查，宪法委员会应在一定期限内作出裁决。

[②] 但法院不中止取证程序，可以采取临时性的保护措施。

[③] 但根据《宪法委员会组织法》第 23-3 条第 2 款和第 3 款规定，在当事人因诉讼的原因而被限制自由或者拘留时，不得延迟作出裁决。如果法律或条例规定了法定期限或紧急情况，法院也可以对不涉及合宪性问题的事项先行作出裁决。若当事人对一审法院作出的裁决提出上诉，上诉法院受法定期限或紧急情况的限制，也不能拖延裁决。

[④] 但有人对这种过滤机制的设置表示担忧，认为过滤机制可能会架空事后审查机制。参见王建学：《法国式合宪性审查的历史变迁》，法律出版社，2018 年，第 135-136 页。

一种对抗程序，有相对方存在。因此，宪法委员会应通知总统、总理和议会两院议长参与审议过程，他们在宪法委员会进行的审议过程中有陈述权，可以对合宪性先决问题提出自己的观点和意见。第23-10条明确规定，案件当事各方陈述各自意见。听证应公开举行，除非有宪法委员会的议事规则界定的例外情况。

宪法委员会在对具体的规范审查案件进行审议时，先由宪法委员会主席从委员中选定1人担任该事项的报告人，报告人在宪法委员会秘书长协助下开展工作。委员会法律秘书处为报告人提供一份档案材料，报告人有权开展必要的调查研究活动，如召集委员会秘书长、委员会法律秘书处和政府部长或其他代表参加的见面会，如果议会法律议案的报告人愿意，报告人也可以邀请他们参加见面会；报告人还可以召集有关人员举行听证会，有权强制政府提供案件所需的基本证据材料。报告人在经过必要的调查之后，向宪法委员会提出报告，并向参加案件审议的与会者提交一份裁决草案。[①] 在审议会上，先由报告人对审查报告书及裁决草案进行说明，然后宪法委员会各位成员依次发言，交换意见，以便就裁决内容达成一致意见。

（三）法国选举争议的审议程序

法国《宪法委员会组织法》规定的选举争议是指关于国民议会议员和参议院选举合法性问题所产生的争议。该法总共才61条，其中就有13条是关于选举争议的规定，第32条至45条对选举争议的提请、审议和裁决做了较为详尽的规定。

根据该法第37条规定，当宪法委员会收到一个对选举争议进行审查的请求时，由委员会主席指示一个小组负责审查，同时指派一名报告人，该报告人可以从助理报告人中指派。第38条规定，宪法委员会小组审查争议的案件，该案件应当在委员会全体成员面前进行审议。从这里可以看出，宪法委员会对选举争议案件的审议也是实行报告人制度，报告人负责对选举争议案的调查，由委员会小组根据调查搜集的材料进行审议。选举争议是选民或候选人对选举结果有不同意见而提出的审查申请，因此，选举争议的审议程序与具体的规范审议程序一样，也有相对人。《宪法委员会组织法》第39条第1款规定，宪法委员会应通知选举活动受到指控的议员，必要时包括其候补者。该条还规定，宪法委员会的小组应当给予其一定的期限到秘书处核实文件，然后提出书面意

[①] 参见吴天昊：《法国违宪审查制度》，法律出版社，2011年，第207-208页。

见。可见，被提出审查申请的受到指控的议员或候补者虽然是选举争议案件审议程序的相对人，但他们不能像具体的规范审议程序中的相对人那样在审议程序中陈述自己的意见，而只能通过核实文件和提出书面意见的方式为自己辩解。因此，法国选举争议的审议程序是一种书面审。

《宪法委员会组织法》第40条明确规定了宪法委员会审议选举争议案件的书面审议程序，即当宪法委员会小组收到当事人的书面意见或者指定的期限届满时，应当向宪法委员会提出报告。也就是说，负责具体审理选举争议案的宪法委员会小组收到被指控的议员或候补者的书面意见时，或者在被指控的议员或候补者在宪法委员会小组指定提出书面意见的期限内未提出书面意见，期限届满时，宪法委员会小组就应当向宪法委员会提出调查报告，然后由宪法委员会根据小组提交的报告交换意见，并作出相应裁决。

宪法委员会对选举争议案审议程序的特点不仅体现在书面审，而且还具有很强的职权主义特点。根据第42条第1款规定，在宪法委员会和宪法委员会小组进行审议和调查过程中，在合适的条件下可以进行质询，还可以调集与选举有关的所有文件和报告，特别是候选人的竞选账目，以及所有根据选举法相关规定建立的委员会所收集和准备的文件、报告和决定。也就是说，宪法委员会和宪法委员会小组在审查选举争议案的过程中，为了查清案件事实，有权命被指控的议员或有关候补人员到场接受质询，还有权调取与选举有关的各种文件资料，包括候选人的竞选账目，以及选举委员会所收集的文件、报告和所做出的决定。被质询的议员、候补人员必须按照宪法委员会和宪法委员会小组的要求如实回答问题，有关委员会和机构必须按照要求提供与选举相关的各种文件资料，他们有义务协助宪法委员会和宪法委员会小组查清选举争议案的客观真相。

按照第42条第2款规定，宪法委员会小组的报告人为查清选举争议的客观事实，有权通知证人到场，并在证人宣誓后收集证词。报告人应当对证人的证词做正式的记录，并且将此情况通告所有的相关人员。其他当事人在收到宪法委员会小组关于证人作证的通告之后，可以在3天时间内提出书面意见。这里再次体现了法国选举争议案书面审的特点，其他当事人不能与证人当面质证，只能通过提出书面意见的方式对证人证词表达自己的意见和看法。

此外，《宪法委员会组织法》第43条还规定，宪法委员会和宪法委员会小组可以任命一名委员或一名助理报告人在现场采取其他的证据调查措施。该条是一个兜底性条款，也进一步说明了法国宪法委员会审议选举争议案的职权主义特点十分浓厚，它除了有权对相关人员进行质询、向相关组织和机构收集各种与选举有关的文件资料、向证人收集证词之外，还有权任命一名委员或一名助理报告人去现场采取其他的证据调查措施，这里没有明确其他调查措施是指哪些措施，意味着被任命的委员或助理报告人不排除采取包括拍照、录音录像、勘验、检查等措施在内的各种其认为有助于证据调查的所有措施。

三、俄罗斯宪法解释审议程序

俄罗斯宪法法院法对俄罗斯联邦宪法解释审议程序做了非常详细的规定，该法在第二篇的第七章从第45条到第70条规定了联邦宪法法院审理案件的基本程序之后，还在第三篇第九章至第十四章分别规定了各类特殊案件的特别审理程序。可以说，俄罗斯是目前为止宪法解释审议程序规定得最全面和最详细的国家。按照俄罗斯宪法法院法第20条规定，俄罗斯联邦宪法法院由分别包括10位法官和9位法官的两个院组成，联邦宪法法院在联邦宪法法院全体会议和两院会议上对案件进行审议。[①] 第46条规定，除本法或联邦宪法法院规章另有规定外，俄罗斯联邦宪法法院全体会议和两院会议适用统一的程序对案件进行审议，因此，这里主要根据俄罗斯宪法法院法的规定，对俄罗斯联邦宪法法院全体会议和两院会议各个阶段的审议程序进行介绍和探讨。

（一）俄罗斯联邦宪法法院预备阶段的审议程序

按照俄罗斯宪法法院法第41条规定，法官对申请书的预先审议是联邦宪法法院诉讼程序的必要一环。由联邦宪法法院院长委托的一名或几名法官经过预先审议之后，向联邦宪法法院全体会议报告，全体会议认为审理请求符合受理条件的，即作出受理决定。联邦宪法法院在预备阶段的审议程序，是指在全体会议作出受理决定之后，联邦宪法法院全体会议或两院会议在开始正式的法庭调查阶段之前所做的准备程序。预备阶段又分为准备审议材料阶段和确定审议的参与人阶段。

1. 准备审议材料

根据俄罗斯宪法法院法第49条第1款规定，联邦宪法法院指定一名或几名法官为报告人，负责案件审理的准备，起草联邦宪法法院决定草案并在会议

[①] 俄罗斯联邦宪法法院全体会议和两院会议各自审议的问题范围有明确的分工，其中全体会议由所有法官参加，两院会议由各院成员参加。

上对材料进行说明。该条第 2 款规定，在对请求书进行预先审议和准备案件审理时，法官报告人根据联邦宪法法院的职权负责索取必要的文件和其他材料，制定进行审查、鉴定与检验的诉讼程序，采纳专家的意见以及发放征询信。法官报告人和院长共同确定需要被邀请或者传讯到会的人员名单，发布有关通知开会地点和时间以及向诉讼程序参加人寄送必要材料的命令。

如前所述，公开原则和言词原则是俄罗斯联邦宪法法院审议案件时坚持的基本原则，因此，联邦宪法法院既要邀请和传讯案件相关人员到庭，又有权调取为查明案件所需事实的各种材料。为实现这一目的，宪法法院法第 50 条规定，所有机关、组织和个人在接到俄罗斯联邦宪法法院提出的如下要求后必须予以执行：提供法律文件及其他法律的全文、证明文件及其副本，有关案件、消息及其他材料的书面说明；对证明文件及法律文件的条文内容进行确认；进行审查、鉴定与检验；查明具体情况；邀请部分专家；提供说明与建议；提出案件审理的书面工作意见。并须在收到这些要求之日起 1 个月内将根据研究结果写成的回函递交联邦宪法法院。该条还规定，对联邦宪法法院提出的要求表示拒绝或超过期限未能予以执行或者执行不当，以及故意曲解要求内容等行为要负法律责任。

在法官报告人收集到相关文件资料等准备工作后，接下来就是分发文件和会议通知。第 51 条规定，俄罗斯联邦宪法法院会议的通知、审理申请书及对申请书回复的复印件、被审议法令的复印件，以及其他必要文件，应在联邦宪法法院会议开始前 10 天内分发给各位法官和诉讼参与人。有关联邦宪法法院会议的公告应张贴在公众容易看到的地方，或利用大众媒介进行发布。

2. 确定审议的参与人

俄罗斯宪法法院法第 52 条规定，联邦宪法法院审议程序的参与人包括当事人各方、当事人各方的代表，证人，鉴定人和翻译。按照第 53 条规定，当事人各方是指：请求人，即向联邦宪法法院提出审理请求的机关或个人；制定或签署了有违宪之虞的法律文件的机关或其负责人；其职权范围存在争议的国家机关。当事人各方法定代表人可以是：在提交给联邦宪法法院的案件审理请求书上签字的机关领导人；制定了引起质疑的法律文件或参与了有关职权范围争议的机关领导人；签署了有争议法律文件的负责人；提出询问的联邦委员会或国家杜马的任何一位议员；律师或者持有证明其职务证件的法律从业者和具有法律专业学位的学者。任何一方的代表均不得超过 3 人。当事人各方或他们的代表有义务接受联邦宪法法院的传讯到会回答并解释问题。除有一方请求案件审理应在其到场时说明自己不能出席会议的正当理由外,如果当事人双方或其代表不出席联邦宪法法院的会议,并不妨碍案件审议程序的进行。

此外,在法庭审议的预备阶段,还要解决法官回避问题。根据俄罗斯宪法法院法第56条规定,如果出现以下情形,法官将被禁止参与审议:(1)该法官从前由于职责原因参与了被审议法律文件的通过;(2)由于该法官与当事者双方的代表有亲属或夫妻关系,他在该件裁决中的客观性可能受到质疑。除了法官主动申请回避外,当事人或其代表,或者宪法法院的其他法官,也可以依照《俄罗斯联邦宪法法院议事规则》的规定,提出关于要求法官回避的书面请求或建议。① 法官是否回避,应在联邦宪法法院的全体会议或两院会议上听取法官的陈述后,由到会的多数通过决议的方式来决定。

(二)俄罗斯联邦宪法法院法庭调查阶段的审议程序

在预备阶段的审议程序结束之后,即到了法庭调查阶段,这是对被提请审查的问题进行实质性审议的阶段,该程序具体包括以下几个阶段:

1. 审议开始程序

俄罗斯宪法法院法第57条规定,在出席会议的人数达到会议规定的法定人数并被确认后,会议执行院长在指定的时间内宣布联邦宪法法院会议开始,并报告要审理的内容。会议执行院长对参与人的到会情况和当事人各方代表的职务的合法性进行审查。当发现有参与人缺席或某一方代表的职务缺乏合法性时,会议执行院长可以建议对该案不予审理,也即表明该案件已被拒绝审理。此外,该条还规定,会议执行院长负责向当事人各方及其代表宣布他们的权利和义务,同时向其他参与审议程序的人员宣布他们的权利、义务和责任。

俄罗斯联邦宪法法院会议执行院长负责会议的领导工作,负责制定必要的措施,以确保审理的秩序、审理的顺序进行以及审理过程和结果的有效性;排除所有与案件审理不相干的人和事;主持法官和参与人的发言;阻止参与人发表与本案无关的讲话;剥夺那些随意干扰他人发言、两次不服从会议执行院长的命令、言辞粗俗污秽、发表有悖法律的议论及口号的人讲话的权利。

---

① 参见刘向文、韩冰、王圭宇:《俄罗斯联邦宪法司法制度研究》,法律出版社,2012年,第129页。

第五章 宪法解释审议和表决制度比较与借鉴

2. 法官报告人宣读报告程序

根据俄罗斯宪法法院法第60条规定,联邦宪法法院会议对不同案件的审理应首先由法官报告人宣读案件审理的理由和根据、案件的性质、有关材料的内容以及在案件审理时准备采取的措施。联邦宪法法院的其他法官听取完法官报告人的报告之后,可以向法官报告人提问并要求其给予答复。

在法官报告人的报告结束后,联邦宪法法院要听取当事人各方的建议并通过有关案件审理程序的决定。由联邦宪法法院决定的案件审理程序只有联邦宪法法院才能进行修改。[①]

3. 当事人申诉程序

俄罗斯宪法法院法第62条规定了法庭调查的程序,即根据联邦宪法法院规定的程序,会议执行院长建议当事人各方说明被审理案件的具体情况,并提出证实自己立场的法律依据。在一方当事人作出说明后,法官可以向其提问并要求其答复。经会议主持人许可,另一方当事人和鉴定人也可以向该当事人提问并要求其答复。一方当事人的说明和答复结束之后,另一方当事人进行说明并对应进行答复。对于双方当事人对被审理案件情况的说明和答复,在时间上是不受限制的,联邦宪法法院要予以充分听取。

4. 鉴定人提出鉴定结论程序

联邦宪法法院根据案件调查的需要,可以听取鉴定人的鉴定结论。根据第63条规定,具有被审理案件所涉及的专业知识的人可以作为鉴定人,并被准许参加联邦宪法法院会议。对于需要鉴定人提出结论的问题,由法官报告人或联邦宪法法院确定。在鉴定人发言之前,会议主持人要带领其进行宣誓,并预先提示其故意提供伪证将负法律责任。经联邦宪法法院同意,鉴定人有权了解案件材料,向当事人各方和证人提问,并可请示提供补充材料。在鉴定人提交书面鉴定结论意见后,出席案件审议会的法官和各方当事人有权向其提问,鉴定人对法官和当事人的提问应当予以答复。

[①] 按照第61条规定,联邦宪法法院认为对案件的准备不充分,或认为需要对案件予以补充审理时,由于必须出席的某一方当事人、证人或鉴定人的缺席,致使对案件的补充审理无法在当次会议进行,或者还不具备必要的进行审理的材料,则可以推迟进行对案件的审理。在这种情况下,联邦宪法法院应确定会议延期进行的具体日期。

5. 证人作证程序

为了查清案件事实真相，联邦宪法法院可以传唤了解案件情况或掌握相关材料的证人出庭作证。俄罗斯宪法法院法第64条规定，在必须由联邦宪法法院负责对某些事实进行确认时，可以要求掌握有关情况和材料的人作为证人参加会议。在听取证人的证词之前，会议主持人要带领其进行宣誓，并预先提示其故意提供伪证将负法律责任。① 证人必须向联邦宪法法院报告其了解的所有涉及被审理案件的重要情节，必要时，证人还可以利用有关的书面记录、证明文件及其他材料。在证人提供证词后，联邦宪法法院法官和当事人各方可以向其提出补充问题，证人对于法官和当事人的提问应当予以回答。

6. 当事人最后陈述程序

俄罗斯宪法法院法第66条规定，在法院审理结束后，应听取当事人各方的最后陈述。根据各方的请求，联邦宪法法院可以给当事人各方提供准备最后陈述所需的时间。该条还规定，当事人最后陈述所引证的内容必须是经过联邦宪法法院审查证明的文件和有关事实，而无权引证未被联邦宪法法院审查的证明文件和事实。②

根据第67条规定，在当事人进行最后陈述后，如果联邦宪法法院认为有必要查清那些对本案有重要意义的补充事实，或对一些新的证据进行审查，可以通过对某些问题进行补充审理的决定。在补充审理结束后，当事人有权再次进行最后陈述，但是陈述的内容仅限于有关的新材料和新证据。

当联邦宪法法院确认已完成对案件有关问题的审理后，会议执行院长宣布该案件的审议程序结束。

四、奥地利宪法解释审议程序

根据奥地利宪法法院法对奥地利宪法解释审议程序的规定，奥地利宪法法院在审理相关宪法案件时，其宪法解释审议程序包括一般审议程序和特别审议

---

① 依照《俄罗斯联邦宪法法院议事规则》第29条规定，在听取证人证词之前，会议主持人应当查明证人的身份，并向证人宣讲其权利和义务。参见刘向文、韩冰、王圭宇：《俄罗斯联邦宪法司法制度研究》，法律出版社，2012年，第130页。

② 根据俄罗斯宪法法院法第65条规定，根据法官的提议和当事人各方的请求，在联邦宪法法院会议上可以宣读证明文件。当其真实性值得怀疑时，该证明文件不应予以宣读。

程序，以下对这两种程序分别予以介绍和探讨。

（一）奥地利一般审议程序

按照奥地利宪法法院法规定，一般审议程序分为先行程序和正式审议程序两个阶段。

1. 先行程序

宪法法院在收到当事人提交的申请之后，宪法法院院长会对每个案件任命一个常务报告人法官。通常情况下，宪法法院院长根据他所认可的各位法官的专业素养指派常务报告人法官负责主持相关案件的审理工作。[①] 常务报告人法官在开始先行程序之前，先审查申请人的诉求是否存在予以驳回的情形，[②] 如果不存在予以驳回的情形，常务报告人法官即开始先行程序。

先行程序是为正式审议程序调查案件事实和搜集证据资料的预审程序。奥地利宪法法院法第 20 条第 4 项规定，常务报告人法官得亲自进行准备工作，或请求有管辖权的机关为之。根据第 20 条第 2 项的规定，常务报告人法官在先行程序中，得询问关系人、证人、鉴定人及提供消息的人，调查证据，搜集证件及卷宗，以及从有关机关查阅卷宗，获取信息。常务报告人法官在向有关机关提出查阅卷宗的要求时，会告知有关机关不提供卷宗的法律后果。对于常务报告人法官查阅卷宗的要求，有关机关必须提供，[③] 如果有关机关不提供卷宗，也不提出书面答复；或虽提出书面答复，但未提出卷宗时，宪法法院得依据申请人的主张，径行判决。如果常务报告人法官认为有关机关拒绝当事人阅览卷宗的范围显无理由，则应询问有关机关是出于何种顾虑，并就此问题以非公开开庭的方式作出相应决定。此外，在先行程序中，常务报告人法官还要传唤申请人和与案件有利害关系的其他人员及有关机关的代理人到庭陈述相关情况。奥地利宪法法院法第 23 条规定，若受传唤的人不到庭，不妨碍宪法法院的审理。

在常务报告人法官完成先行程序之后，按照第 22 条规定，由宪法法院院长发布有关审理事项，审理事项应于公布栏予以公告，并事先登载于《维也纳

[①] 参见胡骏：《奥地利宪法法院研究》，法律出版社，2012 年，第 150 页。
[②] 予以驳回的情形包括申请人的诉求明显不可能得到满足，或者申请事项不存在宪法意义上的争议。
[③] 但根据该条第 3 项的规定，基于公共利益的考虑，宪法法院有权拒绝当事人预览卷宗的请求，此时有关机关可以不提供卷宗。

公报》上，向公众告知将要审理的案件事项、时间及地点等内容。

2. 正式审议程序

根据奥地利宪法法院法第 35 条规定，民事诉讼法之规定及其施行法之规定，于本法亦应准用。但本法另有规定者，不在此限。由此可知，奥地利宪法法院审理宪法案件，除非宪法法院法另有规定，都准用民事诉讼法及其施行法的规定。

宪法法院法第 25 条规定，宪法法院审议相关案件，由常务报告人法官的报告开始。常务报告人法官所报告的内容一般包括：卷宗所陈述的案件事实、申请人所提申请的内容，以及常务报告人的调查结果。不过有些内容常务报告人法官可以不报告，比如申请人所提申请的内容，只有在提出申请的当事人在审理时未到庭或出席当事人一方要求时为之。

在正式审议程序中，根据宪法法院法第 24 条规定，申请人和其他当事人都应聘请律师或代理人代行诉讼程序，① 并规定，聘请律师或由财政争讼代理官为代理人者，不妨碍当事人之出席并以本人名义陈述。公开审理和言词审理是奥地利宪法法院审理宪法案件的基本原则，因此，在正式审议过程，到庭的当事人及其代理人都有权陈述案件事实，有权提出自己的观点和答辩意见，并有权与对方当事人进行辩论。

所有参与审查程序的人员都必须严格遵守法庭秩序，否则将受到相应处罚。第 28 条规定，凡阻挠宪法法院审理或以恶劣举止违反秩序者，经警告无效后，主席得科以最高 36 欧元之秩序罚；若秩序罚仍无效，则处以 3 日以下拘留。情形严重时，单独或并处 3 日拘留。以书面方式毁谤者，宪法法院得对其科以上述之秩序罚。科处秩序罚，并不妨碍刑事法院就同一行为的刑事追诉。上述处罚，由宪法法院院长裁定。对于显然滥用宪法法院之裁判或故意拖延诉讼而为不实之陈述者，宪法法院得课以最高 109 欧元之恶意罚，若仍无效，则处以长达 9 日的拘留。对于秩序罚和恶意罚，宪法法院也可以裁定由普通法院执行。

审议程序中的所有参与人及审议内容都由书记员予以记录。宪法法院法第

---

① 该条规定，当事人在不违反规定的情况下，应亲自到宪法法院进行诉讼程序，并得聘请律师代行诉讼程序。由联邦、各邦、各县市乡镇、基金会、财团及这些区域团体之机关所管辖者，以及其余地方自治团体及其机关，由具代表权限或被授权者代行诉讼程序。财政争讼代理机关及联邦各部会之机关，于非为联邦机关或联邦亲自参与诉讼程序以及非于代理相关部门之机关的情况下，得代理其他联邦法律主体。

29条规定,宪法法院的审理事项应作成记录。记录应包括主席的姓名、出席的有投票权法官的姓名、到场的当事人及其代理人以及审理的主要事项,特别是当事人所提出的申请。关于非公开的评议及表决,应以特别记录为之。每一记录,都应由主席及书记员签名。

与其他国家相比,奥地利宪法法院作为国家最高宪法审查机关对宪法案件的审议程序的最大特点在于,它可以在特定情况下开展再审程序,而其他国家最高宪法审查机关对宪法案件都是实行一审终审。根据奥地利宪法法院法第34条规定,对于联邦宪法第137条、143条及144条所规定的情形,[①]可以进行再审。是否准予再审,由宪法法院以非公开方式予以裁定。奥地利宪法法院的再审程序不适用于宪法法院管辖的所有案件,只适用于明确规定的特定案件,而且是否准予再审,需要宪法法院通过非公开裁定的方式来决定,由此可见,提起再审并不是所有当事人的法定程序性权利。

(二)奥地利特别审议程序

奥地利宪法法院法除了对一般审议程序做了规定之外,还对每种案件的特别审议程序做了单独规定。以下分别介绍各种案件的特别审议程序。

1. 权限争议问题的特别审议程序

权限争议涉及的是某特定事项应由争议中的哪一国家机关管辖,也就是要解决某国家机关对某特定事项是否享有管辖权的问题。根据奥地利宪法第138条第1款规定,宪法法院裁决的权限争议问题包括以下几种:一是法院与行政机关之间的权限争议;二是各类法院之间的权限争议,即普通法院与庇护法院或行政法院,庇护法院与行政法院,以及宪法法院与其他所有法院之间的权限争议;三是联邦与州,以及各州相互间的权限争议。

(1)法院与行政机关权限争议的特别程序。根据奥地利宪法法院法第42条规定,法院与行政机关就某一案件都主张自己有权限时,由联邦或邦的最高行政机关于职务上知悉权限争议之日起4周期间内向宪法法院提出裁决审查申

[①] 奥地利宪法第137条规定,与联邦、邦、市镇或市镇联盟的财产权争议,凡不能通过普通法律程序或由行政机关决定获得解决的,由宪法法院裁决。第143条是关于对联邦总统、联邦政府成员、州长、州政府成员及州相关部门公职人员实施的与公务有关的应受刑事追诉的犯罪行为的指控,由宪法法院管辖,已在普通刑事法院立案侦查的全部材料应移交宪法法院处理。第144条是关于原告受宪法保护的权利因行政机关或独立行政评议会的决定遭到侵害,或其权利因违法法令、违法法律(国家条约)重申令、违宪法律(或违法国家条约)的适用遭到侵害,而对行政机关或独立行政评议会的决定提出的指控,由宪法法院作出裁决。

请，若迟误该期间，则法院取得案件的管辖权。联邦或邦的最高行政机关向宪法法院提出申请后，应立即通知有关法院其已提出申请，法院在收到该通知后，应在宪法法院裁判前中断其诉讼程序。按照第48条规定，若联邦或邦的最高行政机关未能在4周期间内提出裁决申请，则案件当事人有权于该期间届满之后的4周内向宪法法院提出权限争议裁决申请。宪法法院在审议案件时，应传唤有关当事人到场参加审议程序，不过法院和行政机关接到通知后，可以自由决定是否到场，若法院和行政机关不到场，不影响案件审议程序的进行。

（2）法院之间权限争议的特别程序。宪法法院法第43条规定，普通法院与庇护法院或行政法院，庇护法院与行政法院，以及宪法法院与其他所有法院就同一案件都主张有裁判权而发生权限争议，它们向宪法法院提出申请时，在宪法法院诉讼程序进行后作成权限争议裁判之前，有关法院应当中断案件的诉讼程序。在中断期间，有管辖权的法院应依执行法规定的标准，允许已获准执行的延期假处分、假处分或其延期。按照第48条规定，若产生争议的法院未在4周期间内提出裁决申请，则案件当事人有权于该期间届满之后的4周内向宪法法院提出权限争议裁决申请。宪法法院在审议案件时，应传唤当事人到场，但行政机关和法院可以自由决定是否到场，如果行政机关和法院不到场，不影响宪法法院审议程序的进行。

根据第46条规定，法院与行政机关之间，或各法院之间就同一案件都认为无管辖权而产生否定性的权限争议时，该权限争议裁判的申请权由当事人提出，而不是由法院或行政机关提出。宪法法院在审理这种否定性的权限争议案件时，应传唤当事人到场，但行政机关和法院可以自由决定是否到场，若不到场，并不影响宪法法院审议程序的进行。

（3）联邦与州，以及各州相互间权限争议的特别审议程序。奥地利宪法法院法第47条规定了肯定性的权限争议，即联邦与州，或各州相互间就同一行政事项都主张有处分权或决定权。此时，产生争议的任一政府都有权在4周的期间内向宪法法院提出申请，提出申请的政府应立即将其提出申请的事实通知有关的其他政府。一旦有政府向宪法法院提出申请，政府机关对相关行政事项的管理活动应因向宪法法院提出裁判的申请而中断。根据第48条规定，若产生争议的政府机关未在4周期间内向宪法法院提出裁决申请，则当事人有权于该期间届满之后的4周内向宪法法院提出裁决权限争议的申请。第50条规定了否定性的权限争议，即联邦与州，或各州相互间就同一行政事项均认为无处分权或决定权，则被驳回的当事人有权向宪法法院提出权限争议裁决申请。

按照第50条第2款规定，宪法法院在审议这种权限争议时，应传唤申人及有关政府到场。如前所述，宪法法院在审议法院与行政机关之间、各法院之间权限争议的案件时，法院和行政机关都可以自由决定是否到场，但需要注意的是，宪法法院在审议联邦与各州、各州相互间的权限争议时，当宪法法院传唤有关政府到场时，有关政府不能自由决定是否到场，它们接到传唤之后，必须到场参加宪法法院的审议程序。

此外，根据奥地利宪法第138条第2款规定，宪法法院还有权应联邦政府或州政府的请求，就某项立法行为或执行行为属于联邦权限还是州权限作出裁决。按照奥地利宪法法院法第56条第1款规定，宪法法院在审议此类案件时，应进行公开言词审理。该条第2款规定，宪法法院除通知提出申请的政府之外，还应通知联邦政府及所有的其他州政府，并应附带说明上述政府得自由决定是否参加审理。也就是说，宪法法院有义务通知联邦政府和州政府参加审理，但是联邦政府和州政府有权自由决定是否参加审议程序。根据该条第3款规定，宪法法院在指定案件审理的时间和地点的同时，还应要求没有提出申请的政府至迟于审理前一周就申请客体向宪法提交书面陈述。向宪法法院提交书面意见，是争议双方中没有提出申请的另一方所享有的陈述权。

2. 奥地利联邦与各邦以及各邦相互间协议的成立及履行的特别审议程序

奥地利宪法第138条之一规定，应联邦政府或有关州政府的请求，联邦宪法法院就宪法第15条之一第1款①所述协议是否成立作出裁决，并裁定联邦或州是否履行由此产生的义务。根据奥地利宪法法院法第56条之二规定，宪法法院在收到申请之后，宪法法院院长即命公开言词审理。在对此类案件进行审议时，宪法法院应传唤参与协议的政府到场，联邦政府代表联邦，各州政府分别代表各州。由于此类案件要采取公开言词审理，该条还规定，宪法法院在指定案件审理的时间及地点的同时，应要求参与本案的政府至迟于审理前一周向宪法法院提交书面陈述，宪法法院还应要求其他参与协议的政府提交书面陈述。可见，这类案件与前述联邦与各州、各州相互间权限争议的审议程序一样，被传唤的参与协议的政府不能自由决定是否到场，而是在接到传唤之后，应当派员到场参加审议程序，这既是相关政府的程序性权利，也是其协助宪法法院查清案件事实所应当履行的义务，因为它们是参与协议制定及履行的当事人，掌握着相关信息和资料，它们到场参与审议程序，有助于宪法法院作出正

---

① 奥地利宪法第15条之一第1款规定，联邦可以同各州就双方管辖权限的有关事项签订协议。

确的裁决。

3. 法令、法律及条约合宪性的特别审议程序

（1）法令合宪性的特别审议程序。根据奥地利宪法第 139 条规定，宪法法院有权根据有关主体的提请，对联邦机关或州机关颁布的法令是否违法作出裁决。[①] 奥地利宪法法院法第 57 条规定，法院（独立行政庭、联邦分配局）提出对法令的审查申请后，在宪法法院裁判宣示及送达前，应中止审理程序，法院就本案仅得为不受宪法法院裁判影响或非终局地解决问题之行为或裁判及处分，且以不得拖延者为限。法院（独立行政庭、联邦分配局）申请审查法令后，若无须再适用该法令，则应立即撤回审查申请。第 58 条规定，宪法法院在受理申请之后，宪法法院院长应即命审理。在审理时应传唤申请人、颁布法令的行政机关、代表被诉请撤销的法令的联邦或各州最高主管行政机关。由法院（独立行政庭、联邦分配局）提出申请的，亦应传唤与本案有关的当事人到场。颁布法令的行政机关、代表被诉请撤销的法令的联邦或各州最高主管行政机关应于收到传唤后两周内提出有关申请客体的书面陈述。

（2）法律合宪性的特别审议程序。奥地利宪法第 140 条规定，宪法法院有权根据有关主体的提请，对联邦法律或州法律是否违宪作出裁决。[②] 按照宪法法院法第 62 条规定，法院（独立行政庭、联邦分配局）提出申请后，在宪法法院裁判宣示及送达前，法院就本案仅得为不受宪法法院裁判影响或非终局地解决问题的行为或裁判及处分，且以不得拖延者为限。第 63 条规定，宪法法院受理申请之后，宪法法院院长应即命审理。宪法法院在进行审议时，应传唤申请人及代表被诉请撤销法律的政府到场。被诉请撤销的联邦法律由联邦政府代表，被诉请撤销的州法律由州政府代表。由法院（独立行政庭、联邦分配局）提出申请的，则应传唤与本案有关的当事人到场。宪法法院在指定审议的

---

① 根据奥地利宪法第 139 条规定，向宪法法院提请对法令合法性审查的主体包括：法院、独立行政庭和联邦招标办公室有权对联邦机关和州机关颁布的法令是否违法提请审查；联邦政府有权对州机关颁布的法令是否违法提请审查；州政府有权对联邦机关颁布的法令是否违法提请审查；其权利受到某项违法法令直接侵害的任何个人有权对该法令是否违法提请审查，但如系根据司法判决或专门裁定使该项法令对该人生效者除外。

② 根据奥地利宪法第 140 条规定，有权向宪法法院提请对法律进行合宪性审查的主体包括：最高法院、二审主管法院、独立行政庭、庇护法院、行政法院或联邦招标办公室有权对联邦法律和州法律是否违宪提请审查；联邦政府有权对州法律是否违宪提请审查；州政府、国民议会议员 1/3 的议员或联邦议院 1/3 的议员有权对联邦法律是否违宪提请审查；州宪法性法律可以规定，州议会 1/3 的议员有权对州法律是否违宪提请审查；其权利受到违宪法律直接侵害的任何个人，有权对该法律是否违宪提请审查，但如系根据司法判决或专门裁定使该项法律对该人生效者除外。

时间和地点时，应同时要求有关政府至迟于审议前一周及时向宪法法院提交关于申请客体的书面陈述。

（3）条约合宪性的特别审议程序。根据奥地利宪法第140条之一规定，宪法法院有权对国家条约的合宪性进行审查。宪法法院法第66条规定，宪法法院在审查国家条约时，若国家条约是依联邦宪法第50条第1款[①]经众议院同意缔结而为联邦宪法第16条第1款修改或补充法律者，[②] 依下列标准，应准用审查法律合宪性的规定，其他所有国家条约，则依下列标准，准用审查法令合宪性的规定：审理时，应传唤申请人及缔结国家条约的行政机关到场。国家条约若由联邦总统所缔结，则应由联邦政府代理。涉及联邦宪法第16条第1款所缔结的条约，则由联邦政府提起。由法院（独立行政庭、联邦分配局）所提起的申请，应传唤与本案有关的当事人到场。

4. 选举和全民公决案的特别审议程序

根据奥地利宪法第141条规定，联邦宪法法院有权对联邦总统选举、一般代议制机关选举、欧洲议会选举以及法定职业代表机构的章程制定机关选举的争议事项进行裁决。选举争议事项包括撤销选举和宣告丧失席位两种。宪法法院法第68条规定，宪法法院应将提起撤销选举的书面文件，转送到选举法所规定的最高选举机关，并委托其于一定期限内提出选举文件。该选举机关得自由决定是否在提出选举文件的同时向宪法法院提交答辩状。从该规定可知，向宪法法院提出选举文件是选举机关应当履行的义务，但其在提出选举文件时是否提交答辩状，则选举机关有自由决定的权利。第69条规定，宪法法院在公开言词审理时，除要传唤诉请撤销的当事人外，还应传唤所有曾参与被撤销选举候选之选举人团体（政党）或其他依相关选举法规有权撤销选举的当事人。最高选举机关得自由决定是否派遣代表到场。此外，因宣告无候选资格者当选或非法剥夺有候选资格者的候选资格，而于撤销选举时主张选举程序违法者，宪法法院在进行审议时也应传唤其到场。

根据宪法法院法第71条规定，如果代表机关向宪法法院提出宣告某代表丧失席位的申请，宪法法院在审理此类申请时，应受具有既判力的刑事判决的

[①] 根据奥地利宪法第50条第1款规定，签订政治性的国家条约或内容包含对现存法律的修改或补充且又不属于第16条第1款规定的国家条约，以及签订欧盟之契约所依据的国家条约，是众议院参与联邦行政的重要途径。

[②] 奥地利宪法第16条第1款规定，对于其独立管辖范围内的事项，各州可以与奥地利邻国或邻国各州缔结条约。

拘束。在程序上应准用前述撤销选举的审议程序的规定，在公开言词审理时，应传唤应受席位丧失宣告的人到场。按照该法第71条之一规定，宪法法院在以撤销行政机关的裁决而宣告一般民意代表机关的民意代表席位丧失、或乡镇联合会的功能丧失、或法定职业代表的有制定地方自治规章的代表席位丧失，宪法法院在此类案件的审议程序中，民意代表机关（法定职业代表）有当事人的地位，即应赋予民意代表机关陈述和表达意见等程序性权利。

5. 弹劾案的特别审议程序

根据奥地利宪法第142条和第143条规定，宪法法院有权对因联邦最高机关和州最高机关的公务违法行为提出的追究其宪法责任的指控进行裁决，有权对联邦最高机关人员和州最高机关人员的与公务有关的应受刑事追诉的犯罪行为进行裁决。按照宪法法院法相关规定，宪法法院审理此类案件，应先进行预审调查。该法第74条规定，公开言词审理前应先进行预审调查，由宪法法院院长从宪法法院法官中指定的调查法官进行预审调查。在预审调查时，调查法官有权询问相关公务员，公务员在接受调查法官询问及公开言词审理时不受职务上保持缄默义务的拘束。在提起诉讼的民意代表机关或根据联邦政府的决议提起弹劾的情况下，当联邦政府决定撤回诉讼时，调查法官应停止预审调查。

宪法法院法第75条规定，预审调查结束后，调查法官将卷宗送交宪法法院院长，宪法法院院长应决定公开言词审理。宪法法院院长在决定公开言词审理日期时，应给予被告至少两周的期间做防御准备，但被告要求缩短期间的不在此限。按照第81条规定，宪法法院审理弹劾案件，其程序准用刑事诉讼法的规定，但本法另有规定者除外。宪法法院在进行公开言词审理时，为保障裁决的公正性，此前进行预审调查的法官应当回避，不得参与公开言词审理程序。公开言词审理以书记官朗读弹劾案开始，应传唤被告及其辩护人，以及被告所委托的代理人到场，他们在审理过程中有陈述权和发表意见的权利。言词审理的公开性是一条基本原则，在特殊情况下可以不实行公开审理，如根据第77条规定，在危害国家安全的情况下得排除公开审理。

6. 侵犯公民宪法权利案的特别审议程序

根据奥地利宪法第144条规定，宪法法院有权对公民受宪法保护的权利因行政机关的决定遭到侵害，或者因适用违法的法令、法律或违宪的法律遭到侵害而提出指控的案件进行裁决。按照宪法法院法第83条规定，宪法法院受理符合条件的申请后，应将诉状及附件送达被诉请撤销决定的行政机关，并通知该机关得自由决定于至少 3 周的期限内提出答辩状。也就是说,被诉请撤销决定的行政机关收到诉状及附件后可以在 3 周内提出答辩状,也可以不提出答辩状,无论其提出还是不提出答辩状,都不影响宪法法院审议程序的进行。为了保障审议程序的顺利进行,当事人应当按照宪法法院的要求在规定的期限内提出其他陈述及答辩。

第 84 条规定,当答辩状及其他所要求的陈述到达后或指定期间经过后,宪法法院院长应指定审理的具体日期,并应将其送达提起申请的人及被诉请撤销决定的行政机关。宪法法院在进行审议的时候,应传唤提起申请的人、被诉请撤销决定的行政机关及其他当事人到场参加审议程序。这意味着,奥地利宪法法院审议行政机关侵犯公民宪法权利案实行公开言词原则,在审议过程中,申请人和被申请人都有陈述和表达自己意见的权利。按照第 86 条规定,在审理结束前,如果有证据足以证明提起诉讼的人已无须起诉,宪法法院应在询问提起诉讼的人之后,宣告诉讼标的已不存在,并停止审议程序。实践中,因行政机关的决定或适用违法的法令或法律而侵犯公民宪法权利时,当公民向宪法法院提起诉讼后,在宪法法院对案件的审理结束之前,如果行政机关自行纠正或撤销其决定的,此时因诉讼标的已不存在,宪法法院继续审理已无实际意义,因此宪法法院在征求提起诉讼的人的意见之后,可以宣告诉讼标的已不存在而终止审理程序。

第三节　宪法解释的表决与通过程序比较

宪法解释表决和通过程序是释宪机关在审议程序结束之后,根据审议的内容和材料,对审议结果得出结论性意见的步骤和方式,是宪法解释程序最关键的环节,直接决定着宪法解释的结论。

一、德国宪法解释的表决和通过程序

根据德国宪法法院法第 30 条规定,联邦宪法法院应依据审理之内容及调查证据之结果,自由获得之确信,经秘密评议而为裁判。法官在评议时,就裁判或裁判理由有不同意见时,得提出不同意见书;该不同意见书应作为裁判之附件。各庭于裁判中得并告知投票情形。该条规定了德国联邦宪法法院宪法解释的表决和通过程序的基本内容,根据该条和《德国联邦法院组织法》的相关

规定，德国联邦宪法法院宪法解释表决和通过程序具体包含以下几个方面：

（一）秘密评议

在联邦宪法法院进行表决之前，须先进行评议。评议就是在案件审议程序结束之后，由参与审议的法官对案件的处理结果表达自己的观点和意见。尽管德国联邦宪法法院在审议程序中坚持公开和言词的基本原则，但在评议程序中则采取的是秘密评议原则。之所以实行秘密评议，一是由于评议阶段是通过法官对案件的处理发表意见并为裁判结论的形成奠定基础的过程，参加评议的法官对案件处理结果所持的观点和态度有可能对案件的裁判结论产生直接影响，采取秘密评议有助于每位法官根据自身的理解和判断，独立地阐述自己的观点，明确地表达其对案件的评判态度。二是秘密评议可以排除来自外界各种因素的干扰和影响，使法官能够客观和理性地作出判断。三是秘密评议可以在法官因其对案件所持的观点和态度不利于一方当事人时，避免该方当事人对法官个人产生不满或报复，从而能够避免法官的正当权益遭到侵害。

在联邦宪法法院院长主持下的秘密评议，由参与案件全部审议程序的法官进行。[①] 如果有法官因故未能参与全部审议程序，则其不能参与评议，这是因为他对案件参与的程序不全，对案件情况缺乏完整和全面的了解。排除未能参与全部审议程序的法官进入评议程序，有利于参加评议的法官对案件作出全面和客观的评价，从而能够确保案件得到公平和正确的处理。

（二）评议表决的依据

根据德国宪法法院法第 30 条，参加评议的法官进行评议表决的依据包括以下三个方面：（1）案件审理的内容。案件审理的内容也就是在案件审议程序中，在言辞辩论阶段，通过当事人的陈述所获得的关于案件的客观事实和各方面的情况，这是法官对案件处理表达自己的观点和看法的依据和基础。（2）案件调查证据的结果。在案件审理过程中，法院对与案件相关的各种证据进行调查核实，尤其是受命或受委托的法官对案件相关证据调查所获得的结果，这是法官进行表决的关键素材和根据。（3）法官自由获得之确信。法官在审议程序中获得的案件事实情况和调查获得的证据基础上，凭自己的内心确信对案件作出评判。这里的内心确信不是来自主观臆断，而是综合案件客观事实和调查获得的证据材料，加上自己多年来的职业经验和专业素养所形成的内心确信，因

---

① 参见刘兆兴：《德国联邦宪法法院总论》，法律出版社，1998年，第135页。

第五章　宪法解释审议和表决制度比较与借鉴

而法官形成的内心确信具有客观性。

（三）表决的次序

德国宪法法院法没有规定法官表决的次序，联邦宪法法院对案件进行表决时，原则上适用《德国法院组织法》第197条的规定，即以法官的资历作为表决次序。以法官资历作为表决次序，并不是年长者先表决，而是由年青的法官先行表决，年长的法官依次表决，当年龄相同时，再以同龄人的资历由浅到深的次序表决。在秘密评议基础上，最先由案件的报告人发表自己对本案的看法，庭长则是在其他人都表决完之后，最后一个表达自己的观点。德国联邦宪法法院法官的评议是秘密进行的，表决也是秘密进行的。[①]

（四）不同意见书作为裁判附件

按照德国宪法法院法第30条规定，联邦宪法法院的法官在评议时，对裁判或裁判的理由有不同意见，应当提出不同意见书，并且该不同意见书应作为裁判之附件。从该规定可知，联邦宪法法院的裁判结果是在审判庭对案件审理基础上得出的多数意见，如果有法官对裁判结果持有不同意见，或虽然同意裁判结果但对该裁判结果的裁判理由不同，都有权提出不同意见书。而且不同意见书应当作为裁判书的一部分，附于裁判书的后面。虽然德国联邦宪法法院的评议和表决都是秘密进行的，但根据该条规定，联邦宪法法院的裁判书应附以重要理由公开宣示。不过，对于不同意见是否应当公布，德国宪法法院法规定得不是很明确，学术界对这个问题争论颇多，有的人赞成公布不同意见，有的人则不同意公布。联邦政府提出的修正案采取"特别投票制"，即在公布裁判时，少数的不同意见也一并公布。[②]

二、法国宪法解释的表决和通过程序

法国《宪法委员会组织法》主要规定的是宪法委员会的组织、职能、提请审查的程序等内容，对于宪法解释案的表决和通过程序未作具体规定。前文提到，法国宪法委员会宪法解释审议程序不同于其他国家实行的公开和言词原则，而是采取秘密和书面原则，这也是法国宪法委员会表决和通过程序中所坚

[①] 参见刘兆兴：《德国联邦宪法法院总论》，法律出版社，1998年，第135页。
[②] 参见施启扬：《西德联邦宪法法院论》，台湾商务印书馆，1996年，第112页。

持的原则。法国宪法委员会在审查法规范的合宪性过程中实行报告人制度,报告人在经过必要的调查研究之后,向宪法委员会提出报告和裁决草案供委员会成员表决。宪法委员会在表决时,由宪法委员会主席主持会议,如果主席缺席,则由委员会中最年长者主持。首先由报告人对审查报告书及裁决草案进行说明,然后各位委员依次发言,交换意见,其目的是就裁决内容达成一致意见。所有成员发言之后,报告人可以请求暂时休会,会同委员会秘书长和一位对裁决草案持反对意见的委员商讨修正裁决草案的内容。在经过交换意见和修正裁决草案之后,会议最终由委员会成员举手表决。表决时,先是逐条表决,最后就整个裁决进行表决。表决采取少数服从多数的方式,以多数通过的意见作为宪法委员会的裁决意见,当票数相同时,由委员会主席作出最终决定。[1]

法国宪法委员会的裁决由宪法委员会主席签名,无论对裁决结果是否有不同意见,裁决书都是以宪法委员会全体成员的名义署名。

三、俄罗斯宪法解释的表决和通过程序

俄罗斯宪法法院法对宪法解释的表决和通过程序作了较详细的规定。根据该法第72条,联邦宪法法院的决定对法官逐一征询,以公开的表示方式予以通过。宪法法院的裁决在秘密会议上以公开投票的方式,即以会议主持人点名、相应法官表态的方式通过。宪法法院法官在投票时,不得放弃投票,也不得逃避投票。[2] 在任何情况下,会议执行院长都将最后一个表决。除本法另有规定外,获半数以上参加表决的法官批准的联邦宪法法院决定即可认为已被通过。第72条同时规定,在通过有关法律文件、国家权力机关之间的协议以及尚未生效的俄罗斯联邦国际条约是否符合宪法的决定时,如果表决结果同意和反对各半,则表示通过了被审理的条款不违反宪法的决定。有关职权范围争议的决定,只能在获得多数同意时才可通过。该条第4款规定,有关解释俄罗斯宪法的决定必须在不少于总数三分之二的法官表示同意后才能被通过。联邦宪法法院法官在表决时不得投弃权票或回避表决。依第73条规定,如果大多数两院会议的法官认为,有必要通过与以前通过的决定原则不一致的联邦宪法法院决定,则对该案件的审理转交到联邦宪法法院全体会议进行。也就是说,如

---

[1] 参见吴天昊:《法国违宪审查制度》,法律出版社,2011年,第208—209页。
[2] 参见刘向文、韩冰、王圭宇:《俄罗斯联邦司法制度研究》,法律出版社,2012年,第131—132页。

果两院会议在对一个案件进行表决时，多数法官认为拟通过的决定与此前通过的决定不一致，则不能继续对该案进行表决，而应将此案交由宪法法院全体会议进行审议和表决。

此外，俄罗斯宪法法院法第74条还规定了宪法法院在表决时对案件的评价依据、评价对象和评价内容。该条第1款规定，联邦宪法法院的决定应以联邦宪法法院审定的材料为基础。第2款规定了决定的评价对象，即联邦宪法法院对案件所作的决定不仅包括对被审议法律文件的字面意义进行评价，同时还包括从该法律文件所处的法律体系地位出发，对该法律文件被官方或以其他形式，以及在实际适用时所赋予的新的解释进行评价。第3款规定了决定的评价内容，即联邦宪法法院发布的决议和结论只针对案件审理请求中指出的那部分内容，或仅限于对某机关的法律文件或职权范围是否符合宪法提出异议的那些问题。联邦宪法法院在通过决定时，不应受请求书中提出的理由和依据的制约。

根据规定，联邦宪法法院的决议和结论要以单行文件的形式编写，并在文件中写明通过的理由。除本法或联邦宪法法院决定另有规定外，联邦宪法法院的裁决在宪法法院会议上宣读，并写入会议记录。联邦宪法法院的结论性决定要由参加表决的所有法官签署。

根据第76条规定，如果有法官对联邦宪法法院的决定持有不同意见，持不同意见的法官可以撰写不同意见书，不同意见书应纳入案件材料并同联邦宪法法院决定一起刊登在《俄罗斯联邦宪法法院公报》上予以公布。[①]

四、奥地利宪法解释的表决和通过程序

奥地利不愧为最早实行宪法法院制度的国家，其宪法法院法对宪法解释的表决和通过程序作了十分详尽的规定。依该法第7条第1款规定，宪法法院于主席及至少8名有投票权的法官出席时，即得为裁判。但为了缓解宪法法院日益沉重的负担，第7条第2款规定，审理下列事件，只需主席及4名有投票权法官出席，始得为裁判：(1) 关于对联邦、各邦、乡镇及乡镇联合会为财产上之请求，而这些请求，既不能以正常法律途径，亦不能以行政机关之裁决解决

[①] 该条第2款还规定，联邦宪法法院法官对联邦宪法法院根据被审理问题的性质所通过的决议和所作出的结论表示赞同，但是对其他问题或有关通过决定的论据持反对意见，且在法官中为少数，则该法官有权以书面形式说明自己与大多数法官所持的不同意见。在这种情况下，该法官提出的书面反对意见可以纳入案件材料并应刊登在《俄罗斯联邦宪法法院公报》上。

时；(2) 关于法院与行政机关之间权限争议；(3) 关于所有的由非公开庭审理之案件，但第 10 条第 2 款及第 4 款所规定之案件不在此限；① (4) 经常务法官之申请主席同意于处理之法律案件内的法律问题已由以往的裁判实务足够阐明。

奥地利宪法法院法第 30 条至第 32 条对奥地利宪法解释的表决和通过程序作了具体规定。其第 30 条规定，宪法法院评议和表决不公开，评议于承审法官提请时开始，随即由参加评议和表决的法官相互交换意见，在交换意见结束后，即进行表决。由宪法委员会主席决定表决提请进行的程序，对于有投票权法官的提请，法院均须作成决议。奥地利宪法法院投票的顺序与前述德国联邦宪法法院投票的顺序不同，在德国，由年青的法官先行表决，年长的法官后表决，当年龄相同时，再以同龄人的资历由浅到深的次序表决；而在奥地利，是按照有投票权的法官年龄长幼的顺序进行投票，也就是由年长的法官先表决，年青的法官后表决。

该法第 31 条规定，宪法法院的决议以绝对多数为准，主席一般不参与投票。如果在众多意见中有意见获得所有票数的半数时，主席也有义务参与投票。如果主席投票给已获有半数选票的意见时，则该意见获得表决通过。如果有两种意见各获得相同的票数，而其意见相异，只是数额大小不同，则主席对此亦得决定一个平均值。依本法第 19 条第 3 款第 1 项及第 4 款第 1 项所作的决议，须一致通过。② 第 32 条规定，如果无意见获得决议所需的多数票时，应再度征询各位法官的意见。如果经再次征询意见，仍然无法获得所需的多数票时，应重新表决。在重新表决时，对于各种表决提议，必要时应分成几个问题点加以表决。对一个问题点所作的决议，即使有投票权的法官不同意先前的决议，亦必须以评议及关于所有其后问题点的决议方式为基础，并且继续投票。

---

① 依奥地利宪法法院法第 10 条第 2 款及第 4 款规定，宪法法院裁决取消宪法法院法官或候补法官资格时，须由宪法法院法官 2/3 以上之多数表决，并且必须宣告宪法法院法官或候补法官之撤职。

② 第 19 条第 3 款第 1 项规定，下列情形，依常任法官的申请，不经其他程序，亦不经事先审理，径依非公开开庭裁定之：1. 依据《联邦宪法》第 144 条第 2 款不为受理时；2. 因下列情形驳回申请时：(1) 宪法法院显无管辖权；(2) 延误法定期间；(3) 因形式要件欠缺未补正时；(4) 因案件已判决确定；(5) 当事人适格欠缺。该法第 4 款第 1 项规定，若从宪法法院诉讼程序当事人的诉状及向宪法法院呈递的文书卷宗得认口头陈述无益于法律事实得进一步澄清，宪法法院得进行非言词审理。

第四节 域外宪法解释审议和表决制度
对我国的借鉴意义

从前文对域外国家宪法解释审议和表决制度的介绍和梳理中，我们发现，不仅早期宪法解释机制完善的国家对宪法解释的审议和表决制度作了专门性的详细规定，而且一些缺乏该制度的国家晚近也陆续公布了相关文件，对宪法解释审议和表决制度作出了相应规定。这里在前文详尽介绍和系统梳理的基础上，总结域外国家宪法解释审议和表决制度给我们的启示，并阐述其对于我国构建相关制度的借鉴意义。

一、域外宪法解释审议制度对我国的借鉴意义

各个国家的宪法解释审议程序都是在结合本国政治法律制度基础上建立起来的，都有其自身的特点和优势，但从另一个角度而言也不可避免地存在一定的劣势和不足。我们不仅要准确了解域外国家宪法解释审议制度，而且要深入探寻其规律、总结其经验，发现其对于我国构建宪法解释审议程序所具有的启示和借鉴所在。不过，在分析域外宪法解释审议制度的经验时，尤其在探讨域外经验对于我国的借鉴意义时，必须建立在我国政治法律传统的基础上，探讨适合我国现实国情的宪法解释审议制度。

（一）宪法解释审议程序应坚持一些基本原则

从前述对域外国家宪法解释审议程序的深入分析，我们发现，绝大多数国家的释宪机关在宪法解释审议过程中都采取了一些原则。这些原则有的是绝大多数国家宪法解释审议程序所共有的，有的则是个别国家根据自己的政治法律制度独自建立起来的。我们认为，从宪法解释审议程序本质的角度而言，以及从提高案件裁判客观性和公正性的角度而言，那些被绝大多数国家和地区所采用的原则，应当成为我国宪法解释审议程序的借鉴对象。这些原则主要包括公开原则、言词原则、回避原则和合议制原则，这四个原则是释宪机关在进行宪法解释审议时应当坚持和依循的法则和标准。

1. 宪法解释审议程序的公开原则

该原则要求宪法解释审议的内容、过程和结果都对外公开，审议过程中允许当事人和公众到场，以及媒体报道。实行公开原则的目的是使宪法解释审议程序在当事人和公众的参与和监督下，尽可能得到客观公正的裁决。为此，一些国家不仅规定了要实行公开原则，而且还规定了公开的方式和途径，如俄罗斯规定，可以对宪法法院的审议会进行影像、图片拍摄，电视录像或广播、电视的现场直播。

不过，公开作为宪法解释审议程序的基本原则，也存在例外，绝大多数国家都规定了一些不公开的特殊情形或法定情况，如为维护受法律保护的秘密，保障公民的隐私和安全，维护社会道德和善良风俗，保障国家安全和公共秩序，就不能公开。此外，许多国家如德国、奥地利都规定秘密评议，即评议过程不对外公开。我国释宪机关在宪法解释审议程序中坚持公开性原则时，应同时规定，对于涉及国家安全、公共秩序和个人隐私等内容时，以及释宪机关的评议过程，都不能公开。

2. 宪法解释审议程序的言词原则

这个原则要求释宪机关在宪法解释审议过程中应当通知或传唤申请人、相对人及其他关系人到场，并给予当事人及其代理人和其他参加人陈述权和发言权，对于法官、另一方当事人和其他参加人的提问，当事人应予以回答。有的国家在把言词原则作为宪法解释审议程序的基本原则时，一方面规定有的案件当事人可以放弃言词原则，另一方面规定某些案件必须进行言词审理而不允许放弃。如在德国，当全体当事人均明示舍弃言词原则时，不在此限，但褫夺基本权案、政党违宪案和弹劾案，当事人不得放弃言词审理，宪法法院必须进行言词审理。奥地利也规定了如果从当事人的诉状及宪法法院的文书卷宗判断口头陈述无益于澄清法律事实，宪法法院就不进行言词审理。

我国释宪机关在宪法解释审议程序中一方面应坚持言词原则，另一方面对于某些特殊情况和特定事由可以不实行言词原则。如释宪机关在抽象宪法解释过程中，对于特定国家机关对法律法规等规范性文件是否符合宪法提出审查要求等情况，释宪机关应当通知被审查的规范性文件的制定机关，该制定机关可以自由决定是否到场陈述意见，如果其放弃到场陈述意见，即不需实行言词原则。但在具体宪法解释过程中，由于存在有利害关系的相对方，为了查清案件客观事实和全面搜集证据材料，则应采取言词原则，传唤各方当事人以及证人、鉴定人等其他人员到场进行陈述，以确保案件得到公正裁决。

公开原则和言词原则是司法活动的基本原则在宪法审查活动中的运用，如今几乎成为各个国家宪法解释审议程序的基本原则，原来采取书面审和秘密审原则的法国，在2008年修宪之后，也朝开放和透明的方向转变，采取公开庭审和听证措施，允许当事人陈述和律师辩论，实行公开原则和言词原则。[1]

3. 宪法解释审议程序的回避原则

该原则要求宪法审查机关的法官及其近亲属在与案件有利害关系或具有其他可能影响案件公正裁决的情形时，该法官不得参与案件的审议和裁判。回避的方式一般都包括法官自行回避和依申请回避两种。回避的情形主要是法官及其近亲属或其他关系密切的人与案件的审理结果有利害关系，过去曾参与被审议对象的处理，等等。如果宪法审查机关的法官曾参与过被审议的法律的制定或通过，多数国家和地区都规定该法官应当回避，如俄罗斯和奥地利，然而也有国家的回避不包括这种情形，如德国宪法法院法第18条规定，法官曾依职权或在业务上参与该案件之处理，则应回避而不得参议案件的审议程序，但其所指的"参与处理"，不包括参与立法程序，也不包括对于诉讼事件有重要性的法律问题发表学术上的意见，这是俄罗斯与其他国家不同之处。也就是说，德国联邦宪法法院的法官如果曾参与过某项法律的制定和通过，仍然能够参与该法律的合宪性审查活动，但在其他国家如俄罗斯和奥地利，这种情形下法官就应当回避。

我国释宪机关在宪法解释审议过程中，为了保障裁决的公正性，应当实行回避原则。但对于回避的情形以及哪些情况下不需要回避，是可以进一步探讨的。一般而言，凡是本人、本人的近亲属或其他关系密切的人与案件审理结果有利害关系的情形，以及本人曾参加过与本案相关的活动，有可能妨碍案件公正裁判的情形，都应当回避。对于过去曾参与过被审查的法律的制定和通过，是否应当回避的问题，我国不能盲目照搬域外一些国家的做法。因为在我国，作为宪法审查机关的全国人大常委会，同时又是立法机关。如果把参与了法律的制定和通过纳入回避情形，则很可能出现大量对法律的合宪性审查的案件因回避而无法进行正常审查的现象。但如果过去参与了法律的制定和通过，又参与对该法律的合宪性审查程序，则可能对案件裁决的公正性造成影响。如何既保障案件的正常审理，又确保案件裁决的公正性？我们认为，可行的办法是实

---

[1] 参见王建学：《法国式合宪性审查的历史变迁》，法律出版社，2018年，第152—153页。

现合宪性审查机构的专职化，即全国人大常委会从事合宪性审查工作的人员与从事立法工作的人员相互分离，并让合宪性审查机构依宪依法独立审查，如此方能兼顾案件正常审理和裁判的公正性。

4. 宪法解释审议程序的合议制原则

这个原则意味着在宪法解释审议程序中，对于有关事先的审议应当由多人组成的合议庭作出。该原则虽然是所有国家宪法解释审议程序的基本原则，但其在各国的运用也有所差异，甚至在同一国家里针对不同情形时的运用也会有所不同。有的国家如奥地利要求宪法法院每次审议案件，应邀请副院长及所有全体宪法法院法官出席；而有的国家如德国、法国、俄罗斯则只要求一定数量的多名法官出席即可，并不要求全体法官都参与审议，如俄罗斯联邦宪法法院全体会议要求2/3以上法官出席、两院会议要求3/4以上法官出席。

合议制原则几乎是所有国家宪法解释审议程序的基本原则，我国释宪机关在宪法解释审议程序中亦应坚持这个原则。不过对于不同的事项，参与法官的比例和通过的比例的问题，可以根据实际情况予以确定。我们认为，总体而言，对于是否受理申请的裁定和对于判决这类可能涉及当事人实体权利义务内容问题时，其参与审议和表决通过的人员数量比例，应该与不涉及实体权利义务而单纯涉及程序性问题时参与审议和表决通过的人员数量比例有所不同，即前者人员数量比例应该更大一些，而后者的人员数量比例可以小一些。至于具体多大的比例，可以根据实际情况进行确定。

此外，有的国家还根据本国政治和法律传统规定了特殊的审议原则，如德国的职权调查原则和强制代理原则，法国的秘密审原则和书面审原则，俄罗斯的独立性原则和会议不间断原则。每个国家都可以根据自身的国情和法治理念，为宪法解释审议程序设定相应的基本原则，为释宪机关的审议程序提供行为依据和活动准则。

我国在构建宪法解释审议程序时，应从域外国家相关制度获得相应的启示。前述四项基本原则既是各国宪法解释审议程序的基本依循，也是宪法解释审议程序具有共通性的圭臬，我国的宪法解释审议程序应予坚持。同时，我们还可以根据我国的国情和政治法律传统设置具有自身特点的其他原则，如衔接

第五章 宪法解释审议和表决制度比较与借鉴

联动原则[①]等。

(二) 宪法解释审议程序实行预审制度

宪法解释审议程序中的预审制度，就是在宪法审查机关开始正式审议程序之前，由宪法审查机关的工作人员对将要审议的案件的相关问题进行预先审议和处理，是一种为正式审议程序做准备的制度。如德国联邦宪法法院在审理弹劾案件时，为准备言词辩论，经弹劾案的代理人或被弹劾人的请求，得命先行调查。先行调查由非审理本案法庭即第1庭的法官进行，调查结束之后，先行调查法官再把调查结果移送另一庭即第2庭进行正式的审议程序。在审理褫夺基本权和政党违宪案时，联邦宪法法院为准备言词辩论，也应先进行预审程序，由第1庭先行调查，以全面了解案件事实、搜集案件相关资料，第1庭先行调查结束之后，将调查结果移送第2庭进行正式的审议程序。俄罗斯宪法法院法明确规定，预先审议是联邦宪法法院诉讼程序的必要一环。不过，俄罗斯联邦宪法法院的预先审议被提前至案件受理之前，也就是在对申请书进行登记后即对申请进行预先审议，以便确定是否受理申请。通过预先审议，联邦宪法法院全体会议认为申请符合条件的，即作出受理决定。在受理之后，正式审议之前，还有一个预备阶段，这个预备阶段有点类似于前述德国联邦宪法法院的预审程序，但德国的预备阶段更主要的是在正式审议前的准备程序。在预备阶段，法官报告人负责索取必要的文件和其他相关材料，制定审查、鉴定和检验的诉讼程序，采纳专家意见和发放征询信等，这些工作都是为正式的审议程序作准备。奥地利宪法法院在一般审议程序中设置了先行程序，在先行程序中，常务报告人法官可以询问关系人、证人、鉴定人及提供消息的人，调查证据，搜集证件及卷宗，以及从有关机关查阅卷宗，获取信息，还可以传唤申请人和与案件有利害关系的其他人员及有关机关的代理人到庭陈述相关情况。[②] 可见，在奥地利的先行程序中，常务报告人法官有权预先对案件事实、证据和有关资料进行调查，实际上类似于德国的预审程序。

在构建我国宪法解释审议程序时应建立预审制度，具体而言，可在两个阶

[①] 我们认为，我国合宪性审查机制由国法系统的审查和党章系统的审查这样两套机制构成，二者应通过建立衔接联动机制确保相互之间的协同和统一，以维护我国单一制国家结构形式所要求的社会主义法治体系的统一性。参见刘国、成溢：《论我国合宪性审查的规范依据及基本框架》，《四川师范大学学报（社会科学版）》2022年第4期。

[②] 此外，奥地利宪法法院法第74条规定，宪法法院在审议弹劾案时，应进行预审调查，在预审调查时，调查法官有权询问相关公务员，公务员在接受调查法官询问时不受职务上保持缄默义务的拘束。在宪法法院进行公开言词审理时，进行预审调查的法官应当回避，不得参与公开言词审理程序。

段建立预审制。一是在受理申请时。在对收到的审查申请进行登记后,把申请材料交由一个人或一个小组负责调查和审议,并对是否应予受理得出初步结论,然后将调查材料和初步审议结论提交2/3以上人员参加的审查机构进行审议,由审查机构决定是否受理。二是在正式审议前的先行审议时。对于决定受理的案件,在审查机构正式审议之前,由一个小组先行审议,负责先行审议的小组有权调查证据、传唤当事人和其他人员到场陈述,在搜集案件事实和证据材料基础上,得出裁决草案并提交审查机构进行正式审议。宪法解释审议程序的预审制度有以下几个方面的功能:其一,通过将一些非重要的和非关键性的问题进行预先处理,能够在一定程度上缓解释宪机关的负担和压力;其二,让非正式审议的人员进行预先审议,也就是由没有参加预审的人员参加正式审议程序,有助于案件裁判的公平性和正确性;其三,在正式审议之前预先调查案件事实和搜集证据材料,有助于提高正式审议程序的效率。

(三) 宪法解释审议程序建立报告人制度

报告人制度就是宪法审查机关任命一人或数人作为报告人,由其对将要审议的案件进行必要的准备和调查研究,并向宪法审查机关提出报告的制度。域外多数国家宪法解释审议程序都规定了报告人制度,如法国宪法委员会在具体的规范审议程序中,由宪法委员会主席从委员会中选定一人担任报告人,报告人有权开展必要的调查研究活动,还可以召集有关人员举行听证会,有权强制政府提供案件所需的基本证据材料。报告人在经过必要的调查之后,向宪法委员会提出报告,并在审议会上对审查报告书及裁决草案进行说明。[①] 俄罗斯联邦宪法法院在受理申请后,会指定一名或几名法官为报告人,由其负责案件审理的准备,负责索取必要的文件和其他材料,制定审查、鉴定和检验的诉讼程序,采纳专家的意见及发放征询信,负责起草联邦宪法法院决定草案并在会议上对材料进行说明。奥地利宪法法院收到当事人的申请后,宪法法院院长会对每个案件任命一个常务报告人法官。常务报告人法官先审查申请人的诉求是否存在予以驳回的情形,如果不存在,常务报告人法官即开始先行程序。在先行程序中,常务报告人法官可以询问证人、鉴定人,调查证据,从有关机关查阅卷宗,传唤申请人和与案件有利害关系的其他人员及有关机关的代理人到庭陈

---

① 法国宪法委员会在选举争议案的审议程序中也实行报告人制度,由宪法委员会主席指派一名报告人,该报告人可以从助理报告人中指派,报告人负责对选举争议案的调查,并向宪法委员会提出报告。

述相关情况。宪法法院审议相关案件，由常务报告人法官的报告开始，常务报告人法官将卷宗及调查结果等提交宪法委员会进行审议。

在构建我国宪法解释审议程序时，我们既不能像法国和俄罗斯那样仅在受理申请后才指定报告人，也不能像奥地利那样从收到申请一直到正式审议时都由一个人作为报告人。我们认为，我国宪法解释审议程序的报告人制度，可以按照前文关于预审制度的设计方案建立相应的报告人制度，即在受理申请时和在正式审议前的先行审议时，都建立相应的报告人制度。在受理申请时，指定一个人作为报告人，由其负责对申请材料是否符合申请条件进行初步审查，并向审查机构提交审查报告；在正式审议前的先行审议时，指定一个报告人，由其负责对受理的案件材料进行必要的调查取证工作，并向审查机构提交调查报告和裁决草案供审查机构进行正式审议。宪法解释审议程序中的报告人制度实际上是由专人负责对案件进行先行调查和处理，对案件是否符合受理条件进行审查，或在案件受理后进行正式审议前，对案件情况进行必要的调查，然后再提交报告给宪法审查机关进行审议。可见，这种由专人负责的报告人制度能够让少数人集中精力办理一个案件，不仅可以提高办案效率，同时还能够发挥宪法审查机关的集体智慧，提高办案质量。

（四）抽象的规范审议程序中规范制定机关享有陈述权

如前所述，宪法解释审议程序包括抽象的规范审议程序和具体的规范审议程序两种类型。[①] 在抽象的规范审议程序中，虽然只有对法律规范提出合宪性审查的申请人，没有被申请人，但被提出审查的法律规范的制定机关作为规范制定者，既熟悉法律规范的内容，又掌握着法律规范制定和通过时的相关资料，对于法律规范的含义及其合宪性问题有较为清楚的认识。因此，各国都规定了在抽象的规范审议程序中，赋予被审查的法律规范的制定机关陈述权或要求听证权。如德国规定，在联邦宪法法院进行抽象的规范审查时，联邦众议院、联邦参议院、联邦政府及各州政府有陈述意见的机会，上述各机关有权指派代表直接参与联邦宪法法院的审议程序并提出自己的观点和意见。法国宪法委员会在对法律进行合宪性审查时，必须把收到审查申请的事实通知总统、总理和议会两院议长，议会两院议长应当将收到通知的信息通报所属议会的议员，以便让他们为参加审议程序做准备并提出自己的意见。俄罗斯直接将有违

---

① 有的国家如德国和法国把这两类审议程序分别予以规定，有的国家如俄罗斯、奥地利则将这两类程序合在一起规定之后，再对某些特殊案件作出特别规定。

宪之虞的法律文件的制定机关或其负责人列为当事人，他们有权在正式的审议程序中提出自己的意见，阐述自己的立场，经会议主持人许可，还可以向对方当事人提问并要求答复。奥地利宪法法院在审查法令合宪性的特别程序中，要传唤代表被诉请撤销的法令的联邦或各州最高主管行政机关到场，在审查法律合宪性的特别程序中，要传唤代表被诉请撤销法律的联邦政府或州政府到场，最高主管行政机关或联邦政府、州政府应在收到传唤后两周内提交关于申请客体的书面陈述。

在抽象的规范审议程序中赋予规范制定机关陈述权，一方面有助于保障其程序性权利，另一方面更重要的是通过制定机关的陈述，宪法审查机关能够从中获取更多的资料和信息，有利于对规范的合宪性问题作出正确的评断。因此，在我国宪法审查机关进行抽象宪法解释时，应赋予法律法规等规范性文件的制定机关陈述意见的权利，审查机构应当将收到审查申请的事实通知制定机关，并告知制定机关有权指派代表人员到场陈述意见，也可以提出书面陈述意见。制定机关自由决定是否进行陈述，如果制定机关放弃陈述，不影响宪法审查机关的审查和裁判。赋予制定机关陈述权，可以让宪法审查机关了解被审查的法律法规制定和通过时的真实情况，以及制定机关对被审查的法律法规合宪性的意见和看法，确保宪法审查机关在全面掌握案件事实情况的基础上，对审查对象的合宪性问题进行客观分析和精准判断，从而有助于对案件得出公正的裁判结论。

（五）具体的规范审议程序中原审案当事人和其他参与人应到场

具体的规范审议程序中不仅有申请人，还有被申请人，有时还有证人、鉴定人等其他参与人。域外国家宪法审查机关在具体的规范审议程序中不仅要传唤申请人到场陈述案件事实，而且要通知被申请人和其他参与人到场参与案件的审议程序。德国不仅规定抽象的规范审议程序适用于具体的规范审议程序，同时还对具体的规范审议程序作了特别规定。也就是说，具体的规范审议程序不仅要适用抽象的规范审议程序，即传唤申请人和被申请人到场陈述意见，而且宪法法院还要给予提出申请的法院的原审诉讼当事人陈述意见的机会，当事人及其代理人有权参加言词审理并提出自己的意见。法国具体的规范审议程序，虽然没有规定原审诉讼案件的当事人参与审议，但规定了宪法委员会应通知代表规范制定机关的总统、总理和议会两院议长参与审议中的听证程序，它们在公开的听证中有权陈述各自的意见。俄罗斯详细规定了在具体的规范审议程序中，当事人各方都有权说明被审理案件的具体情况，提出自己的观点和依据，在一方当事人说明结束之后，另一方当事人可以向其发问并要求其答复，联邦宪法法院不仅要充分听取双方当事人的说明和答复，而且当事人说明和答复的时间不受限制。为查明案件事实需要，俄罗斯联邦宪法法院还准许鉴定人到场并听取其鉴定意见，传唤证人到场并听取证人证言。在奥地利，宪法法院在公民宪法权利案的审议程序中，应将诉状及附件送达被诉请撤销决定的行政机关，申请人和行政机关都有权提出陈述和答辩意见，在正式审议时应传唤提起申请的人、被诉请撤销决定的行政机关及其他当事人到场参加审议程序。宪法审查机关在具体的规范审议程序中，传唤原审诉讼当事人和其他参与人到场，允许他们到场进行陈述和发言，不仅能够维护有关当事人的正当权益，而且通过他们的陈述和发言，有利于全面查清案件事实真相，对规范的合法性问题或合宪性问题作出正确的处理。有鉴于此，在构建我国具体的规范审议程序时，不仅应通知规范制定机关指派人员到场陈述或提出书面陈述意见，还应传唤原审案件中的双方当事人或其代理人到场，他们可以就案件相关问题进行陈述和发言；经许可，他们还可以向对方当事人提问并要求答复；必要时还可以传唤证人、鉴定人等其他参与人到场，提供证人证言和鉴定结论。

（六）法院在审理案件中提出合宪性审查申请时应中止审理

域外多数国家规定，当法院审理案件时提起对案件适用的法律规范进行合宪性审查申请时，法院应中止案件的审理，等待宪法审查机关对法律规范的合宪性问题作出裁决后，再恢复审理。如德国规定，法院在审理具体案件过程中，如确信案件适用的法律违反宪法，应中止审理程序，直接请求联邦宪法法院对法律的合宪性作出裁判。在法国，法院审理案件时，当事人认为案件涉及的法律条款侵犯了宪法保障的权利和自由而对该法律条款提起合宪性审查申请，最高行政法院或最高法院将该申请转交宪法委员会，此时原审法院应当终止审理，直至宪法委员会作出裁决。奥地利规定，法院提出对法令和法律的审查申请后，在宪法法院裁判宣示及送达前，应中止有关的审理活动，就本案仅得为不受宪法法院裁判影响或非终局地解决问题的行为或裁判及处分，且以不得拖延者为限。

法院在审理具体案件时对案件适用的法律法规提出合宪性审查申请后，在宪法审查机关对相关法律规范进行合宪性审查期间，相关法律法规是否合法或合宪尚无定论，若原审法院在结论出来之前继续审理案件并作出裁判，可能出现其作为裁判依据的法律法规被宪法审查机关判定为违法或违宪，不仅导致原审裁判错误的尴尬局面，而且案件需进行重新审理，浪费司法资源。因此，为避免这种情况发生，在我国宪法审查机关进行的具体宪法解释审议程序中，若是由各级人民法院对诉讼中适用的法律、法规、司法解释等规范性文件提出的合宪性审查申请，[①] 原审法院应当中止对案件的审理，等待全国人大常委会对被申请的规范性文件是否合宪的问题得出结论之后，原审法院再恢复案件的审理程序。不过，只要是与被提交审查的法律法规不相关的其他事项，也就是不受全国人大常委会的审查结论影响的事项，原审法院则可以采取相关行动或进行处理。

上述程序设置具有以下益处：一是能够防止法院适用违宪或违法的法律或法令作出错误的判决，从而有利于确保法院裁判的正确性；二是可以防止当事人的宪法权利和自由因法院的不当裁判受到侵害，进而达到保障当事人权利的目的；三是通过宪法审查机关统一审查法律法令的合宪性问题，有助于实现同案同判，从而实现法院裁判的公正性。

当然，中止审理是一个原则，但在特殊情况下也可以不中止审理。所谓特殊情况，就是继续审理的内容不涉及宪法审查机关的裁判结论，或者受审理期限的限制而不得中止审理等其他紧急情况。如法国规定，当事人提出的对法律进行合宪性审查的申请被转交宪法委员会后，原审法院应中止审理，但在下列情况下应当继续裁决：当事人因诉讼的原因被限制自由或者拘留时；法律或条例规定了法定期限或紧急情况；若当事人对一审法院作出的裁决提出上诉，而上诉法院受法定期限或紧急情况的限制；程序中止可能导致无法挽回的后果，或一方权利明显失衡。[②] 法院在上述几种情形下都应继续审理，不能拖延裁决。

二、域外宪法解释表决制度对我国的借鉴

如前所述，宪法解释表决制度是在宪法解释审议基础上进行的决定宪法解释结果的关键，应当加以重视。从前文对域外国家宪法解释表决制度的梳理和探讨中，我们发现，其中一些内容对我们具有一定的启示意义，以下对域外宪法解释表决制度对于我国构建宪法解释表决制度所具有借鉴之处作一归纳和

---

① 需要注意的是，按照我们前文提出的构想，地方各级人民法院在诉讼中认为审理案件适用的法律、法规、司法解释等规范性文件不符合宪法，不能直接向全国人大常委会提出审查申请，须将申请报请最高人民法院审核，最高人民法院经审核认为确有必要时，再层转全国人大常委会进行合宪性审查。

② 参见吴天昊：《法国违宪审查制度》，中国政法大学出版社，2011年，第322页。

探讨。

（一）宪法解释表决的依据

宪法解释表决是参与宪法解释审议的人员对宪法解释的内容和结果进行最后的表态，这个表态从表面上看似乎是个人的主观意见，其实则不然。审议人员的最后表态要以宪法解释审议的内容和材料为基础，而不能以个人的主观看法为转移，其表态首先应以宪法法律的规定为准绳，应建立在客观的事实和依据之上，包括经查证属实的案件事实和相关证据材料。

德国宪法法院法明确规定，联邦宪法法院法官表决的依据包括三个方面：案件审理的内容、案件调查证据的结果、法官自由获得的确信。[①] 俄罗斯亦明确规定，联邦宪法法院的决定，应以联邦宪法法院审定的材料为基础。法国则规定了宪法委员会应当在当事各方陈述意见并进行公开听证之后，才能作出裁决，这意味着表决需要以当事人陈述和听证材料为依据。奥地利宪法法院的表决是在审议之后进行的，其审议是以常任法官提交的对卷宗所载事实和调查结果的报告为核心，法官们在围绕这些材料评议之后再相互交换意见，然后才进行表决。这说明，奥地利宪法法院的表决一方面不仅要以相关材料为基础，另一方面还需要相互交换意见，交换意见的过程有助于减少法官个人的主观臆断，达成共识。从域外国家相关规定来看，域外宪法解释表决的依据来源于以下几种途径：一是宪法审查机关收到的申请人提交的材料中所包括的案件事实和证据材料；二是宪法审查机关在审议过程中获取的证据材料，审议中获取的证据材料可以是宪法审查机关依职权调查获取的，也可以是依当事人的申请调查获取的；三是当事人之外的其他个人（如鉴定人、证人和其他关系人）、机关或团体经许可所提供的专业意见和相关资料。

在我国宪法解释表决制度中，释宪机关在审查程序结束后进入表决环节时，需要注意以下几点：首先，要注意防止表决的主观性或随意性，表决既要建立在经查证属实的案件客观事实的基础上，还要以通过各种途径调查搜集的证据材料为依据。其次，要注意广泛搜集表决所需的证据和资料，既要善于依职权主动调查搜集案件相关资料和证据，还要善于充分发挥案外人的作用，如专家学者、鉴定人和证人及其他掌握案件资料的人，允许他们提供专业意见和

[①] 确认案件事实内容、确定应当适用的法律和确定法律后果，是德国联邦宪法法院进行裁判的三个阶段。参见刘兆兴：《德国联邦宪法法院总论》，法律出版社，1998年，第137—138页。联邦宪法法院法官的表决就是以这三个裁判阶段关于案件事实、法律适用和法律后果的确认为基础，再根据自己的内心确信进行表决。

有关材料。只有以广泛获取的各方面意见和各种证据材料为依据，才能确保审查结论的正确性和裁判结果的公正性。

（二）宪法解释表决的方式

释宪机关经过审查，认为案件事实已经查清，证据资料确实充分，并经审议人员发言和交换意见之后，即开始对案件的审议结果进行表决。域外国家对案件的表决方式各有千秋。在德国，根据宪法法院法第25条第3款规定，法院得为一部裁判或中间裁判。其中，一部裁判是指对于诉讼标的的一部分所作出的裁判，即对一个诉讼所提出的数个请求中的一个请求，或对同一个请求中的一部分进行的裁判；中间裁判是宪法法院对于诉讼的前提问题所作出的裁判，即某一诉讼的中间争议已经达到可裁判的程度时而对该争议进行的裁判。[①] 可见，德国联邦宪法法院的法官不仅要对整个案件的终局裁判进行表决，还要对一部裁判和中间裁判进行表决。俄罗斯联邦宪法法院对被审理案件的结论性决定进行表决时，是在法官对裁判内容进行自由阐述和充分讨论之后，对裁判书记载的内容进行整体表决，表决的方式是由主持人点名，以公开表态的方式予以表决。法国宪法委员会在案件审议结束后进行表决时，由委员会参加表决的成员举手表决，先是逐条表决，最后就整个裁决进行表决，采取少数服从多数原则，以多数意见为宪法委员会的意见，当票数相同时，由宪法委员会主席作出最终决定。[②] 奥地利宪法法院在表决时，由宪法法院院长决定对讨论所提出的某一观点进行投票表决，院长本人不参与投票，若有一意见获得总票数的一半同意时，院长有义务参与投票，若院长投票给已获得半数投票的意见，则该意见被表决通过；若有两种意见各获得相同的票数时，则院长得决定一个平均值。可见，奥地利宪法法院院长往往在表决结果上具有决定性的作用。如果无意见获得决议所需的多数票，应再度征询各位法官的意见，如果还是无法获得所需的多数票，则应重新表决。在重新表决时，对于各种表决提议，必要时应分成几个问题点加以表决。奥地利宪法法院表决的特点在于，对各种不同的问题分别进行磋商，并对每个争点都以表决方式产生最终决定。[③]

宪法解释表决方式的不同体现的是各国司法制度方面的差异，对此应该没

[①] 一部裁判和中间裁判，体现出德国联邦宪法法院审理宪法争议案件的有效性和诉讼经济原则，以及这两种裁判的协调一致性。参见刘兆兴：《德国联邦宪法法院总论》，法律出版社，1998年，第132—133页。

[②] 参见吴天昊：《法国违宪审查制度》，中国政法大学出版社，2011年，第209页。

[③] 参见胡骏：《奥地利宪法法院研究》，法律出版社，2012年，第151—152页。

有优劣之分。无论是德国式的一部表决与中间表决,还是俄罗斯的整体表决,抑或是法国的先逐条表决后整体表决,又或是奥地利的分点表决,最终都是为了形成一个完整的判决结论,无可厚非。

在构建我国宪法解释程序机制时,我们认为,对于宪法解释的表决方式,可以采取每个参与审议的人对表决内容中的每个问题先进行逐一表决,即每个人对每个问题分别发表意见,然后再对整个裁判内容进行表决的方式。这种表决方式的优势在于:一方面,可以使每个参与表决的人以更加审慎和严谨的态度对待表决中的每一个内容,防止仅进行整体表决时,部分态度模糊或者观点含混的人随意发表意见,从而有助于形成更加精准和正确的裁判结论。另一方面,可以对每个参与表决的人对裁判中的每一内容所持意见予以明确记载,这不仅可以使得某个表决者虽不同意最终的裁判结论,但其赞同裁判中的某个内容的态度得到肯定,而且可以使某个表决者虽同意最终的裁判结论,但其反对裁判中的某个内容的态度也能被记录下来,能够真实、准确和详细地反映每个表决者对裁判所持态度。

(三)宪法解释表决的次序

宪法解释表决的次序是指在宪法解释审议结束之后,参加表决的人员对案件审议结果进行表决时所采取的先后顺序。各国基于不同的考虑以及司法体制方面存在的差异,对宪法解释表决的先后次序有着不同的规定。

德国联邦宪法法院对案件的表决次序是,最先由案件的报告人发表自己对本案的意见,然后以法官的资历作为表决的次序,即以年龄为准,由年轻的法官先行表决,年长的法官依次表决,当年龄相同时再以同龄人的资历由浅到深的次序表决,庭长最后表示自己的意见。[①] 法国没有具体规定表决的先后次序,而是由参加审议表决的委员会成员进行举手表决,没有先后之分,当不同裁决意见的票数相同时,由宪法委员会主席作出最终决定。俄罗斯联邦宪法法院表决时,是采取会议主持人点名、相应法官表态的方式,在任何情况下,会议主持人都将最后一个表决。按照奥地利宪法法院法第30条第3款规定,表决的次序是由有投票权的法官按照年龄的长幼顺序进行表决,即先由最年长的法官表决,然后按照年龄由大到小的次序进行表决。

当今世界各国都确立了释宪机关依法独立裁判的原则,在该原则下,参加表决的人员根据自己的观点和意见独立发表意见,从理论上来说,表决次序的

---

① 参见刘兆兴:《德国联邦宪法法院总论》,法律出版社,1998年,第135—136页。

先后应当是没有多大关系的。但各国之所以要规定宪法案件裁判的表决次序，一方面是由于有的国家对宪法案件的裁判规则适用本国其他案件的裁判规则，在其他案件规定了表决先后次序的情况下，宪法案件的表决也要适用这种次序的规定。另一方面是因为，在特定情形下表决次序的先后可能对某些人员的意见产生一定的实际影响，为了防止产生这种影响，规定了宪法案件表决的先后次序。例如由具有一定影响力的人或资历深的年长者先表决，其意见就可能对资历浅的年轻者产生影响，甚至有可能改变后者的观点；如果由院长或庭长先表决，其他人后表决，先表决者的意见也可能对后表决者的观点产生影响。当然在已经有了独立裁判、自由发言的制度设计时，这种影响只是一种可能性，并不是必然的，而且假如资历深者的意见真的对资历浅者产生了影响，其影响也不一定就是负面的，反而有可能是正面的，甚至可能会纠正资历浅者先前确定的错误意见。在这种情况下，由资历深的年长者先表决，资历浅的年轻者后表决，就具有一定的积极意义。但有的国家规定按照年龄从幼到长的次序表决，其主要目的是保障每个表决者的意见是真正来源于自己的内心确信，确保表决者的意见是自己的独立判断，而不受其他人意见的干扰和影响。

我们认为，尽管表决者对案件裁判所持意见是建立在案件的客观事实和相关证据材料的基础上，具有一定的客观性，但每个表决者的意见仍然是基于自己的理解而作出的，都不同程度地受个人的价值观、思维方式和判断角度等方面的影响，因此，表决者对裁判所发表的意见都不可避免地具有相对的主观性。既然表决者的意见具有相对的主观性，正确与否就不是绝对的而是相对的了，即对一个表决者而言是正确的意见，在另一个表决者看来有可能是错误的。从概率上说，资历深的年长者的意见正确的概率可能要大于资历浅的年轻者的意见，但并不能由此排除年轻者的意见在某些时候可能是正确的、年长者的意见可能是错误的。这就说明，让表决者不受影响地独立发表自己的意见的制度设计具有合理性。基于这种考虑，我们认为，在构建我国宪法解释程序机制时，关于宪法解释表决的制度设计，应当以表决者独立发表意见为原则，即在表决时，按照年龄从年轻者到年长者的次序进行表决，会议主持人或庭长最后表决。在这个原则下，对于争议比较大的问题，或者在无法形成裁判所需的多数意见时，可以由原参与表决的人员再次表决，或者将其提交全体会议进行审议表决。

（四）宪法解释表决通过的比例

在参与宪法解释审议的人员对审议结果发表意见之后，对于需要多少人员

第五章　宪法解释审议和表决制度比较与借鉴

参与表决，以及表决者中需要多少人的同意，才能使某个表决意见获得通过成为裁判意见，在各个国家有着不同的规定。

根据德国宪法法院法第15条第2款规定，联邦宪法法院须有6名法官出庭始得为决议，也就是说，至少需要有6名法官参与，才能作出裁判。对一个事项的表决需要多少人同意才能通过，不能一概而论，要分情况而定。按照该法第15条第4款规定，对于褫夺基本权案、政党违宪案、弹劾总统案和弹劾法官案，无论如何须由该庭法官2/3的多数同意，才能通过对被申请人不利的裁判。其他情形，如法律无特别规定，以参与审议法官的过半数同意即可通过。当票数相同时，[①]则需根据表决的事项来确定裁决的内容是否通过，如果是对联邦法是否抵触联邦宪法或邦法是否抵触联邦法律的问题表决票数相同，不得认为联邦法抵触联邦宪法或邦法抵触联邦法律；根据第19条规定，如果是对法官回避问题的表决票数相同时，则由主席决定法官是否回避。此外，法律的特殊规定包括以下几种情况：一是须有出席法庭人数2/3的多数法官同意才能通过，这又包括以下两种情况，即第28条第2款规定，证人及鉴定人经其上级同意以保守秘密义务而拒绝出庭陈述，联邦宪法法院认为拒绝出庭陈述无理由时；第32条第5款规定，假处分经6个月失效后，需要延长假处分时。二是须由全体法官一致同意才能通过，这也包括两种情况，即第24条规定，对不合法和显无理由的申请予以驳回时；第93条之二规定，对于宪法诉愿裁决拒绝受理时。三是只需要3名法官同意即可通过的决议，根据第93条之四，如有3位法官同意，庭应决议受理宪法诉愿。这意味着，无论出席法庭的法官人数是多少，只要有3名法官认为宪法诉愿具有重大的宪法意义，或者认为拒绝受理将使诉愿人遭受重大的损害时，庭就应当决定受理宪法诉愿。

根据法国《宪法委员会组织法》第14条规定，宪法委员会在表决时应当至少有7名委员出席，除非有记入档案的不可抗力发生。宪法解释的表决采取少数服从多数原则，以多数通过的意见作为宪法委员会的裁决意见，当票数相同时，由委员会主席作出最终决定。俄罗斯宪法法院法第72条第2款规定，除本法另有规定外，获半数以上参加表决的法官批准的联邦宪法法院决定即可认为已被通过。该条第3款规定，在通过有关法律文件、国家权力机关之间的协议以及尚未生效的俄罗斯联邦国际条约是否符合宪法的决定时，如果表决同

[①] 票数相同的表决也是宪法法院正式的表决，并非不确定的表决或等于未表决，至于表决是否成立或通过，则应视表决的积极性或消极性而定。参见施启扬：《西德联邦宪法法院总论》，台湾商务印书馆，1996年，第57页。

意和反对的票数相同,则表示通过了被审理的条款不违反宪法的决定。有关职权范围争议的决定,只能在获得多数同意时才可通过。该条第 4 款规定,有关解释俄罗斯联邦宪法的决定必须在不少于总数三分之二的法官同意后才能被通过。按照奥地利宪法法院法第 10 条第 2 款及第 4 款规定,宪法法院裁决取消宪法法院法官或候补法官资格时,须由宪法法院法官 2/3 以上之多数表决。该法第 31 条规定,宪法法院的决议以绝对多数为准,主席一般不参与投票。如果在众多意见中有一意见获得所有票数的半数时,主席也有义务参与投票。如果主席投票给已获有半数选票的意见时,则该意见获得表决通过。如果有两种意见各获得相同的票数,而其意见相异,仅在于数额大小,则主席对此得决定一个平均值。依本法第 19 条第 3 款第 1 项及第 4 款第 1 项所作的决议,须一致通过。①

从前述可知,域外国家对于宪法解释表决通过的规定是比较复杂的,既有一般规定,又有特别规定,有的还对判决和裁定规定了不同的参与人数和通过比例。从对域外宪法解释表决通过的比例的探讨中,我们发现以下几个值得借鉴的地方:首先,事关实体性内容的裁判严于程序性内容的裁判,表现在前者表决通过的比例要比后者高;其次,注重保护相对人的宪法权利,体现在对特定案件欲作出不利于相对人的裁判时,其表决通过的比例应高于其他裁判表决通过的比例;再次,宪法审查机关应尊重立法者意志,表现在当对法律法规合宪性问题的表决票数相同时,应作出法律法规不抵触宪法的裁判。

借鉴域外经验,我们认为,在构建我国宪法解释程序机制时,关于宪法解释表决通过的比例问题,应按照以下几个方面作出规定:第一,对于驳回申请或拒绝受理的裁定或决定,应由全体人员一致同意才能作出;第二,凡是对被申请的相对人不利的裁决,应有全体人员的 2/3 以上参与表决,并由参与表决人员的 2/3 以上同意才能作出;第三,对于法律法规等规范性文件是否违宪或违法的裁判,应有全体人员的 2/3 以上参与表决,并由参与表决人员的 2/3 以上同意才能作出,当表决的票数相同时,应作出被审议的法律法规等规范性不违宪或不违法的裁判;第四,对于其他裁判,至少需要有全体人员一半以上参与表决,并由参与表决人员的 1/2 以上同意才能作出。

---

① 第 19 条第 3 款第 1 项规定,下列情形,依常任法官的申请,不经其他程序,亦不经事先审理,径依非公开开庭裁定之:1. 依据联邦宪法第 144 条第 2 款不为受理时;2. 因下列情形驳回申请时:(1)宪法法院显无管辖权;(2)延误法定期间;(3)因形式要件欠缺未补正时;(4)因案件已判决确定;(5)当事人适格欠缺。该条第 4 款第 1 项规定,若从宪法法院诉讼程序当事人的诉状及向宪法法院呈递的文书卷宗得认口头陈述无益于法律事得进一步澄清,宪法法院得进行非言词审理。

参考资料

一、专著类

1. [奥]凯尔森:《法与国家的一般理论》,沈宗灵译,中国大百科全书出版社1996年版。
2. [美]肯尼思·W. 汤普森编:《宪法的政治理论》,张志铭译,生活·读书·新知三联书店1997年版。
3. [美]罗斯科·庞德:《普通法的精神》,唐前宏、廖湘文、高雪原译,法律出版社2001年版。
4. [英]洛克:《政府论(下篇)》,叶启芳、瞿菊农译,商务印书馆1964年版。
5. [美]约翰·亨利·梅利曼:《大陆法系》,顾培东、禄正平译,知识出版社1984年版。
6. [美]亚历山大·汉密尔顿、约翰·杰伊、詹姆斯·麦迪逊:《联邦党人文集》,张晓庆译,中国社会科学出版社2009年版。
7. [法]托克维尔:《论美国的民主(上卷)》,董果良译,商务印书馆2013年版。
8. [美]爱德华·S. 考文:《美国宪法的"高级法"背景》,强世功译,生活·读书·新知三联书店1996年版。
9. [美]本杰明·卡多佐:《司法过程的性质》,苏力译,商务印书馆1998年版。
10. [日]和田英夫:《大陆型违宪审查制》,有斐阁1994年版。
11. [美]汉密尔顿、杰伊、麦迪逊:《联邦党人文集》,程逢如等译,商务印书馆1980年版。
12. [美]约翰·亨利·梅利曼:《大陆法系(第二版)》,顾培东、禄正平译,法律出版社2004年版。
13. [德]克劳斯·施莱希、斯特凡·科里奥特:《德国联邦宪法法院:地位、程序与裁判》,刘飞译,法律出版社2007年版。

14. ［英］戴雪：《英宪精义》，雷宾南译，中国法制出版社 2001 年版。
15. ［德］康拉德·黑塞：《联邦德国宪法纲要》，李辉译，商务印书馆 2007 年版。
16. Mauro Cappelletti, *Judicial Review in the Contemporary World*, The Bobbs-Merrill Co., 1971.
17. Dr Kate Malleson, *The Legal System (Second Edition)*, Oxford University Press, 2005.
18. 习近平：《论坚持全面依法治国》，中央文献出版社 2020 年版。
19. 王世杰、钱瑞升：《比较宪法》，中国政法大学出版社 2004 年版。
20. 孙谦、韩大元主编：《世界各国宪法·亚洲卷》，中国检察出版社 2012 年版。
21. 孙谦、韩大元主编：《世界各国宪法·美洲大洋洲卷》，中国检察出版社 2012 年版。
22. 孙谦、韩大元主编：《世界各国宪法·欧洲卷》，中国检察出版社 2012 年版。
23. 孙谦、韩大元主编：《世界各国宪法. 非洲卷》，中国检察出版社 2012 年版。
24. 姜士林等主编：《世界宪法全书》，青岛出版社 1997 年版。
25. 陈云生：《宪法监督的理论与违宪审查制度的建构》，方志出版社 2011 年版。
26. 童建华：《英国违宪审查》，中国政法大学出版社 2011 年版。
27. 吴天昊：《法国违宪审查制度》，中国政法大学出版社 2011 年版。
28. 王建学：《法国式合宪性审查的历史变迁》，法律出版社 2018 年版。
29. 刘向文、韩冰、王圭宇：《俄罗斯联邦宪法司法制度研究》，法律出版社 2012 年版。
30. 施启扬：《西德联邦宪法法院论》，台湾商务印书馆 1996 年版。
31. 胡骏：《奥地利宪法法院研究》，法律出版社 2012 年版。
32. 范进学：《美国司法审查制度》，中国政法大学出版社 2011 年版。
33. 王振民：《中国违宪审查制度》，中国政法大学出版社 2004 年版。
34. 裘索：《日本违宪审查制度：兼对中国的启示》，商务印书馆 2008 年版。
35. 刘义：《宪法审查的程序研究》，法律出版社 2010 年版。
36. 全国人大常委会法制工作委员会法规备案审查室：《规范性文件备案审查理论与实务》，中国民主法制出版社 2020 年版。
37. 张翔主编：《德国宪法案例选释（第 2 辑）：言论自由》，法律出版社 2016 年版。
38. 张翔：《宪法释义学：原理·技术·实践》，法律出版社 2013 年版。
39. 张志铭：《法律解释操作分析》，中国政法大学出版社 1998 年版。

40. 蔡定剑：《宪法精解》，法律出版社 2006 年版。
41. 李忠：《宪法监督论》，社会科学文献出版社 1999 年版。
42. 张明锋：《加拿大司法审查的应用研究：以宪法平等权的司法保护为例》，中国政法大学出版社 2011 年版。
43. 刘兆兴：《德国联邦宪法法院总论》，法律出版社 1998 年版。
44. 郑磊：《宪法审查的启动要件》，法律出版社 2009 年版。
45. 王蔚：《法兰西第五共和国宪法：制度与变迁》，法律出版社 2022 年版。
46. 刘松山：《健全宪法实施和监督制度若干重大问题研究》，中国人民大学出版社 2019 年版。
47. 李林、莫纪宏：《全面依法治国 建设法治中国》，中国社会科学出版社 2019 年版。
48. 许崇德：《中华人民共和国宪法史》，福建人民出版社 2003 年版。
49. 谢维雁：《宪法诉讼的中国探索》，山东人民出版社 2012 年版。
50. 柳建龙：《合宪性解释原则：原理和应用》，中国民主法制出版社 2022 年版。
51. 万千慧：《我国合宪性审查对象研究》，知识产权出版社 2022 年版。
52. 吴延溢：《中国特色合宪性审查的逻辑、规范与经验》，九州出版社 2020 年版。
53. 何永红：《英国宪法讲义》，上海人民出版社 2024 年版。
54. Erwin Chemerinsky，*Constitutional Law*（*Second Edition*），Aspen Law & Business Aspen Publishers，Inc. 2001.

二、论文类

1. 韩大元：《〈宪法解释程序法〉的意义、思路与框架》，《浙江社会科学》2009 年第 9 期。
2. 林来梵：《合宪性审查的宪法政策论思考》，《法律科学（西北政法大学学报）》2018 年第 2 期。
3. 林来梵：《转型期宪法的实施形态》，《比较法研究》2014 年第 4 期。
4. 周叶中、汤景业：《论宪法与党章的关系》，《中共中央党校学报》2017 年第 3 期。
5. 周叶中、祝捷：《我国台湾地区"违宪审查制度"改革评析——以"宪法诉讼法草案"为对象》，《法学评论》2007 年第 4 期。
6. 范进学：《完善我国宪法监督制度之问题辨析》，《学习与探索》2015 年第

8 期。

7. 秦前红、周航：《论我国统一合宪性审查制度的构建》，《江苏行政学院学报》2019 年第 4 期。
8. 秦前红、刘怡达：《中国现行宪法中的"党的领导"规范》，《法学研究》2019 年第 6 期。
9. 苗连营：《合宪性审查的制度雏形及其展开》，《法学评论》2018 年第 6 期。
10. 苗连营：《宪法解释的功能、原则及其中国图景》，《法律科学（西北政法学院学报）》2004 年第 6 期。
11. 胡锦光：《论法规备案审查与合宪性审查的关系》，《华东政法大学学报》2018 年第 4 期。
12. 胡锦光：《论合宪性审查的"过滤"机制》，《中国法律评论》2018 年第 1 期。
13. 刘松山：《健全宪法监督制度之若干设想》，《法学》2015 年第 4 期。
14. 肖金明、冯晓畅：《合章性审查与合宪性审查协同共治的中国式图景》，《社会科学研究》2021 年第 3 期。
15. 马岭：《我国宪法解释的程序设计》，《法学评论》2015 年第 4 期。
16. 朱福惠、杨立云：《论我国宪法解释的提请主体》，《湘潭大学学报（哲学社会科学版）》2017 年第 1 期。
17. 朱福惠、张晋邦：《特别行政区宪法解释提请权的法理依据与实践动因》，《中南大学学报（社会科学版）》2018 年第 5 期。
18. 范进学：《论中国合宪性审查制度的特色与风格》，《政法论丛》2018 年第 3 期。
19. 范进学：《论宪法全面实施》，《当代法学》2020 年第 5 期。
20. 赵谦：《中国式现代化语境下宪法监督核心范畴的规制要素论》，《清华法学》2024 年第 6 期。
21. 胡弘弘：《依宪立法的再思考："由法律规定"之宪法实施》，《政法论丛》2021 年第 3 期。
22. 李忠夏：《合宪性审查制度的中国道路与功能展开》，《法学研究》2019 年第 6 期。
23. 李忠夏：《作为社会整合的宪法解释——以宪法变迁为切入点》，《法制与社会发展》2013 年第 2 期。
24. 翟国强：《宪法解释的启动策略》，《中国社会科学院研究生院学报》2020 年第 2 期。

25. 翟国强：《中国宪法实施的双轨制》，《法学研究》2014 年第 3 期。
26. 翟国强：《中国宪法实施的理论逻辑与实践发展》，《法学论坛》2018 年第 5 期。
27. 周伟：《我国宪法解释机关研究——来自比较法的考察》，《公法研究》2005 年第 1 期。
28. 莫纪宏：《宪法解释是推进合宪性审查工作重要的制度抓手》，《法学论坛》2020 年第 6 期。
29. 郑贤君：《论宪法和法律委员会双重合宪秩序维护之责——兼议法律案审查与法规备案审查之差异》，《辽宁师范大学学报（社会科学版）》2020 年第 4 期。
30. 门中敬：《我国合宪性审查的法理困境及其排除》，《政法论坛》2021 年第 4 期。
31. 刘连泰：《中国合宪性审查的宪法文本实现》，《中国社会科学》2019 年第 5 期。
32. 上官丕亮：《合宪性审查的法理逻辑与实践探索》，《苏州大学学报（哲学社会科学版）》2019 年第 3 期。
33. 上官丕亮：《论全国人大常委会解释基本法的程序》，《山东社会科学》2008 年第 10 期。
34. 谭清值：《合宪性审查的地方制度构图》，《政治与法律》2020 年第 2 期。
35. 黄明涛：《具体合宪性审查的必要性及其制度空间》，《比较法研究》2020 年第 5 期。
36. 梁洪霞：《备案审查柔性处理阶段的救济程序构建》，《四川师范大学学报（社会科学版）》2022 年第 4 期。
37. 梁洪霞：《法律规范冲突的法院审查及其协同机制》，《暨南学报（哲学社会科学版）》2019 年第 12 期。
38. 刘国：《释宪机制的影响因子及其中国构造》，《中国法学》2016 年第 1 期。
39. 刘国、成溢：《论我国合宪性审查的规范依据及基本框架》，《四川师范大学学报（社会科学版）》2022 年第 4 期。
40. 邹平学：《宪法和法律委员会的目标定位与机制创新》，《中国法律评论》2018 年第 4 期。
41. 王旭：《论我国宪法解释程序机制：规范、实践与完善》，《中国高校社会科学》2015 年第 4 期。

42. 王旭：《合宪性审查中"相抵触"标准之建构》，《中外法学》2021 年第 6 期。

43. 刘文戈、吕漫楣：《台湾地区"大法官解释"程序改革及影响析论——以"司法院大法官审理案件法"修订为中心》，《海峡法学》2019 年第 4 期。

44. 张翔：《功能适当原则与宪法解释模式的选择——从美国"禁止咨询意见"原则开始》，《学习与探索》2007 年第 1 期。

45. 张翔：《"合宪性审查时代"的宪法学：基础与前瞻》，《环球法律评论》2019 年第 2 期。

46. 张翔：《宪法解释的中国实践》，《中国法律评论》2024 年第 5 期。

47. 马岭：《我国宪法解释的范围兼与〈宪法解释程序法（专家建议稿）〉第 6 条商榷》，《法学评论》2016 年第 3 期。

48. 魏健馨：《合宪性审查从制度到机制：合目的性、范围及主体》，《政法论坛》2020 年第 2 期。

49. 刘松山：《健全宪法监督制度之若干设想》，《法学》2015 年第 4 期。

50. 李玮：《论党内法规的合宪性审查》，《苏州大学学报（哲学社会科学版）》2019 年第 4 期。

51. 任喜荣：《论宪法解释的必要性、可能性和实用性——以人大预算监督权力界限的确定为例》，《法商研究》2021 年第 1 期。

52. 程雪阳：《跨行政区划法院改革的合宪性制度通道》，《法律科学（西北政法大学学报）》2021 年第 4 期。

53. 程雪阳：《"宪法是国家的根本法"的规范内涵及其立法落实》，《法学评论》2023 年第 4 期。

54. 王锴：《论备案审查结果的溯及力——以合宪性审查为例》，《当代法学》2020 年第 6 期。

55. 王锴：《合宪性、合法性、适当性审查的区别与联系》，《中国法学》2019 年第 1 期。

56. 王锴：《合宪性审查的百年历程与未来展望》，《环球法律评论》2022 年第 3 期。

57. 马岭：《我国宪法解释的切入口探析》，《中国社会科学院研究生院学报》2020 年第 2 期。

58. 刘练军：《中国宪法权力监督功能的规范分析》，《中国社会科学》2024 年第 9 期。

59. 李海平：《合宪性解释的功能》，《法律科学（西北政法大学学报）》2021

年第 2 期。

60. 于文豪：《宪法和法律委员会合宪性审查职责的展开》，《社会科学文摘》2019 年第 3 期。

61. 温泽彬：《地方人大常委会在合宪性审查中的作用及其展开》，《中国法学》2024 年第 1 期。

62. 陈运生：《论宪法解释的效力：一个反思性研讨》，《浙江社会科学》2008 年第 9 期。

63. 李蕊佚：《议会主权下的英国弱型违宪审查》，《法学家》2013 年第 2 期。

64. 杜强强：《符合法律的宪法解释与宪法发展》，《中国法学》2022 年第 1 期。

65. 王建学：《法国宪法解释机制的发展历史及基本趋势》，《人民法院报》2015 年 12 月 4 日，第 7 版。

66. 王建学：《作为民主对话平台的宪法审查程序》，《中国法律评论》2020 年第 1 期。

67. 谢维雁：《论宪法适用的几种情形》，《浙江学刊》2014 年第 6 期。

68. 陈征：《中国法院进行违宪审查的可能性与必要性》，《学习与探索》2011 年第 5 期。

69. 王广辉：《宪法解释与宪法理解》，《中国法学》2001 年第 4 期。

70. 林彦：《宪法解释应嵌入立法程序》，《中国社会科学院研究生院学报》2020 年第 2 期。

71. 刘义：《德国宪法诉愿的双阶受理程序及其法理——兼论对我国立法法第 90 条第 2 款的启示》，《浙江学刊》2012 年第 4 期。

72. 王蔚：《客观法秩序与主观利益之协调——我国合宪性审查机制之完善》，《中国法律评论》2018 年第 1 期。

73. 王蔚：《国家治理、宪法规范与政治事实 以法兰西第五共和国总统职权运行为视角》，《中外法学》2022 年第 2 期。

74. 柳建龙：《德国联邦宪法法院的抽象规范审查程序》，《环球法律评论》2017 年第 5 期。

75. 邹奕：《原旨主义在中国宪法解释中的基本价值探究》，《政治与法律》2021 年第 7 期。

76. 邹奕：《生成与更替：中国宪法原意的时间定位》，《法学家》2024 年第 1 期。

77. 郑磊：《宪法解释与合宪性审查的关系——基于法解释二元结构的勾勒》，《中国社会科学院研究生院学报》2020 年第 2 期。

78. 张震：《生态文明入宪及其体系性宪法功能》，《当代法学》2018 年第 6 期。
79. 王德志、李猛：《论宪法解释中的隐含权力理论——基于宪法解释典型案例的研究》，《山东社会科学》2021 年第 7 期。
80. William H. Rehnquist，*The Notion of a Living Constitution*，54Tex. L. Rev. 693（1976）.
81. Cohen v. Virginia, 19 U. S.（6 Wheat.）264（1821）.
82. Maitin v. Hunter's Lessee, 14 U. S.（1 Wheat.）304（1816）
83. Marbury v. Madison, 5 U. S.（1 Cranch.）137（1803）.
84. Muskrat v. United States, 291 U. S. 346（1911）.

后 记

本人从事宪法解释与宪法实施的理论及实践研究已有二十余年，出版专著三部，主持完成国家社科基金项目"我国宪法实施中的解释机制问题研究"（批准号：13BFX029）、教育部人文社会科学研究项目"社会转型期释宪机制的完善研究"（批准号：12YJA820039），并发表相关论文数十篇。本书系本人主持的第二项国家社科基金项目"宪法解释程序机制比较与借鉴研究"（批准号：17BFX035）的最终成果。目前正主持第三项国家社科基金项目"社会系统论视域下地方人大保证宪法全面实施的创新机制研究"（批准号：23XFX011）。

近年来，党和国家在重要会议中多次强调"加强宪法实施和监督""推进合宪性审查工作"。当前，我国宪法实施工作有所推进，尤其是备案审查工作已取得重大进展，但与宪法实施相关的诸多制度尚不够健全，尤其是中国特色合宪性审查制度尚未正式确立。在这种情况下，如何构建具有中国特色的宪法解释机制将是一个值得继续研究的重要课题。本书是本人对宪法解释程序机制持续研究的阶段性成果，相关内容尚需与同道者携手深入探讨，疏漏之处恳请学界同仁批评指正，以期共同为推动我国宪法实施和构建中国特色合宪性审查制度贡献力量。

感谢项目研究过程中给予支持的领导、同事，以及调研中提供协助的实务部门与工作人员。博士生李瑞康、成溢、黎予宸及部分研究生参与了部分章节的初稿撰写和资料搜集与整理工作，在此一并致谢。

本书的出版得到国家社科基金及西南财经大学的资助，特此致谢！

2024年12月于四川·成都